留学软实力
Academic Soft Skills

【美】Kenn Ross　孙超／著

文汇出版社

Kenn Ross(罗凯),毕业于哈佛大学 MBA,现任 Minerva 大学亚洲区首席执行官,IFPASS (International Foundation for the Promotion of Academic Soft Skills,国际青少年软实力发展基金会)创始人。TED、纽约时报、CCTV、第一财经等媒体嘉宾,被誉为国际高等教育的革新者。

　　孙超，复旦大学国家软实力研究学者，IFPASS（International Foundation for the Promotion of Academic Soft Skills，国际青少年软实力发展基金会）委员，致力于软实力的理论研究和实践应用，以期推动国家实力的综合发展。

序一：一个美国人的中国梦

很多人问，一个美国人为什么要写一本主要以提升中国学生国际竞争能力为内容的书？

答案中有三个关键词，一是"根缘"，二是"责任"，三是"梦想"。

一是"根缘"。

我在 15 岁左右就开始学中文，那个时候在美国学中文的人还非常少，但我却选择了中文作为我的第二语言。这是与中国结缘的开始，此后结识我现在的太太，后来我们在杭州结婚，并孕育了一个可爱的儿子。可以说，我的事业与家庭都与中国相关，这是我与这片土地的"根缘"。

另外一个关键词是"责任"。

在谈此之前，我们先简短简略回顾一下过去几年的留学现象。

中国历年出国回国留学人数统计(2008—2013)

年 份	出国(万人)	回国(万人)
2008	18	7
2009	23	11
2010	28	13
2011	34	19
2012	40	27
2013	41	30
2014	45	36

这组数据表明，中国的留学生人数逐年增加，并且，中国的留学生归国比例

越来越高。

　　留学生逐年增长说明中国家庭越来越重视子女的国际化教育,但回国人数比例越来越高,其综合因素却值得思考。其一是中国经济近几年持续增长,很多同学选择回国发展,这是良性的结果。其二是不少同学留学之后,无法适应国际教育,导致退学或者勉强混个文凭,回国之后成为"海待"或者"海囤"。其中更有甚者,比如成绩造假、触犯当地法律等行为,造成非常恶劣的影响,这是非常不良的后果(国外有些学校已经出台相关防范政策,以防止此类学生的行为)。

　　在2015年5月26日的全球最大的年度教育盛会NAFSA大会上,某权威机构发布了《留美中国学生现状白皮书》,作为全球首份重点关注被开除留学生群体的数据报告,受到国际教育界的强烈关注。数据显示,被开除的留学生中,有80.55%是因学术表现差或学术不诚实而被开除;69.43%来美国不到两年;88.7%的被开除学生为18—25岁;79.04%是本科或硕士学位在读。

　　尤其值得注意的是,因为学术不诚实和行为失当而被开除情况有增加的趋势。被开除的并非都是"差生",来自排名前100的名校生超过了60%,白皮书中收录的数十个被开除的学生甚至来自常青藤大学。理工类和经济商管类专业学生、大型州立大学、低龄留学生,是被开除的重灾区。

　　开除主因为:① 学术表现差(57.56%)。② 学术不诚实(22.98%)。③ 出勤问题(9.67%)。④ 行为失当(3.87%)。⑤ 国际学生身份问题(2.96%)。⑥ 违反法律(1.93%)。⑦ 心理问题(0.57%)。⑧ 财务问题(0.23%)。⑨ 申学材料遗留问题(0.23%)。

　　作为一名从事与中国教育相关的国际教育者,每每听到或者看到这些,会不断迫使我思考这个问题:究竟是怎样的原因导致中国的学生会发生如此令人惋惜的事情?

　　借用一句名言"方向比努力更重要",如用在留学教育中,可以称之为"观念比努力更重要"。分析一定量的失败与成功的留学案例可以发现,成功与失败都是综合因素所致,学生个人、家庭、学校、升学指导(留学中介)等,其中每个因素都可能对结果产生非常重要的影响。但通过白皮书的数据我们发现,很多失败的留学生并不比成功的留学生成绩差,或者学校差,或者投入少,相反那些同学甚至成绩更好、学校更好、投入更多。究其本质,最大的差异在于观念的正误,而在错误的观念中,最普遍的是把错误的观念套用在国际教育之上,并且坚信不疑。

中国人讲"差之毫厘，谬以千里"，又讲"知己知彼，百战百胜"，那么，问题来了，如何才能知彼？什么才是正确的国际教育观念？

首先，如果只能用一句话总结美国名校的招生理念，那就是："寻找具有国际影响力的世界公民。"基于此，在招生的时候需要评估两个方面的能力，一方面是学术方面的能力（硬实力体现），一方面是学生本身的个性与潜能（软实力体现）。如果这两个方面加起来为100%，那么硬实力与软实力的比重大约各占一半。也就是说，一个学生的学术方面能力（硬实力体现）很强，比如托福和SAT考满分，也只占其中的50%，如果不能体现出学生本身的个性与潜质（软实力体现），也是很难被录取的。这就是为什么近年来有很多高分的学生没有被名校录取，而一些成绩不那么突出的学生被名校录取的一个原因。

但是，在国际上日趋重视"留学软实力"的招生大潮中，当前不少中国人对留学软实力理念的认识仍然是陌生且模糊的。有些自认为了解的人，也只是粗浅地停留在概念层面，不清楚该如何在实践中系统培养和提升学生的留学软实力。作为一名国际教育的研究者，我认为有责任让更多的中国学生和家长明白且理解这一既成事实的招生理念及趋势，建立正确观念，以期在未来不仅避免和减少各种悲剧的发生，更能够实实在在地提升学生的国际竞争能力。

有缘分的是，在构想解决之道的时候，我遇到了来自复旦大学的研究国家软实力的学者孙超先生，我们在深度的交流中，产生了共鸣，他亦认为对青少年进行软实力的培养乃是当今时代大国崛起的发展之道。与此同时，此理念也吸引了来自美国哈佛大学、斯坦福大学，英国牛津大学、伦敦政经学院，中国复旦大学等诸多院校的教育学者，我们共同创办了一个集研发、评估、培养、实践为一体的非盈利国际组织——IFPASS（International Foundation for the Promotion of Academic Soft Skills，国际青少年软实力发展基金会），希望通过这个综合性公益平台，整合世界学者的智慧力量，提升青少年的国际竞争能力。

第三个关键词是"梦想"。

在与中国结缘的这二十多年来，我亲眼目睹了中国社会的飞速发展以及人们思维方式的变革，尤其是那些注重培养孩子国际竞争力的家长们，他们基本皆为各个领域的中流砥柱。这些家长有着与时俱进的开放胸襟，也有着与国际同步的前瞻思想，这些言传身教都深深影响着他们的儿女，也促使着这些下一代站

在更高的肩膀上，青出于蓝而胜于蓝。

"人因梦想而伟大。"我深信，在 IFPASS 全球教育专家的集体努力下，作为国际化教育的受益者，我们的"中国梦"，是将"受益"的结晶转化为"授益"的能量，即将我们智慧的结晶传授给需要培养的青少年，并且传递这种正能量，使他们在未来也可以授益给需要的人。

"今日之梦想，明日之现实。"我们今日所培养的，是世界的未来。

（罗凯）

2015 年于上海

序二：变革时代与崛起之梦

这是一个变革的时代！

在这个时代,中国经济崛起,在世界的影响力不断上升;在这个时代,全球化不断拓展和深入,各国各地的联系日益紧密,难以分割;在这个时代,知识创新和技术升级以历史上从未有过的几何级速度进行,深刻改变了世界经济、政治和社会等诸多领域;在这个时代,国家与社会加紧对实力和人才的争夺,留学成为全球不息的大浪潮。

当中国的崛起成为一个世界性话题的时候,我们开始深思:如何进一步增强这个大国的实力? 如何为这个未来的强大国家培养具有全球视野、拥有天下关怀、胸怀文明情怀的高端精英人才? 又如何利用全球化的趋势提升国人的整体素质?

时代精神选择软实力,软实力是基于物质力和工业力之上且对国家发展有重大影响的精神和文明力。自哈佛大学 Joseph Nye(约瑟夫·奈)教授提出软实力之后,我有幸看到了软实力对国际政治的冲击和对文明竞争的重要价值,也有幸与这位极其出色的教授进行沟通互动,撰述中国发展的软实力方略。更有机缘的是,我也认识了同样来自哈佛的教育界学者 Kenn Ross(罗凯)先生和志同道合的陈博先生。他们以前瞻性的眼光阐述了国际教育的发展趋势,并用数据和事实论证了软实力对学生的学业与职业发展的深远影响。罗凯先生对中国市场上那些忽悠与欺骗学生的黑中介深恶痛绝,因为这种行径带给学生和家庭的不仅是经济上的损失,而是整个人生的阴影。在与他的接触中,我被他的洞察力与责任心深深吸引。在随后的交流中,我们东西碰撞,教学相长,更加投入地进行探讨与分析。我们发现中国留学界存在着严重的软实力缺失症。首先,留学

中介良莠不齐，能力有高有低，提供的服务或真或假；其次，仅注重考试分数的学生越来越难以被外国高校所青睐；再者，已留学的大学生、研究生多因为各种条件的限制无法培养自己的软实力思维，以致错失机遇甚至其发展路径与留学初衷南辕北辙；进而，许多毕业的留学生就业已成难题，一纸文凭难以成为决定性竞争优势；最后，某些已经走入职场的留学生眼高手低，无法解决实际的人际关系问题和工作职责而被解雇……

凡此种种，屡见不鲜，而问题也纷至沓来：为什么签约留学中介就不能高枕无忧？为什么门门功课高分但海外名校不一定青睐？为什么优秀的中国学生到了美国反而不如从前？为什么留学归国常常没有获得预期的职业待遇？为什么大批留学生成为"海待"？在这些有目共睹的现象背后，皆毫无例外地指向同一个缘由——留学软实力的普遍性缺失。

留学软实力，或许很多人看到此概念还认为是舶来品，以为我们用拿来主义解决中国人的问题，但在研究后发现，留学软实力的培养并不是西方独有的教育理念，中国的先哲们早有"博学之，审问之，慎思之，明辨之，笃行之"以及"不战而屈人之兵"、"得人心者得天下"等诸多古训，只不过随着时代发展到今天，社会对人才考察各项标准更加国际化、复合化，学生培养更需要中西贯通的智慧，并能进行有效整合，使其成为行之有效的培养体系。

留学软实力不仅是精神思维的集合，也是实用技能、素质培养，甚至是科学思维的工具箱。其培养的价值不仅能够达致精神力的培养和自律精神的锻造，更能反作用于硬实力，对即将留学学生或者留学生的职业生涯的提升具有重大影响。它服务于留学，却又不止于留学，将触角深入到人之潜能开发的各个领域。

留学软实力作为先进的教育理念和方法，已经被学术界与教育界所发现和探讨。来自美国哈佛大学、斯坦福大学，英国牛津大学、伦敦政经学院，中国复旦大学等院校的诸多教育学者组建了国际非盈利组织——IFPASS（International Foundation for the Promotion of Academic Soft Skills，国际青少年软实力发展基金会），汇聚世界精英教育理论及实践智慧，旨在唤醒社会更多关心青少年群体，并为其全面发展和人格塑造提供前瞻、健康、系统的综合性培养与帮助。

本人与同侪亦有幸参与到IFPASS中来，与其他专家一道筚路蓝缕，为国际留学软实力的研究贡献倾心之力，同时，作为一个国家软实力的研究者，我认为中国作为一个世界性大国的崛起，理应培养与吸引更多高素质国际人才。并且，十年树木百年树人，这是一项长期的教育工程和社会工程，离不开那些奋斗在国际教育领域的教师学者，更离不开每一个社会分子的努力。我希望留学软实力可以产生"鲶鱼效应"，激发出更具深度与实践性的培养体系，提升大国国民的综合素质。"少年智，则国智，少年强，则国强"，我们应当将留学视为对人才的系统性培养工程，一种高素质人才的选拔工程，一种对未来精英的全面精神提升的建设性工程来看待，尽力改变甚至驱散教育界的浮躁气、功利气和庸俗气。

希望大家能够从这本书中咀嚼一二，更希望更多的各界精英参与进来，为更多的学生提供实质性的帮助，这也是我们导师团队的初衷。

是为序。

孙超

2014 年于复旦燕园

序三：罗凯和他的"软实力"理论

■ 桂国强

　　自从 1990 年美国著名学者、哈佛大学教授约瑟夫·奈首次提出"软实力"概念以来，已有诸多国家的政府、研究机构及个人引用并演绎了这个全新的概念。2007 年，"软实力"一词以"提高国家文化软实力"的形式出现在中共十七大报告中，中国官方正式将"软实力"作为政府必须引以关注的一个重要方面——至此，"软实力"开始频繁地出现在中国的各种研讨和论坛的主要话题中。

　　然而，若就个人而言，能将"软实力"概念引用至自己研究与实验领域的，笔者以为，美国学者 Kenn Ross（罗凯）无疑是卓越的"先行者"。毕业于哈佛大学 MBA 的罗凯，或因与约瑟夫·奈有着相似的"基因"、同属哈佛学人的缘故，作为国际教育学者的他，居然建设性地发展和丰富了"软实力"，成功地将其"移植"于自己的研究领域，独辟蹊径地付诸实践，建立了"留学软实力"的体系。

　　在这本《留学软实力》的著作中，罗凯创造性地将约瑟夫·奈提出的"国家软实力"概念逐步延伸至"组织软实力"，又从"组织软实力"而推进至"个人软实力"，并将"个人软实力"作为中国赴外留学生获得入学、就业等成功的必要条件之一，从而对中国留学生以往忽略"软实力"、片面注重"硬实力"的观念提出了质疑和挑战。

　　长期以来，罗凯一方面致力于留学软实力的探索与研究，构建了以多元模式沟通能力、思维能力、组织能力、体育能力、艺术能力、心理优能、精神力等七方面为核心内容的"留学软实力"体系；一方面，他又将自己的学术成果运用于教育实践中，不遗余力地辅导中国学子，让他们开阔眼界，转变观念，了解、熟悉世界一流大学的办学理念和宗旨，并为他们去这些国际著名高等学府留学穿针引线。

由于罗凯已在中国生活、工作多年，又是一位"中国的女婿"，因此，他对中国这个国家及其国民都颇为了解，且怀有特殊的感情，这就令诸多中国学子及他们的家长都十分乐意与他交往，不少人甚至还与他交上了朋友——我的女儿便是他们中的一个。说起罗凯这位经常辅导自己、向自己强调"软实力"重要性的老师，女儿感慨不已，时常会跟我谈起一件给她留下深刻印象、至今难以忘怀的事情——

为了参加 2014 年度美国哥伦比亚大学为期 40 天（两期）的暑期培训班，正在温哥华读高中的女儿来到美国驻温哥华领事馆办理签证。然而，由于技术上的原因，一时竟没能签出来。时间本来就很紧，加上从学校出来一次也不容易，情急之下，女儿联系上了罗凯，企盼得到他的帮助。谁知，罗凯并没有接她的话茬，却嘱她第二天再去向签证官陈述情况，并说：这是一次展示自己"软实力"的好机会。

不帮忙也罢了，还要乘机兜售自己的"软实力"！女儿带着一肚子的委屈，于第二天又去了美国领事馆。谁知，这次与签证官的沟通特别顺利，在倾听女儿又一次说明了相关情况后，签证官笑眯眯地对女儿说：你的陈述消除了我们以前的误解，放心吧，你的签证 OK 了！女儿感到欣慰，也不免有些得意——当时的她自然不知道，就在几小时前，为了她签证的事罗凯还在上海用电话与签证官交涉，指出了一些环节中存在的问题，直至谈妥为止……此时，北京时间已是凌晨零点多钟。

这就是罗凯：一方面，要把自己的学生推到社会实践的最前沿，让他们充分展示自己的"软实力"（女儿的案例，在他的体系中或属"多元模式沟通能力"）；一方面，作为老师，当学生真正遇到困难时，他又会及时相助，在幕后悄悄伸出援助之手……也许，正是这种独特的、有别于国人的教育方式，才让包括女儿在内的诸多中国学子尊重他、信任他，也更加切实地感受到"软实力"之于学生的重要性。

在我看来，罗凯出生于美国，成长于美国，后又生活于中国，工作于中国，对东西方文化都有较为深刻的了解，因此，对中美文化、教育的交流有着得天独厚的优势。他既是教育理论的研究者，又是教育实践的推动者——我们完全有理由相信，他和他的团队一定能在中国这块辽阔的土地上展示自己的才华，为中国教育与国际全方位接轨，为让更多中国学子接受世界最先进的教育而作出应有的贡献！

（本文作者为中国出版协会理事，中国作家协会会员，文汇出版社社长、总编辑、编审。）

目　录

1

第一部分
这是一个需要"软实力"的时代

第一章　无处不在的软实力
——成功新定义

　　软实力无处不在。在当今大数据时代和信息全球化时代，任何组织和个人都在运用软实力进行各种各样的交往并谋求成功。大到国际体系中的民族国家，小到受市场支配的企业，软实力已经成为组织乃至个人谋求发展、构建关系和塑造形象的重要内涵。因为软实力不仅是国家、组织和个人在全球化浪潮和信息时代竞争中的重要方式和核心，而且也是当前新时代的成功之道。

图1

由哈佛大学约瑟夫·奈（Joseph Nye）提出的软实力概念，已悄然从学术领域、政治领域走向生活领域，从区域化走向全球化。目前，软实力逐渐被人们发掘，并对人们的思维、行动产生深刻的影响，已经渗透到个人奋斗的点点滴滴中。

美国经济和社会的吸引力作为美国的重要软实力将长久地发挥作用，已经吸引了成千上万的民众前往美国移民，谋求更大的发展。美国文化也同样具有强劲的吸引力，很多人对美国的热情和向往不仅来源于美国社会的宽容和自由，也来源于美国对多元文化的尊重和人们对美国多元文化的需求。

与国家相比，企业似乎更能将软实力用得恰到好处。企业对形象、信誉的强调往往使得企业在新的竞争中处于优势。一个典型的例子即是谷歌公司对创新精神的重视和强调，谷歌宽松的工作环境和有优势的薪酬吸引了大量有创新渴求的青年，谷歌也被视为世界上最具创新力的公司。

在新时代中，个人的软实力也受到重视。那些新时代的作家、音乐家、企业家往往极具软实力。他们思考问题更为深入，获得充分的创新思维的锻炼，拥有崇高的使命感和事业观，并对自己的未来负责任。是个人软实力的充分发挥使得他们获得了更大的成功。

成功的战略和行动并非来自偶然，而是科学理解软实力的涵义并有效实践的结果。软实力从其本质来看既是科学又是艺术。软实力的学习、领悟和实践是一个过程，而这一过程是可以通过学习常识和惯例化的方式来获得。但究其实质，软实力的获得、塑造和发展是一个不断创新、不断前进的过程。本书主要阐述软实力的获得、塑造和发展模式，并展示个人在成长中特别是留学的过程中如何领悟到软实力内涵，从而走向更具国际竞争力的留学之路。本章提出软实力概念，将此作为认识世界的思维方式，阐述其概念和内涵，为后文提供重要参考。

仅靠硬实力就可以了吗？

实力是达成目标、获得成功不可或缺的重要工具。实力人人皆知，人人依赖，但并不是所有人都能准确定义它。实力似乎已经内化成为一种特质，在不需要的时候永远看不见，在需要的时候却又能马上跳出来。实力又似乎外化成一种无法预知的规律,这种规律能够支配所有人围绕其运转。深入理解实力的定义,可以发现其深刻内涵。实力可以指:① 达成预期结果所展示出来的能力;② 拥有达成预期效果所拥有的资源和条件;③ 在互动中占据各种优势的心理位置。从第一点上看,实力更多是体现在过程之中:力量、能耐、坚强的奋斗和锲而不舍的精神都可以指的是一种实力。这种实力在体育比赛中经常见到,奔跑、起跳之中,看台上的观众们很容易看到选手的实力,越是领先的选手就拥有越强的实力。而第二条定义,则更多牵涉到占有的意味。大公司比小公司拥有更多的资源、更多的广告费用,能够提供更多的就业岗位;大国比小国有更多的人口和可供动员的军人;教师比学生在某种程度上拥有更多的知识资源。由此可见,前者比后者更具备实力。最后一条定义较为微观,涉及到互动双方微妙的心理差异,这种差异来源于对自我和他人感知的综合性判断力。尽管比赛还没有开始,但是双方选手就会自然感知和定位对方与自己的实力相差几何,观众也会对比赛的选手进行考量。最为著名的例子是 2014 年世界杯比赛,尽管上一届冠军西班牙队的战绩不佳,但还是赢得了许多人的心,因为他们心中的西班牙队是有实力的。

阐明实力的概念内涵之后,必须对实力本质做进一步的思考。最为方便区分实力的方法就是将实力本身划分为硬实力和软实力。**硬实力**,在英文中称之为 hard power,指的是支配性力量,即可以用于计算、衡量甚至轻易感知的力量。硬实力主要指的是有形力量。长期以来,硬实力一直被视为国家、组织乃至个人生存和发展的核心力量,并被几乎所有主体所追逐。国家的硬实力指的是可被探究的经济力量、军事力量和科技力量,是国家赖以存在的最为重要的根基。而在企业看来,硬实力则是提供给消费者的产品与服务。一个普通高中生的硬实力通过他稳定的学业成绩和健康的体魄展现出来,而学者的硬实力则可以通过他发表的作品体现出来。

硬实力是竞争时代个体成功最为重要的基础,也是前提。拥有很好的硬实力的组织和个人能在竞争中拥有很高的自信力和心理优势,同时也会更为勇敢地投入竞争。硬实力的突出表现在它展现了国家、组织和个人生存和发展的关键性要素和潜力。另外,硬实力也表现在"硬"上,即它使用较为直接的、强制性的以及不顾及对方感受的手段。在国际层面上,为了解决国际争端,美国悍然发动的伊拉克战争;在市场层面上,各大集团的收购并购行为;在个人层面上,对某

些有限机会的强力获得,都是硬实力的表现。

但是,仅靠硬实力就意味着胜利吗?

[案例 1]

尽管美国拥有强大的政治、军事与科技力量,但近年来美国在中东地区和中亚地区发动的两次战争却导致国际反美浪潮此起彼伏。与此同时,美国无力保证发动的战争是否能顺利结束。两次战争损耗了美国的大量精力,但没有达到预期的效果。

[案例 2]

2008 年金融危机,一度非常辉煌的雷曼兄弟投资银行因为次贷危机而破产。这个成立于 1805 年的著名的国际金融公司曾经有"19 条命的猫"之美称,但却因为片面追求收益,过分忽视金融风险以致次贷危机大潮到来而措手不及。

[案例 3]

博士作为特殊的群体,在中国有着令人艳羡的光芒和荣耀,但也有一些刚刚戴上博士帽的毕业生找不到很好的就业出路,有些学生甚至想不开而自杀。

[案例 4]

哈佛招生委员会历年都要拒绝成百上千名 SAT 考满分的学生,主要原因在于他们仅有高分数,而无其他特别之处。

......

这些案例都无一例外雄辩地说明了仅靠硬实力是不够的。硬实力虽然显示出个体强大的竞争力和顽强的生命力,但仅靠硬实力却不能保证国家、企业和个人能够成功。新时代的成功要素更是一种系统的工程,它涉及到创新精神、文化要素、心理构造、性格,甚至是良好的个人修养。因此,顶着硬实力光环的人需要小心了,因为你所依托的实力并不是十分可靠的资源,你所使用的手段也并不一定能够让你顺利晋级。要想获得灿烂的人生就必须明白,比硬实力更重要的是软实力。

软实力：从国家大战略到个人大发展

在当前经济全球化、信息革命、大数据时代和网络时代的大潮下,软实力具有硬实力不可比拟的灵活性、传导性和扩张性。软实力不仅占据了话语优势、网络优势,同时能够超越时空的局限性,对人类的思维方式、行为准则乃至生活方式产生巨大的影响。相较于硬实力而言,软实力更具有灵活性、生产性和变革性。能否塑造、发挥和建构软实力已经成为衡量一个国家、组织和企业乃至个人活力、健康和创新能力的重要标准。

图 2

那么究竟什么是软实力? 哈佛大学教授 Joseph Nye(约瑟夫·奈)对软实力(soft power)的定义较为系统,软实力既涉及到手段也兼顾到能力。他认为**软实力**是"一种通过影响他人来获得你所期待结果的能力,是一种通过吸引而非强迫来实现预期目标的能力"。软实力与通过强迫手段达成目标的硬实力有所不同,它是通过吸引别人达成你所要目标的能力。约瑟夫·奈在好几本著作中着重阐

述软实力的重要价值,强调软实力不仅是一种影响他人喜好的能力,而且也蕴含着一种资源。奈将软实力放在了国家战略之中,提到美国之所以成功,不仅仅来源于美国卓越的经济科技与军事等硬实力,更多的还在于美国卓越的吸引力。美国顶尖的高校,美国的好莱坞和多元自由的社会都为美国在国际社会中赢得了好的形象。而这些内容在他看来就是美国的软实力。约瑟夫·奈从国际政治角度入手,将软实力在国家战略层面上分为三个部分:文化(在能对他国产生吸引力的地方起作用)、政治价值观(当它在海内外都能够真正实践这些价值观时)以及外交政策(当政策被视为具有合法性以及道德威信时)。

图3　约瑟夫·奈

如果我们观察软实力在企业和个人身上的表现和潜力,就很容易领会到企业软实力是指不同于以物化形式存在的硬实力,指的是能够恰到好处地发挥资源配置的一种天赋,一种形象,一种对市场敏锐的洞察力以及卓越的执行力、沟通力以及领导力。软实力解释了为什么拥有同样资源的企业在几年之后会有大不一样的处境。而对想要在未来获得国际竞争力的年轻人来说,软实力更为重要。

[案例1]

阿里巴巴总裁马云年轻的时候拥有什么? 可以说是硬实力毫不具

备。他高考三次才艰难过关,在而立之年才开始创业,并且因为两次创业的失败备受打击。但马云却从不绝望,他总是自信满满,而且坚持不懈、破釜沉舟。对马云来说,开弓没有回头箭,经历便是成功。

[案例2]

SAT 只有近 1 600 分(2 400 为满分)的一名中国甘肃学子却被哈佛大学全奖录取了。这名高中生在高一时发明了一种过滤水装置,高中三年坚持给附近几个村庄的农民免费试用。哈佛看重的正是这个学生解决问题的能力、对社会的责任感和爱心。

软实力在人身上表现多样,它首先表现的是一种精神气质,是昂扬向上、自信以及不达目的誓不罢休的状态;其次,它展现出来的是一种无比强悍的适应力、应变能力和创新力量,并随着阅历的增加而更具味道;最后,软实力展现出来的是一种社会使命感、责任心和对爱的感悟。软实力不仅是一种能力储备,更是一种互动中展现出来的柔性"吸引力",它能迅速吸引正能量,塑造出完美形象和良好声誉。软实力使人改变了交往方式,不仅能极佳地完成沟通和互动,也能在实践中大放异彩。

软实力对青少年来说意味着开拓了新的边疆,构造新的思维。软实力不仅意味着健康的体魄和良好的个人素养,还是一种重新设定人生发展的思维。软实力着重体现在形象、感染力和表现力、创造性参与以及创新思维上。软实力的本质是重新认识自己,转变只注重硬实力的思维方式。在信息时代和社会互动不断增加的新世纪,张开自己的翅膀,在不断的沟通、互动与实践中培养软实力。

软实力＞硬实力：知识经济时代造就的产物

如何看待软实力和硬实力之间的关系? 这一点约瑟夫·奈也没有解答。为此,他随后提出了巧实力(smart power)的思维,强调硬实力和软实力其实都很重要,但关键是需要灵巧地将硬实力和软实力恰到好处地结合。在奈看来,美国现在的国际地位堪忧,需要更为灵巧地将软实力结合硬实力发挥得恰到好处。

而如何发挥软实力则是一套系统的过程。企业、组织和个人并不是国家,在

激烈的竞争环境需要更多的是"吸引力"。由于知识和信息获取的渠道方便快捷,企业所提供的产品与服务和个人所提供的形象与各种特质所承载的信息集合越来越多。由于硬实力所承载的信息集合相对单调,在多元复杂的社会中并不能迅速展现出一个人突出的地方。而软实力,不论其手段还是能力则成为展现个人价值和显现个人能力的重要窗口。因此,就当前知识经济时代而言,拥有硬实力之外的软实力似乎显得尤为重要。

那么,这是否就意味着可以弱化硬实力的功能?答案是不能以偏概全。比如,在一个硬实力突出的圈子,软实力不仅能够强化硬实力,同时可以释放出大量有利于硬实力发挥的重要场域。它不仅能为硬实力的发挥提供存在的合理性,也提升了硬实力的层次。可以说,没有软实力的作用,冷冰冰的硬实力是难以有效发挥其作用的。与此同时,软实力的塑造和培养会逐渐转化为另外层面的硬实力。软实力不仅将提高参与者的竞争力,同时这股难以捉摸的力量会逐渐内化或者外化,即被参与者重视和投入,变成一种价值和方法,从而逐渐固化成新的硬实力。最后,软实力更适应当前知识经济对多元文化和创新精神的需求,更能代表和体现参与者的潜能,它在某种程度上可以反映主体可被塑造的更为积极的影像。

软实力的提升相较硬实力来说更为有效。一个硬实力难以迅速发展起来的小国在活跃地区气氛、打造多样文化上却可以做到得心应手。企业家往往很清楚营销的作用,因为它不仅能够打破资金的限制和规模的局限,也可以将企业的形象和产品的魅力转化为企业硬实力提升的重要途径。就个人而言,事业的起步并不是一朝一夕通过资金积蓄和能力积累就可以的了,它更需要的是潜能的发挥、沟通的高效和自信的姿态。而学生成绩的提高除了靠自己的勤奋以外,更需要一种改变以前懒散的姿态、自信且昂扬的精神以及不怕困难毫不退缩的勇气。这些精神塑造出来的内涵形成了个人成长的软实力资源,并在个人未来的成长中有效地展现出来。

在知识经济时代,无形的资产如知识、信息、专利、声誉等会成为最重要的资产。而软实力则意味着着眼于软性资产的积累和塑造,并通过软实力的发挥将资源通过人本身的因素而获得最大的价值。软实力对精神和人自身价值的尊重契合了知识经济时代最为重要的目标。斯蒂芬·乔布斯,这位执著商人,他早年就为着自己的执拗跑到印度寻求伟大的顿悟。在青年时期,乔布斯就领悟到了

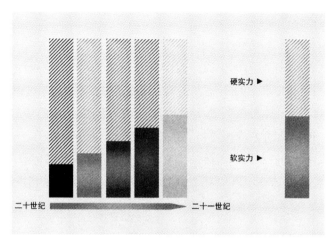

图 4 与时俱进的软实力

价值和存在的意义,并将这种领悟运用到商业运作之中。在他的一生中,乔布斯将其创造精神及其对禅的理解融会贯通,最终形成了乔布斯独具一格的软实力。这种强有力的软实力使他战胜人生道路各种挫折,获得了巨大的成功。如今乔布斯设计的苹果系列产品风靡世界,为世人称道。

知识经济时代对个性张扬和价值释放的要求促使实力对人类进程影响的重要性发生了一些微妙的变化,软实力逐渐被人们所重视。软实力>硬实力更多强调的是软实力更为有效的可塑性,更为长期的有效性以及更为深层次的影响力。没有软实力,硬实力如同一块硬邦邦的巨铁,找不到归属;软实力却为巨铁加入了磁性,升级为巨大的磁铁,将各种资源有效地吸纳进来,不仅让磁铁增加新的内涵,同时也改变了磁铁的质量,使其更具备培养硬实力所需的品质。

新时代的竞争:无处不在的软实力

新的时代演进即是以科学技术和信息知识为基础的生产、传播、扩散和应用的过程。与信息时代所不同的是,新时代更加强调知识传递的准确性和真实性、多元性和社会性。如果说代码是计算机领域通用的信息束,那么软实力就是当前知识社会所展现出来的能力束。软实力由于极具个性色彩、创新精神和价值能量而被视为当前时代最为需要的竞争力。新时代的人才竞争,突出表现为以

软实力为核心特性的精神较量。

　　以信息产业为标志的新经济时代,以政治上普遍参与为标志的政治转型时代,以加工、物流、通讯等为标志后工业社会的到来,以信息行为主义为契机的大数据时代的到来,无不说明综合竞争时代的来临。这一竞争时代指向更为庞杂,更为多元,也更为发散,而仅以硬实力为应对方略的竞争策略难以直面这种挑战。如果没有软实力的支持和发展,仅靠硬实力难以获得成功。软实力以柔性竞争手段为依托,以坚实的气质精神为基石,以复杂的创新理念和多元的价值信念为表现,不仅能够综合反映时代需求,更能将竞争者的位次提升。因此,乔布斯的理念所代表的苹果产品能够战胜任何一个少有创新精神的企业生产出来的同类产品。

图5　马克·扎克伯格

　　哈佛大学的"辍学生"不只是比尔·盖茨一人。Facebook网站的创始人马克·扎克伯格凭借着自己对计算机和程序近乎疯狂的热爱选择了自己的生活。他从一开始就设计着自己的人生,曾拒绝微软等大公司的年薪95万的工作机会而去哈佛大学攻读学位。在哈佛大学攻读学位期间,扎克伯格仅花了一个星期的时间就创造了Facebook,成为哈佛大学新的社交平台。扎克伯格并没有立即想到Facebook的影响力,哪知道这个社交平台却很快扩散开来。为了继续完善这个平台,扎克伯格离开了哈佛大学,成为当今的盖茨第二。

　　邓正来,在同行眼中是一个"学术个体户"。这位社会科学领域著名学者在青年时代极具自我发展意识,在读完北京外交学院硕士后放弃攻读博士学位,独自从事治学。邓正来将大量精力放在译介学术经典之上。数年后,他的成就被学术界普遍认同,成为当代中国最有影响力的社会科学学者。

　　被称为"边缘人"的孙正义,祖上为移居韩国的汉族人,又在其祖父一代迁往

图6 邓正来

日本。他小的时候遇到了相当困难的成长环境,最后不得不离开日本前往美国发展,他的突破口在于对学业疯狂的专注和执著,连自己所穿的衣服也是经过特别改装以适合随时读书和写作。凭着超乎寻常的努力,他进入加州大学伯克利分校就读,最终回日本创业。由于他对客户利益的诚意和对互联网的热衷和坚持,他所塑造的软银集团已成为世界最有实力的互联网企业,孙正义也被称为"电子时代的大帝"。

图7 孙正义

　　三位创业者在更为多元、更为开放的全球化信息时代并没有固步自封,跟随前人去追求一元的价值,而是充分发挥自己的才华,并坚定自己所认定的道路,坚持走下去,发挥自己强劲的软实力,在成长中不断提升自己的理想和目标,最终取得人生辉煌的成就。

　　很多人认为这些人的成功是难以复制的。的确,复制同样的乔布斯、扎克伯格是一件很困难的事情,但问题的关键不在于模仿,而在于学习他们为什么能具有取得这些成就的特质。他们并不是硬实力的专家。扎克伯格从哈佛辍学,按照现在的标准很难在精英汇集的就业市场找到一份完美的工作;邓正来从外交

13

学院毕业后没有继续攻读博士学位,而博士学位被认为是通往高校和研究所就职任教的敲门砖;孙正义停止了在日本的高中学习来到了美国,这在常人看来是付出了极大的成本和代价。但他们迈出了这一步,也坚信自己所从事的事业有价值。这种极强的软实力素养使得他们能够超越硬实力的束缚,促使他们能够改变人生的困境。

软实力的作用在新时代非常明显。它带来的价值可以说是硬实力完全无法企及的。软实力不仅仅是一种精神资源,也是一种极强的奋斗动力、开阔的眼界和谋划力。这些素养很难在正规的课堂教育中被传授,但它正在被所有人所重视。软实力所体现出来的价值正在改变社会选拔人才的标准。未来社会很有可能更强调软实力的价值,将软实力视为更为重要的人才选拔的标准。

软实力在未来将无处不在,并会深刻影响每个奋斗者的前途和发展。

第二章　从局部竞争到国际竞争
——留学软实力的价值

中文"留学生"一词由古代日本创造,而"留学"则是从"留学生"中衍生出来。留学,从其词源来看,并非指中国学生去国外深造,而是指日本学生到中国探索强盛成功之理。说起留学,不得不回到大唐盛世。作为唐朝的邻国日本,为了效仿、学习唐朝的制度和生活方式,在大化改新之时多次派遣遣唐使入华学习。但由于制度上的限制,遣唐使只能在中国居住一两年就必须回国。为了突破这种瓶颈,日本在派遣遣唐使之时还同时加派"留学生"和"还学生",以便更为全面深入地学习中国文化。"留学生"则顾名思义,是指留在中国继续学习的学生;而"还学生"则是指离开中国回国的学生。"留学"一词本指别国在中国留下来学习之意,但在历经沧桑之后,"留学"却具有了截然不同的内容。

近代留学史与中国梦

纵观中国近代史,中华民族是跌跌撞撞走入世界视野的。自鸦片战争以来,国人思考中国的未来,梦想着像西方一样,改变中国落后的残酷现实,重新富强起来。而留学,这个从晚清时期开始流行的词汇,从一开始就具有传奇的意义。中国近代留学第一人容闳跟随马礼逊赴美留学,辗转流离最终进入耶鲁大学深造。在四年的学习生涯中,容闳秉持留洋救国之念,相信中国青年经过西学教育能使中华文明再生且强大。正是他的努力促成了1873—1875年120名幼童赴美深造的传奇,开风气之先。这些为着洋务运动而贮备的人才,尽管由于顽固分子百般搅扰而无法顺利完成学业回国,但其中杰出的人才在中国历史上留下了重要的一笔,唐绍仪、詹天佑和唐国安等更是被世人所铭记。随着留学风气的大

图8 容 阅

开,西学中用的风气大兴,留学也逐渐被开明大臣所重视。清朝高级官吏曾国藩、李鸿章、沈葆桢等奏请清廷派遣第二代留学生赴英法德三国深造,精研船政。这些仁人志士回国后大多成为船舶领域的专家和海军军事将领。梁炳年、林芳容等专家为洋务运动的"富国",以及萨镇冰、刘冠雄、刘步蟾等为中国海军的强大做出了卓越的贡献。而严复更是将西方经典译介过来,作为著名的翻译家和思想家成为"精通西学第一人"。

如果说前两代中国留学生是政府推动的话,那么第三代留学生出国深造是抱着救国热情前往的。上一个甲午年中国战败,举国震撼,部分精英公车上书,学习日本明治维新,走变法之路。19世纪末20世纪初,大批中国青年涌向日本。自1896年起,中央和地方政府开始派遣官费留学生赴日留学,到1899年已有200人,而自费留学也在20世纪初期猛然增长,达到几千人之多。民国初年,留日的中国学生已经达到数万人之多,形成中国留学史第一次大潮。而此刻的留学关注更多的是政法和军事领域,这些留日学生逐渐培养出了革命精神,走上了中国近代史的舞台。他们宣传新文化,反抗晚清的腐败统治,并不断成立新组织,着手推翻清政府。同盟会的黄兴,革命志士秋瑾、徐锡麟,以及革命宣传家邹容、陈天华等,都是这些留日学生的杰出代表。这些留日的学生,大部分回国后参与革命运动,积极推动中国进步的发展。

留学大潮兴起之后,中国学子的留学热潮锐不可当,赴日留学的鲁迅正是在这个环境中感受到了自己的使命,从而立志要唤醒国人的。1909年设立"庚款奖学金"之后,大批学生赴美留学,学习科学技术和先进思想。1915年,在李石曾、蔡元培的"勤以做工,俭以求学,以进劳动者之知识"的号召下,大批学生奔赴法国勤工俭学,其中很多人成为拯救中国于水火的革命家;苏联成立后,留学苏联人数逐渐增加,莫斯科成为新的留学圣地,刘少奇、任弼时和瞿秋白等正是赴莫斯科留学,认识到中国未来的方向。

留学大潮无时无刻不与中国的命运联系在一起。留学生学习新思想、新知识、新科技和新文化,在留学中始终怀着救国救民的使命感,以改变中国命运为己任,勉力求学,刻苦钻研。这些归国的留学生极大地促进了中国的政治经济和文化的发展,并转变了中国落后的发展方向,使得中国逐渐在世界上崛起成为新兴大国。

近代留学史可以说是中华民族的奋争史。每个留学生身上都承载着沉甸甸的中国梦,他们希求改变,也希求在自己的专业上有所建树。他们的指向是中国,他们的出发点和落脚点无一不是从中国落后的情势出发的。留学热潮不仅塑造了当代中国各领域的英雄,也形成了中国留学文化,留学成为中国变革的先声,成为发展中国的关键。而留学生,这些英勇救国救民的知识分子,也在近代中国的大浪中接受洗礼,成为中国学生乃至中华仁人志士的榜样,他们身上散发出的精神气质永远影响着一代又一代远赴重洋的学生。

当代出国留学——美好愿景与残酷现实

如果说近代留学是开风气之先,以救国救民为重任的留学传奇,那么当代中国留学则是以实现个人价值和幸福体验为核心的留学梦想。"文革"后的1978年,第一批52名公派留学生前往美国进行深造,他们延续了近代留学的传统,以发展中国科学技术和振兴中华文明为己任。这些学生基本上全部回国,并在各条战线上发挥着巨大的作用。1984年12月26日,国务院又发布《关于自费出国留学的暂行规定》,指出"自费出国留学是培养人才的一条渠道,也是贯彻对外开放政策、引进国外智力的一个方面"。政府从政策上支持自费出国留学人员,并鼓励这些留学生为社会主义现代化建设服务。改革开放的大潮打开了中国国门,号召留学生响应国家号召勇敢走出去。在这风云激荡的年代,留学大潮从20世纪80年代起喷涌起来,出国留学成为体现个人价值、培育人才的重要方式。留学逐渐在国内火起来,留学不仅在人数上逐步增加,地域上也大为扩展。但在1991年之前,由于计划经济体制的束缚以及国家针对留学回国人员的相关政策还在完善之中,中国留学人数在总体上增加缓慢,而相比之下,留学生回国率却逐步提高,仅1988年7万多留学生中就有3万多人选择回国,回国率达到43%左右,为迄今为止年度回国率的最高点。与此同时,国家对留学回国人员的优厚待遇也逐步对社会产生影响。1990年,国家教委、国家人事部在北京联合

举办首届归国留学人员科技成果展览会,并表彰有杰出贡献的归国科学家如钱学森等人,对社会形成巨大刺激。留学成为崇高的身份象征,回国发展和参加祖国建设成为海外学子共同的期盼;而与此同时,内部的留学文化开始逐步形成,国内学子跃跃欲试,希求通过各种机会到海外留学深造。

这股留学大潮伴随着改革开放的深化以及中国经济的发展而逐步涌起。1992年1月,邓小平视察珠海谈到归国人员时表示,"所有出国学习的人,希望他们都回来。不管他们过去的政治态度怎么样,都可以回来,回来后妥善安排……告诉他们,要做出贡献,还是归国好。"邓小平的肯定对留学人员归国造成巨大动力,同时也促成相对宽松的留学环境的到来。1992年,李铁映提出中国留学十二字方针:"支持留学,鼓励回国,来去自由",随后几个中央部委陆续发布《关于回国服务的在外留学人员用现汇购买个人自用国产小汽车有关问题的通知》、《关于出国留学人员工作单位调整有关问题的通知》、《留学人员回国工作和办理有关派遣手续的实施办法》、《关于来华定居工作专家工作安排以及待遇等问题的规定》等文件,有力地保障了归国留学人员的待遇,同时提供丰厚的资金和环境支持。2001年,中国加入世贸组织,中国经济与世界经济的接轨更是加剧了对国际人才的需求。留学政策的相对宽松和国家支持的态度吸引大批留学人员回国。自20世纪90年代开始一直延续至今的回国热潮逐步打破了中国学生相对封闭的认知环境,留学成为中国学生非常期盼的需求,使得中国学生能够充分接触到异域文化,这不仅排除了中国学子对留学的各种疑虑,也促成了文化的多元化和国际化,使得留学更为简便易行。另外,伴随着经济全球化和中国经济国际化而涌现的各种出国英语辅导教育机构的流行,留学已经成为未来职业和学业成功的另外一种叫法。留学的神秘色彩逐渐褪去,留学已成为中国学生渴求和奋斗的目标之一。

但与此同时,由于中国社会走上对外开放和以经济建设为中心的发展轨道,以及中国加入WTO后市场的逐步开放,造成中国社会千年未遇的国际化剧变。这种变革让期盼留学的莘莘学子和其父母也难以准确应对。留学的大众化、平民化和普遍化使得留学价值遭到极大的冲击。在中国留学传统中,民族感情和爱国主义始终是留学生的主要情感,但在今天,这种传统已经逐渐褪色,许多人对留学的认识是它能带来更好的就业机会和更高的生活水平。留学原先具有很强的政治色彩和专业色彩,近代留学热潮的契机来源于政治军事的大变革和国家的国际环境的变化;而在今天看来,留学更为热切是在民间,自费留学逐渐占据越来越大的比重。民间留学热潮的涌来裹杂着市场经济的热风,催生了大量的留学中介。留学成为许多学子可以用钱来买的选择之一。近代留学另一个特征即是留学生精英意识极其强烈,留学的本质目的是学习,是救国,是发展,是科研,但在当前经济全球化的环境下,大众留学有着多种多样的目的,如移民,如换一种生活方式,如躲避严苛的高考体制,如追求更好的教育资源,甚至为了改变成长的社会环境。大众留学的多样性选择使得围绕留学而产生的留学市场繁盛起来。同时,大众化留学也使得留学竞争也异常激烈,留学低龄化、留学多元化以及留学多层次化使得留学资源逐渐被大量中国学生发掘、开发和运用。这一系列的结果造成留学已经不再是精英的选择,它已经走入千家万户,成为大多数老百姓可以思考可以做出的行为。国内高校体制无法满足对精英教育的完全需求也促使高收入家庭纷纷将自己子女送到国外去深造,这又带来另外一个层面的高端留学市场。因此,留学价值观也随着这一系列的变迁而悄然变化,从以前的留学救国说、留学革命说、留学发展说逐渐演变为留学镀金说、留学价值说、留学生活说和留学机遇说。

留学,已经不再仅仅是 90 年代那些高校精英和学业出众者的机会。自费留学的入口已经完全打开,大众留学已经成为当前留学的重要市场。留学成为年轻人与就业或国内深造并列的选择。与此同时,由于国内市场的长期景气,中国经济发展急速提高,中国社会创造的机遇也不断出现,留学后回国成为大众选择的应有之义。因此,随着海外归国的学生越来越多,机会和资源的争夺也越来越激烈,而出国留学的学生也在竞争着越来越稀缺的留学资源。这种双向竞争的境况造成几大恶性的趋势:

(1)留学的海归们不再被视为精英,与国内生源接受同样惨烈的就业和升学竞争;而越来越多的人为了改变相对劣势的经济社会地位和学业纷纷加入了留学大军之中。

(2)留学资源的竞争造成留学市场的恶性膨胀,许多不明就里的家长往往会被黑中介和单纯以功利为目的的留学咨询公司牵着鼻子走,而花费相当多的费用。

(3)学生难以预判自己留学是为了什么。盲目的留学浪潮造成前往国外留学的学生低龄化和盲目化,许多在生活上无法照顾自己的小留学生和在学业素

质上、英文交流和沟通上难以达标以及心理不成熟的留学生纷纷前往国外。这一方面造成资源的浪费,另一方面没有达到学业提升和心理成熟的效果。

(4)留学生归国后的就业危机加大,毕业后留学生职业发展和学业晋升的不确定性增加。大量的前往他国留学造成留学本身已经成为重要问题,留学不仅加大了普通家庭的经济压力,更加重了在外留学学生的心理负担。这往往会造成留学生对未来不自信心理,而未来残酷的竞争和难以把握的就业也会影响留学生的心理状态,由于其心理承受能力长期遭受重压,往往会酿成恶果。

留学——多少不幸假汝名而行

正是这种时代环境塑造出来的复杂的留学情势,使得留学不再具有崇高感,归国的留学生也难以享受特殊优待,但留学浪潮却有增无减,难道人们没有看到大浪后面不一定是宜人的沙滩和海风,也会是暗礁和风暴吗?

[案例 1]

张伟因为学业不顺,高考失利,结果上了大专。大专毕业后,张伟做了房地产销售工作。在工作过程中,由于他经验不足而业绩平平,收入较低。当他看到各种高薪人士在挑房买房,羡慕之余也有了重新学习深造的想法。2008年,他考上专升本,很快完成学业。但他觉得学历不够硬,因此迫切想出国学习。2010年他决定去美国留学。为了留学他没有继续工作,而是耗费大量时间和精力学习英文。最终他到美国读了一个不知名大学的工商管理硕士。两年的光阴过去了,张伟终于毕业,但是他回国后找工作却发现并不如愿。他很疑惑:自己付出这么多到底是为了什么?

[案例 2]

芳芳是家里的掌上明珠,家境较为优越。家里希望她能在国外读书,接受西方教育,回来能找到一份好工作。芳芳在初中的时候就考了托福,并在高中时完成了 SAT 考试,本科顺利被美国名校录取。芳芳实现了家人的梦想,但她到美国后并不适应,人际圈子非常小而且不愿意与教授进行沟通和交流。大二的时候,芳芳交了一个美国男朋友,但却由于价值观的不同分手了。这一系列使芳芳的心理受到很大的创伤,她变得更加孤僻和偏激。结果,芳芳没有拿到学位就因为心理问题回国了。

[案例3]

李某是一个很外向的中学生,在国内因为经常助人为乐而得到同学的喜爱。李某的父母为了让他有一个良好的发展,在高中时让李某转学到加拿大温哥华学习,寄宿在叔叔家里。李某虽然无奈,但却也只能答应。有一天,李某看到几个白人男孩欺负黑人少年,气不过便与白人男孩打了一架。但整个社区住的大多都是白人男孩,结果他们将李某狠狠揍了一顿。从那以后,那些白人男孩经常欺负李某,使李某心理受到了很大的伤害,以至于经常郁郁寡欢。

[案例4]

小枫是一位热爱科研的大学生,她认真学习,相信自己的实力可以给自己带来幸福。她在美国一所较为知名的大学研究文学,并很快获得了文学博士的学位。但是她却高兴不起来,因为毕业之后在美国很难找到科研工作岗位,无奈只能回国。可是国内的就业状况并不比美国好,再加上她所学的专业并不热门,结果成了"海待"。

上面几个案例仅是我们从"留学不幸福"的档案库里抽取的几个较有代表性的例子,每一个案例都代表一种典型。

1. 盲目派

这种类型的学生出国目的很简单,就是为了留学。但事实上他们留学的目的并不清楚,他们是纯粹为了留学而留学的一拨人。张伟的悲剧在于没有认识到工作更多需要的是软实力,而硬实力的欠缺可以通过不断的努力和学习得到改变。学历作为敲门砖的时代已经快成为明日黄花了,而软实力所倚重的能力和经验的时代已经到来。

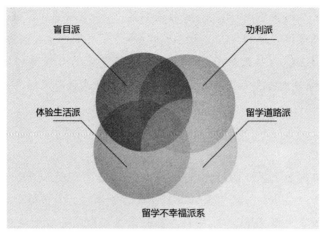

盲目派　　　　　　　　　功利派

体验生活派　　　　　　　留学道路派

留学不幸福派系

图 9

2. 留学道路派

这种类型的学生在家长的要求下从小开始就认真准备留学,他们的生活是掌控自己的父母手中,对于是否要留学自己没有发言权。因此,虽然他们能在父母的要求下顺利踏上出国留学的道路,但他们并不能适应留学生活和学习,反而会带来很多问题。

3. 体验生活派

如果说一些学生出国是为了获得更好的学位然后回国发展,那么另一批人出国留学是为了体验国外生活,从而能够适应国外生活。但事实上,并不是所有人都能适应外国的教育体制和生活方式,更不用说大环境下的文化和社交圈子了。因此,很多人出国之后并没有很好地适应,反而在两种文化中痛苦挣扎。

4. 功利派/实用派

这种类型的学生很大程度上出国是为了获得更好的机会、更好的工作。但实质上只有少数精英才能进入好的公司部门,找到好的就业岗位。如今西方在金融危机之后自身面临较大的危机,本国人的就业都难以解决,更不用说中国留学生了。随着回国的海归越来越多,竞争也越来越激烈,出国留学是否一定能带来高效益,值得深思。

留学,已经成为当今中国学子的魔咒,而那些在国内申请留学的人又怎么样呢?

为什么认真申请,结果却是残酷回国

下文是一些认真申请留学却辛酸回国的例子,他们的例子告诉我们,留学的道路并不平坦。

[案例1]

某外国语学校的常同学,SAT 2 360分,托福118分,通过一家中介公司,将其进行包装,结果他很顺利地被美国西北大学录取了。由于他在各项考试中顺利地过关斩将,对自己的学习成绩过于自信,在进入西北大学之后,他并没有考虑到中美教育体系的差异,结果,只过了两年,他就以7门不及格的成绩被退学。这导致他自尊心严重受挫,以致患重度抑郁而回国。

[案例2]

大学快要毕业的刘某,一心打算去美国留学,他只希望进入美国TOP100大学里攻读学位。他的成绩很好,同时也考到了很高的GT分数,在留学中介的帮助下,他准备得也相当充分。但他考虑到自己的学校不是特别出众,因此决定在PS的经历上造假,期望可以获得某些教授的青睐。最终他被布朗大学录取,但布朗大学在对往年学生进行例行复核的时候,发现他的经历造假,结果被学校退学,无奈回国。

[案例3]

李某在国内一所普通高中读书,成绩中等,以目前的情况预判,通过高考考上国内重点大学无望,因此他父母希望儿子到国外大学深造。但是李某到了国外之后,发现并不如自己所愿,觉得自己很努力也跟不上课程进度,一开始两门不及格,后来越来越多,发展到5门不及格,只好休学。在巨大压力的情况下,他染上酗酒陋习,整天不思进取,最终

无奈回国。

[案例4]

　　王某在国内成绩较差,自信心较低,父母也觉得很没有面子,觉得自己的孩子学习也就这样了,不如花钱出国见见世面,拿个洋文凭回国。结果,他被留学中介随便安排在一所国外非正规大学(野鸡大学)就读,里面几乎全是学习不好的中国学生,甚至很多人比他的情况还要糟糕,终日浑浑噩噩,花天酒地,荒废青春,浪费家财。

　　这些典型案例反映了一些申请出国学生的不良现状。这些类型可分为以下四类:

图10 准留学生不良类型

1. 近视型

　　这种类型常见于学习成绩比较好的同学。这些学生在国内的各种考试选拔中占得优势,深受老师的喜爱。正是基于这样的经验,他们对自己的学习能力较为自信。但这些同学到了美国之后,发现自己不能适应美国的教育体系,很多学业优秀的同学学业受到挫折,无法适应,导致学习适应不良,无法完成学业,导致留级甚至退学。事实上教授们并不只注重你的成绩,各种要素都会被纳入到考虑范围。这类学生在学习能力上占据优势,但是在转变学习观念、重新适应的软实力上却不见得擅长,因此,很多人无法适应西方的学习环境。

2. 造假型

这种类型常见于学习成绩中等偏上的同学。这些学生非常希望获得父母和社会的认可,也希望通过自己的"努力"获得名校的青睐。因此,他们在黑中介和"冒险精神"的驱使下,进行各种各样的造假,如学历造假、成绩单造假、个人经历造假、推荐信造假等。这种期望瞒天过海的行为往往得不偿失,最终以失败收场。他们没有认识到西方高校都非常看重诚信,对弄虚作假的处罚相当严厉。在此告诫学生,造假千万要不得,否则会造成一生的污点。

3. 逃避型

这种类型常见于学业成绩中等的同学。他们感到国内升学(就业)压力比较大,认为出国留学是改变自己目前状况的好方法。但是他们没有意识到出国留学是一场新的挑战,不是躲避困难的避难所。逃避型的心态,注定了无论在哪里学习,都将沦为输家的结局。

4. 镀金型

这种类型的学生常见于学业成绩较差的同学,他们在国内学习找不到自信。父母希望他们出国留学能够改变学习环境,重新拿一个文凭。他们的父母认为,孩子在外面获得学位,既有面子又能找到好工作。事实上,这种想法是不对的。拿到洋文凭就可以有好工作的时代早已一去不复返了,无论是留学还是就业,扎扎实实提升自己的能力,才是切实需要做的事情。

以上描述的类型代表不同的留学心态,也有同时具备上面几种心态的准留学生。通过对他们的分析,我们可以看出来,仅仅关注外部条件或者说是硬实力是片面的。学业成绩固然重要,经历固然也重要,甚至 PS 文书写作对某些学生来说更是重要之极,但他们如果没有考虑到留学的真正目的是一种飞跃和提升,是一种人生经历,是一种选择,如果没有在这种选择中切切实实地实现自己专业能力和职业素养的完善,是很难在国外获得自己想要的结果的。留学,首先表现在它是一种过程,是系统的过程。它涉及到评估—决定—申请—留学—就业(深造)和继续再发展的过程。每一个过程都是对自己的挑战,每一个过程都是硬实力和软实力共同塑造的过程。而贯穿始终的软实力是指导人生规划,规范自己行为,并为完成自己的梦想提供动力和支持的关键性力量。

留学需要软实力

纵观中国近代史与当代史,留学始终与政治、经济乃至社会脱不了干系。如果谈及分析留学趋势的方法论,那么留学发生国和对象国之间的交流互动倒是可以一试。留学本身是一项系统工程,而这个系统工程的发生需要多方面的因素综合影响方能起作用。当前的留学大潮带来少数人的成功和大多数人的默默无闻,少数精英能从留学中获得他们想要的最大利益和成功,无不是通晓或者把握当今时代的脉搏,成为弄潮儿;而大多数留学之后杳无音信,或者默默回国,找到一份工作继续蹉跎光阴。当今的留学毕竟不再是聚光灯下的新鲜事物,也并不是每个人都对留学兴奋万分。但即便如此,还是有人愿意耗费大量光阴在留学之上,又有人将海外高校的学位视为至高无上神圣之物从而顶礼膜拜,又有人刻意宣传留学的成功和价值为生意张本。因此,难免有这样的疑惑:为什么留学会有百态? 为什么有成功者又有默默无闻者和失败者?

一切缘起在于对当今留学的理解和分析上不够透彻。在当前,不论东渡还是西游,留学申请者们都竭尽全力想进入西方各种领域,凭借一己勤奋之力,或学业优秀,或经历丰富,或有创新志愿活动,或有语言之异禀,多数可以留学申请成功。

溯本求源,留学首先是建立在国与国邦交的基础之上。如果两国没有邦交,自然留学无从谈起。如果两国关系急剧恶化,那么留学困难可想而知。因此,对两国政治关系的思考自然需要放在其内,否则前提不在,难谈留学。

其次留学与社会的大环境息息相关。如果留学是社会大势所趋,留学传统较为深久,那么留学的手段、方法和途径会大大增加,留学申请和签证办理会减少不必要的机会成本。若是两国民间往来频繁,那么社会网络联系也会加强,留学自然可以更为容易获得机会垂青。

留学还是家庭的一项重要计划。许多留学生到国外后并没多少时间去打工,而且很多国家也不允许外国人抢夺当地人的就业机会。另外,尽管有人提及既能挣钱又能将学业做得很好,但那只是少数摸着门道的精英说出来的成功之道,不具备普遍意义。要相信,如果你去留学,大部分时间是为了体验生活,那么你花在专业上时间绝对会不够。因此,家庭的经济支持和关心是留学生必备

26

之物。

留学也与年龄和职业息息相关。一寸光阴一寸金。如果一个人想要恣肆生活,体验留学当然没有问题;但如果一个中年人根基稳定,有能力提升之时却突发奇想留学之事,或者一个青年人在中国有着很好的机会却马上要远渡重洋,都很难说是理性之事。

"留学"二字意蕴深刻。"留"——在国外,首先要学会适应国外的各种环境,教育的、社会的、经济的和文化的,在适应之后开始成长。"留"之好对"学"之好至为关键。因为留学之"学",才是留学的目的和价值,是留学的本质所在。

如何学?这是一个相当复杂的问题。在中国,对留学之学有诸多讨论,比较著名的有徐小平先生所说的"学为了职"、"学为了人生的璀璨"以及太傻所提出的"学为了专业"、"学为了完成使命"。两种哲学合二为一都是为了追求更高的价值。而这至高的价值事实上并非来源于外界,而是来源于自身的软实力。且学生自身的软实力不仅关乎"学",亦关乎"留"。留学从申请上来说,原本是个人的事情,按理来说只有当事人才知道自己需要什么,想申请什么学校。但往往由于信息不对称以及对海外不了解,许多学生在开始阶段,就翘首企盼中介和留学咨询机构能够尽快整理有效完整即时的信息和准备各种留学内容,而不是从自身实际出发。虽然当前的大数据时代已经为留学提供各种各样的留学参考、留学方法和技巧,但留学还没有发展成为一套完全靠着硬标准硬内容而固化下来的体系。留学申请很多内容和留学案例很多现象都具有个体性而不具备普遍性,这就更需要留学者擦亮双眼,具备独立的思考与判断。

软实力不仅是信息时代和新经济时代的必需,也是留学生涯的重要价值体现。软实力在留学上的表现不如硬实力那样突出,也不如硬实力可供琢磨和展现。但留学申请和留学生涯中的软实力是的的确确存在的,这种存在以价值观和竞争力的方式彰显,以多元化的成功为落脚点。也许在某些人看来,留学软实力的表现是申请到名校,是找到一份五百强的工作,是获得更好的深造机会,但软实力的衡量和测算以及评估实际上并不是如此简单,它涉及到观念和思维这些复杂的元素,着眼更为抽象更为有意义。它所测算的是生命,是留学在一个人生命中的价值体现,是一种真正意义的从个人角度上以及生命意义上的成功,而不是仅仅世俗所看到的外在成功。当然,如果外在成功都不能获得,那么留学软实力也很难被视为所珍视的重要部分。它的重要性在于扩展留学成功的内容,

它扩展硬实力和成功的广度，从另外一个层面，即从生命和成长的层面来测算其意义和价值，并与社会需求和个人存在感很好地相契合。只有如此，留学软实力才有其理论意义，才有其概念价值，才值得去研究，才有其魅力。

那么留学软实力到底指的是什么？让我们先看看那些留学成功者案例，再做详细的说明吧。

留学软实力下的成功新理念

很多人也许看过徐小平先生写的《图穷对话录：我的新东方人生咨询》，这本书在 2000 年初出版，一时洛阳纸贵，给很多人带来震撼。也许很多人正是看过徐小平先生的书才走向留学道路，追逐梦想。徐小平以自己的人生经历证明了留学的价值在于幸福，在幸福之下的成功。他用自己独特的人生阅历并结合"新东方式"思想教给大家什么样的留学才是值得追求的。徐小平先生的经历也被电影《中国合伙人》诠释了一遍，那种不顾一切追求梦想的小伙子至今还在感染着千千万万追梦的青年。

以此标准来看，李开复先生完全达到了这种理念下的幸福标准，他以更为积极的力量诠释着留学的意义和价值。李开复先生很早就去美国读书，从初中一直读到博士。开复先生在谈到留学时，说留学给他带来十件礼物，包括自信、信任、无私、实践、兴趣、平等、研究的真谛、教育的真谛、博士生导师、用多种方法思考问题。这些价值观无一不承载着一个人成长、发展的关键性因素，也是导向幸福的关键性要素。开复先生在谈到留学给他带来的礼物时，其实也在表达他自己身上所积聚的这些能量，这种能量使得他能够获得如今的这些成就，成为我们的人生导师。而这些能量的获得与传递，也正是他在留学中一直着力看重和培养的软实力的重要证明。

然而，李开复先生的留学给他带来成功的说法在张朝阳看来却是那么的无力。张朝阳看到的是"不在主流的文化圈子中，生活必定缺乏营养"，张朝阳在美国没有获得诸如自信、信赖等如此之类的东西。他在本科毕业后来到美国深造，一切与中国是那么的不同。他对融入美国主流文化感到困难，并希望回到中国发现同样的机会。他事后取得了成功，但是他的这种成功却并不是来源于留学。优秀高校毕业的博士学位和杰出的人际圈子一开始并没有对他的人生产生太

28

大的助力,反而是按照自己的想法去寻找,
最后得到突破,找到自己的方向感。

张朝阳回到中国找到了自己的"幸福",
而在中国大陆却有那么多的年轻人要坚持出
去深造。虽然新东方精神传递出了"幸福"留
学,但从张朝阳的经历可以看出留学有风险,
在国外生活存在多重压力,他们需要更强的
动力。太傻留学所传递的留学精神则在于
"自我"。一种对目标坚定不已、坚持到底的
专业上的执著,是为着"自己"活着的执著。
太傻先生也通过他的精神向社会宣传一种为
"个人"而不是留学而奋斗的留学理念。太傻
先生强调的道理很简单,即通过一种专业上

图11 李开复

努力达到自己想要的目的,按照自己的人生道路设计留学生涯。太傻先生著书
立说,强调"留学的目的在于热爱世界,寻找自己的世界"(《太傻十日谈》)。太傻
先生创立留学论坛的网站,宣传留学的各项事宜,也帮助了许多人找到留学的价
值所在。

如今,百度公司董事长李彦宏、学者郎咸平、打假斗士方舟子等,这些留学归
国的成功人士在自己的不同领域和岗位进行着自己的奋斗,而他们纷繁多样的
成功也给我们带来许多关于留学的思考:留学是一个怎么样的过程? 是一种求
知的过程,还是一场人生的洗礼? 留学的本质到底是什么? 难道去学生物一定
会在那里做一辈子的实验吗? 难道留学一定会在学业上或者专业上有所创见
吗? 多种价值观并存的时代,专业化有利于生存,但寻找专业的方向并不是那么
简单,许多留学生需要的是不断地努力和执著,甚至需要运气。这些留学回国成
功人士仅是出国留学者中的一小部分。

透过这些成功人士的评估,我们可以看到他们的成功并不仅仅来自留学归
来的身份,而是另一股力量在发挥着作用,这就是留学软实力,即通过整个留学
过程而培养出来的对命运、对人生、对未来、对自己的一种把握能力和与此相对
应的软性竞争力。而留学软实力,才是解读这些留学成功人士的关键。

第三章　留学软实力

从 2000 年开始,新千年的时代对留学来说可以说是最好的时代,也可以看作是最坏的时代。这是一个诞生留学奇迹的时代,也是出现留学悲剧的时代。许多人通过留学获得人生中意想不到的成功,却也有很多家庭遭遇留学之后带来的不幸。留学在很多层面被提及,留学本身也由于中国国力的提高与经济的蓬勃发展而成为很多学生的优先选择。与此同时,留学在当今时代正由于市场的介入和产业化而被过度包装。互联网的迅猛发展虽然加速了信息传播的速度,降低了沟通成本,但也产生了很多伪知识。简单的信息传导被复杂化,网络上容易获取的信息并不一定是真实信息。留学回国作为"海归"被成功包装,而事实上留学的辛酸苦辣并不能对社会一一道明。通过北美的研究生入学考试和美国的 SAT 考试、英国的 A-level 考试等被视为有实力的象征,作为进入海外著名大学的重要一环而被高校招生所重视,但同时由于这些考试被留学辅导机构过于开发和利用,已经越来越功利化,技巧流逐步取代实力流成为实现考试成功的核心路径。

申请留学走入寻常百姓家,甚至成为一种商品供选择。钱钟书先生在《围城》中描述了如方鸿渐那样在国外悠闲度日,在国内招摇撞骗的"知识分子"。他们读的是"克莱登大学",却也获得国内儒生文人的拥戴和敬服。今天的世界,可能如鸿渐一样的人士继续存在,但为其提供的机会窗口越来越小,毕竟全球化时代已经到来。

从中国学子的留学逻辑来看,大部分学生的逻辑顺序是:① 渴望进入排名前面的大学(而非最适合自己的大学)。② 渴望考取高分(而非挖掘与提升自身潜能)。③ 渴望拿到名校 offer(而非考虑自身是否有足够的能力可以顺利毕业)。④ 渴望毕业后就有很好的工作(而非考虑企业对人才能力需求的标准)。

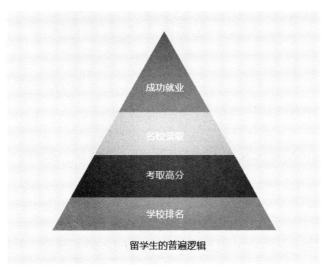

图 12

　　美国教育界学者对标准化考试的思考亦是与时俱进,从 2014 年宣布的 SAT 改革我们可见一斑。

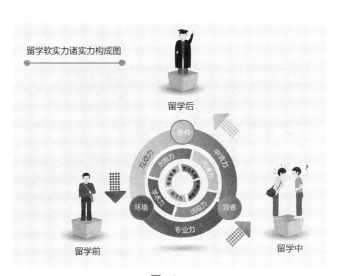

图 13

　　新 SAT(2016 年执行)将以前必考的作文视为选考题型,并改革 SAT 词汇

部分内容,将一些词汇划归为难词。改革后所产生的要点是:① 2 400分满分标准将下调至1 600分。② 降低对词汇中一些难词的考察。③ 提升对学生的思维能力的考察。

这表明,美国高校委员会也认识到全世界对美国优秀大学的关注,也看到了许多家长相信如果要让孩子获得教育上的成功,顺利进入美国高校,那么最好的甚至是唯一的方式就是耗费大量时间进行考试培训,并以获取SAT高分为荣,而这并不是人才选拔的标准。也正是如此,才有大量考试辅导机构的出现,造成语言培训学习的繁荣。

在提到以上诸多乱象时,我们难以回避的一个问题是:怎么办? 对于绝大多数中国留学生来说,语言依旧而且始终是进入欧美名校至关重要的敲门砖。但随着时间的推移,敲门之后,发现自己留学真正的价值才更为重要。

留学是一个过程,而且也应该是一个过程。留学并不只在于被录取。从讨论自己的未来到作出留学的决定,再到思考如何使用资源获得心中最理想高校的青睐,再到录取,接受教育完成学业,最终找到自己的价值,无论是华丽变身成为职场精英,还是公务员或者科研人员,这一系列的过程就是留学者接受并回应挑战、寻找自我价值的过程。而贯穿这一过程的则是一种软性的力量在对内对外发挥着作用,这种力量牵涉更多的是自己的内心,自己对社会的理解、塑造和运动,以及在与社会个体互动中延续着自己的理想和价值。这种复杂的系统观念和系统作用,被称为留学软实力。

留学软实力与诸实力:概念及其界定

留学软实力是根据当代国际教育趋势与现状并结合身处留学迷雾中的学生所总结出来的一种思维模式,一种衡量自己在留学中是否具有足够潜质的重要方法。当然,留学是可以通过极致的资源使用轻易实现的,但问题是这种纯粹的留学对一个人的成长和未来的发展是否具有"真正的"或者说"值得付出的"价值却还值得深思。

目前在中国的留学市场上充斥着几类留学思维。第一类留学思维即是精英导向性的留学思维。这种留学思维目标很简单,让"精英变得更为精英",其目的是通过留学的方式使得精英能够成为食物链的高层甚至顶层,通过一系列的方式使得精英在留学申请和留学过程中训练得更为出众,更有竞争力。第二类留学思维即是专业思维,这种思维更为强调留学的功利性和目的性,将留学变成一种待价而沽的活动,一种满足职业(学业)上更强更高、更成功的要求,而这种思维模式也基本上属于精英化的,但受众更广,基本上涵盖到大多数留学生。第三类思维即是留学生活思维,这种思维强调留学能提供不同的社会生活环境和异国的资源,或是获取不同的人生体验,学习一种国际化生活方式,通过留学来感觉或者感受生活。

这三种思维占据留学思维的核心,并强制化或者教条化地被申请留学的人士所吸收,成为他们留学的精神助力。但这些思维方式在很大程度上局限了留学的内涵。留学需要从更为广义的角度来理解,而留学软实力则是理解这种广义留学最好的方法。

留学软实力着眼的内容在于留学的本质,即留学是成长的一部分,是让人生活得更为美好。当然,很多人认为出国留学的目的就是如此。但与他们的思考所不同的是,留学软实力提供一个较为完整的思考框架以及较为系统的评估体系,使得留学本身成为可以衡量、可以思考的内容。留学软实力对留学者的主客观的软性条件作了更为充分和详尽的评估和预估,对留学本身和留学者本身的连接也更为线性和充分,以至于留学软实力甚至可以直接用于思考个人留学的意义和方向。相比留学硬实力来看,留学软实力特指能够给留学者本身未来成长提供精神助力、智力助力和思维助力的精神资源。

在此之前,我们已经谈到了留学需要顾及多个因素。而留学软实力更是从这些因素出发,尝试整合出一套具有价值的观念体系。在此,首先依照时间推进的过程介绍涉及留学的几个概念:

环境——指的是留学申请者(留学生)所处的成长环境、社会环境以及留学者个人留学所处的年龄窗口和发展阶段。

背景——指的是留学申请者(留学生)的教育背景、家庭背景、经济背景和社会关系背景等要素。

条件——留学申请者(留学者)的个人人格与禀赋。

对象集——指的是留学申请者(留学者)申请的留学对象国、留学学校以及留学的专业等诸要素。

专业力——留学申请者的专业素养,包括学业水平、外语水平以及直指对象

集的内在实力。

申请力——即留学申请者愿意为申请留学所花费的时间、金钱和精力。

互动力——即留学申请者如何与自我互动，与对象集互动，与社会和家庭互动，以取得对象集最大的青睐。这里又分为三种力量：① 转化力——留学申请者如何将自身的硬实力转化为可见可得的信息的过程。② 宣传力——留学申请者如何通过申请本身实现飞跃，依此获得留学集的青睐。③ 提升力——如何创造性发挥留学申请者的个人优势，使其禀赋在留学期间获得更大的提升。

这些概念集主要指的是第一阶段留学者申请对象集所需要各种力量的汇集。这些力量同时也互相作用，如果能够形成合力，将会对申请者形成最大的优势。但是如果这些力量相互排斥，不仅不利于申请者留学申请的获得，也会影响到其日后的发展和成长。而在留学中，需要考虑四种较为重要的要素：

学术力——留学生对专业的热爱和执著，以及为此孜孜不倦地付出的动力。

适应力——留学者对全新的社会环境的适应和体验，并寻求改变自身的认知方式，或者改造小环境以达到最快最好地适应全新环境的能力。

沟通力——包括留学者能够掌控因为各种实用的目的而实现的交流能力，包括在国外与教授（导师）沟通，与同侪的沟通，与社会的沟通，并在此基础之上重新组建自己的社会交际网络和社会关系的能力。

创新力——实现个人理想和生活方式的思维与实践过程。它谋求使用最巧妙的思维与实践方式升华留学价值。

此外，在后留学阶段，学生在求职中或者深造后所需要的要素主要包含以下几个方面：

专业素养——即通过留学期间的学术力的养成，后留学者能够熟练运用专业思维理解世界和社会运行逻辑，为自己谋求到更好的机会和资源。

判断力与洞察力——指的是后留学者能够敏锐和准确地感觉出自己的环境和内心，通过观照的手段理解自己和社会的未来，并具有更好地规划未来的能力。

社交力——指的是后留学者在留学后时代如何通过自己的人格和行动组建对自己发展有帮助的专业领域和情感支持的社交网络的能力。

创造力和实践精神——指的是后留学者能将很多复杂问题通过自己的独特思考而变得有所作为，并能够遵循自己的内心想法实现创造力发展的能力。

因着这些概念体系的确立，留学软实力的观念呼之欲出。

留学软实力是指在留学中科学与艺术结合的过程——它选择留学对象集,通过塑造和发挥留学申请者(留学者)的各种软性竞争力完成一个最佳的合力,赢得留学对象集的青睐并优化完成学业,获得生命成长和多元化成功。

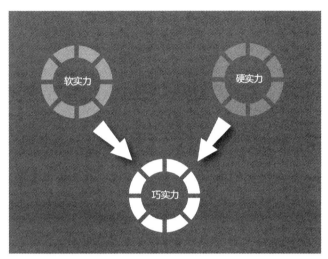

图 14

表1 留学软实力诸实力构成图

留学申请人	专业力	与对象集互动,并顺利赢得对象集中学校的青睐	学术力	专业素养
	申请力		适应力	判断力与洞察力
	互动力		沟通力	社交力
			创新力	创造力,实践精神
	留学前		留学中	留学后
环 境		背 景		条件(可变)

留学软实力:国际人才必备的高素质

留学软实力的存在,为申请留学的学子带来一个系统的分析框架和思维框架。尽管从理性的角度来看,任何留学的成功都有难以想到的复杂因素的存在,而尝试从留学史和留学案例中抽象出一套适合出国发展的分析框架和路径无疑

35

是有用的。这里虽然涉及到了留学软实力，那么也必须提一下留学硬实力。所谓**留学硬实力**，即可以通过考试手段和硬性规定要求罗列出来的必需的标准集。对留学申请者来说，留学硬实力主要是托福和 GRE 成绩、SAT 和 A-level/AP/IB 等课程的分数、学校的 GPA 绩点等内容。与留学软实力相比，留学硬实力具有相对难以改变的稳定态势。留学硬实力对留学精英来说是垫脚石，而在成绩和英语不是特别突出的大部分学生看来则具有恐惧色彩，甚至很多学生和申请者因为留学硬实力的问题而放弃了海外名校的申请。这种做法虽然有一定的合理性，但略有偏颇，因为这往往会掐断极具创新能力人士留学机会的获得，并妨碍天赋和资源的最大效度的利用。现在国外已经有很多留学硬实力不佳的学子通过软实力的有力发挥而获得了录取通知的案例。相反，不少留学硬实力非常良好的同学在留学申请和准备的过程中往往在留学软实力的作用和功能上认识不足，结果与名校失之交臂。

留学软实力不仅是未来留学成功的必备高素质，也是未来时代对于国际化人才的需求。留学软实力规避了留学硬实力不灵活且难以提高的缺点，将整个留学生涯细分为留学前、留学时和留学后三个阶段，从每个阶段的不同需要入手，解决留学中所急切面对的各种问题。它首先是一种实力，是一种个人价值彰显和素养提高的实力。正因为如此，不经过专业的衡量和测试，是难以觉察到每个人身上的实力的差值。它其次是一种软实力，是思维方式和方法，是一种实践和信仰，更是一种对人生使命和价值提升的重要理念。它植根于人全面发展的思维，将思维和执行共同视为较为重要的层面，通过知行合一而加以塑造，在建构和互动中实现提高。它最后是针对留学的。留学软实力将实力塑造和培养等诸多核心要素提升为留学需要考虑的核心议题，通过对留学软实力的提高和把握实现人生价值和幸福体验。留学软实力的目的即是通过留学的过程，将生命成长放在一个更为微观的时间轴中，使得留学参与者在任何一个过程通过领悟和发展留学新道路、新思维和新实践促进留学质量的改善、留学成长的提高和留学幸福感的增加。留学软实力从个人的角度出发，将人而不是留学作为核心要素进行考虑。通过留学软实力的塑造和培养，个人能在留学过程中得到最大的发展和提高。

留学是一个综合的过程，需要将留学硬实力和留学软实力巧妙结合，最佳发挥。这里又涉及到留学巧实力的概念。**留学巧实力**是学生将其留学硬实力（标

36

准化考试成绩)与留学软实力相结合,并呈现出具有国际差异化的坚历、事件、作品、成就,形成独具吸引力的价值潜能,以获得目标对象(学校/企业/机构)的录取,并持续为组织与个人带来互利价值的能力。留学巧实力的实质即是检验两者契合的成果,并发挥两者的最大价值。但事实上,留学软实力是发掘、使用和运用留学巧实力的重要路径。没有留学软实力的塑造和成长,留学巧实力是难以被留学申请者发现并熟练运用的。

从留学到发展出留学硬实力、留学软实力和留学巧实力,随着国际教育理念的发展,留学实力和性质也在悄然发生巨变。单独靠留学硬实力越来越难以适应当前复杂的对象集和全球化竞争情势的需要,而留学软实力恰逢其时地回答了"当前留学最需要什么"的问题。而从留学软实力中衍生的留学巧实力则是将留学硬实力与软实力综合运用的过程(而这一过程恰恰也是塑造和提升软实力的过程)。这些力量相互作用,形成合力,是留学和人生成长的巨大助力。

[案例1]

随着经济全球化的深入以及金融危机后全球经济复苏,欧美经济以及世界经济进入结构性调整期。一些在前些年看来较为稳定的职业正在被外包或者被自动化替代,甚至是被淘汰。新型经济发展出的强劲动力正在向第三产业及其周边领域转移。服务业和科技领域的新型职业正在不断涌现,而农业和制造业等相关领域的职业岗位正在走向枯竭。数字革命和数据革命的时代使得完全依靠学校所学的专业技能以及传统知识实现高收入和高社会地位已经不可能。新型职业加速产生,而旧产业也会相应被淘汰。学校教授的技能到社会上很快就会过时。仅靠专业上的硬力量而不知变通是无法适应纷繁复杂的社会环境的。

[案例2]

社会经济的转型带动社会环境对人力资本大规模投入和人才要求的转型。如今的五百强雇主需求的员工不仅只看学历和成绩,而更为注重员工的潜能和学习能力、适应力。美国某政府部门在一项对五百强企业的调研中发现,93%的企业雇主希望雇员具备以下三种能力:

① 多元模式沟通能力;② 批判性思维(判断性思维);③ 创意思想。中国在2013年召开的人力资本论坛中,提出了"高潜质人才"的概念,强调在具有挑战性和不确定性的商业环境中,高潜质人才具有极强的学习能力和对新环境的适应能力,而这些因素并不是通常所谈及的学习能力。高潜质员工具有动力、决心和卓越表现能力,并具有三个潜力要素:能力、敬业和有理想。成功的管理人士具有独特的学习模式和高情商,他们热情、努力,在各种环境中积极投入工作,并愿意通过自己的努力为公司创造新的机遇和平台。高潜质人才成为未来人才培养方向,并将会改变高校对学生的教育模式。

[案例3]

斯坦福官网发文指出,有69%的SAT满分学生被该校拒录取。而哈佛大学据说每年也会拒绝2 000多个SAT满分的申请者。原因多种多样,但最为核心的原因就是没有目标性的申请者太多。很多人申请一流的美国高校仅仅是因为它很"出众",至于它凭借什么出众,自己能为这种出众带来什么却没有认真提及。更有些学生为了想顺利被录取,直接给所申请的专家教授们发送套磁邮件,而这些套磁基本上接近无用功,很多专家也许从来就没有打开过这些邮件。而那些注重文书写作的学生希求用华丽的辞藻、包装的经历以及经过雕琢的词汇来展示自己良好的修养和较高的英文水平,但遗憾的是,许多文书也许没有到招生官的手中就被"抛弃"了。另有一些学生将自身经历包装得非常花哨,希望通过自己广泛的经历和有意义的实践获得同情和青睐。但这些想法也只能是幻想,越是一流高校越会注重你在专业上的热情执著和你的发展前景。因此,留学硬实力在他们看来既重要又不重要。虽然你可以用它轻松地跨过第一道门槛,却无法保证你能够成功。

[案例4]

在留学申请这一复杂的过程中,能够被著名高校青睐是一项复杂的工程。很多时候有些人成功被录取了,就将自己的实力和经历视为留学申请的圭臬,殊不知按此路径申请的学生也有很多折戟沉沙。一般学生在留学申请过程中思考的核心变量并不多,大体是围绕着留学硬实力和留学软实力这些内容进行的。

从上面的案例中可以看出,无论是申请留学,还是留学,还是留学后就业或者再深造,留学软实力完全贯穿其中。在新型经济下的个人时代,无论是在发达工业体国家还是在新型经济体国家,留学对社会的价值无外乎是为社会培养更为出众的雇员、企业家、公务员和专业工作者。留学软实力能迅速为留学提供方向,而留学生则可以通过留学软实力的培训获得更大的发展和更快的进步。

提升留学软实力仅仅是为了留学吗?

留学并不是必需品。留学软实力在观念提出之时就已经在走辩证发展的路数。虽然留学软实力与留学进程息息相关,但在前提上留学软实力却对留学本身有着至关重要的作用。在留学软实力看来,在支配留学的诸种因素中需要考量环境、背景和条件三大要素,这三个核心变量是考虑是否适宜留学的最核心要素。

在思索是否留学这个问题上,很多留学生相信几秒钟就能获得答案。但在大众留学的时代,这种答案似乎不考虑留学需要可怕的付出。留学首先要考虑的就是人本身,而人是生活在社会关系之中,处于各种环境之下的。因此,留学首先要考虑可供留学的环境:

(1)大的国际环境和对象国情况是否适宜留学或出国。比如战争、瘟疫、留学对象国政治经济出现较高的风险、两国关系交恶等,这些都是留学非常不利的因素,留学申请者需要慎重考虑。

(2)如果父母和家人不支持其出国,或其家庭条件并不允许留学者出国深造的话,留学申请者需要慎重考虑。

(3)留学申请者处于发展的关键时期,对学历并非刚需;或者考虑其年龄因素,毕业之后回国或在外国竞争不占据优势的情况下需要慎重考虑出国留学。

(4)留学申请者如果自己并不愿意留学,而是在父母的要求下出国深造,也需要慎重考虑,毕竟留学是一项系统的工程,在主观不情愿的条件下是难以适应外部环境并获得良好收益的。

背景也是留学需要考虑的核心要素之一。背景与留学的关系就像基石与雕像的关系,基石越为雄厚,则雕像可以建得越高,越雄伟;若基石太浅薄,则雕像很可能难以建成。从留学软实力的角度考虑,留学者的背景涵盖了申请者各个方面。以下情况如出国留学深造需要慎重考虑:

(1)家里经济背景并不厚实,希求获得名校全额奖学金且留学硬实力并不突出的同学将承受很大压力,如果强行留学可能会影响到留学者的身心健康,需要慎重考量。

(2)教育背景非常薄弱,又难以在留学硬实力上取得突破的同学,建议慎重思考出国留学,不能随大流盲目申请,需要仔细对症下药根据所需申请。

(3)对象国没有良好的社会关系背景,却又想要留在对象国工作的非职场精英人士,需要谨慎考虑走这条路的适合度。

留学软实力中的条件指的是留学申请者(留学者)的个人禀赋和性格,这也与留学息息相关。很多人认为留学是不需要讲求条件的,但如果将留学视为一条个人成长的路径,对留学者本身条件的关注至关重要。如果留学申请者想要被对象集所青睐,则更需要重视自身的人格特点和各种禀赋。在心理上不愿去留学的个人尤其需要思考留学的价值和意义。如果专业禀赋和留学专业方向不相契合的话,应该想办法弥合,或者找到自己的兴趣所在再行处理,如果逆自己的心意处理,这种留学成长是不幸福的。在留学中,感情问题也应该得到家长的时刻关心,小留学生的感情问题尤其需要注意。如果家庭情况许可的话,父母应该多去看望自己的子女。留学者太多或太少的感情经历都会对留学构成一定程度的挑战。留学者的心理健康关系到留学的成功和人生的成长,是留学软实力的重要表现。因此,留学者应该时刻关心自己内心的渴望,关照这种渴望是否能够在留学中得到切实的满足,再据此制订留学方案。从理性角度思考留学的意义和价值,如果自己没有强烈的留学诉求与渴望,留学经历必定曲折回环。

你说我说大家说,留学软实力面面观

上海许同学:我SAT的考试成绩为2 200分,托福118分,在300人的年级中排到了前10名。但是我感觉我的申请条件并不足够,因为我的留学软实力并不突出。虽然我担任学校学生会副主席,也在西班牙驻沪领事馆担任过实习生,可是我没有做过很多工作和志愿活动,而且我感觉我的英文书面写作能力不太好,不容易清楚表达自己的意见。为了提高自己的软实力,我尝试过很多办法,尝试在校园活动中发挥更大的影响力,为此我成立并领导了"学通社"——英文《中国日报》在沪最大的学生通联机构;我还做了很多项目,并尝试用英文写作项目策划书,着力提高我的写作沟通能力;我花费很多时间参加上海市宗教历史调查报告项目,我坚持到底,从策划、写作、编辑到出版——我全程参与并负责文书策划,使我的组织能力和创新能力得到很大的提高。后来我被哈佛、耶鲁等名校录取,留学软实力功不可没。

苏州石同学:当时我的 SAT 成绩是 1 980,需要提升。我大部分时间都放在学业上了,并没有参加社会活动。虽然我在理工科方面优势比较明显,但和其他同学相比又差了一些。为了改变自己这种薄弱的状况,我着力提高自己参与社会事务的能力,成立学生公益机构,与昆山慈善学校组织定期的活动,让我的同学们参与,并进行媒体报道。此外我还积极投入到发明创造中去,申请了两个航模飞机的专利,可能是这些弥补了我的短板,最后被杜克大学录取了。

北京张同学:我本科是学物理的,在学校里非常热爱科研,但英文成绩并不是特别理想,我的托福只考了 83 分,而 GRE 考得也不理想。但是我特别想进入加州大学伯克利分校进行深造,因为我想我将来可能会走科研这条路。所以我积极申请科研课题,做了很多相关的实验,发了几篇 SCI 的文章。幸运的是,我认识一位教授就是从事这方面研究的,结果我和他交流得相当愉快,最后很顺利被录取了,我感觉是我的科研实力打动了学校吧。

广州邓同学:我没有什么优势,英语也是在慢慢学习之中,不过几次下来托福和 GMAT 考得还都不错。我很想到国外去深造,读国外的 MBA,后来决定去试试北卡罗来纳州立大学商学院。因为我还有两年时间准备,所以我很认真完成公司项目,每天非常勤奋地工作,帮公司签了几个国际单子。这些经验使我进步很快,后来我没有选择出国,而是留在国内继续奋斗。但我从不后悔,我觉得在这个过程中我找到了自我的价值和存在感。

北京李同学:我出国很是偶然。学校里有一个去英国伯明翰大学的短期访学的项目,我参加了。短短几个月的时间对我触动很大,我决定出国深

造。这一决定得到了家人的支持。我将目光放到英国,喜欢这个国家。我申请了好几个英国学校,参加了雅思考试,也考到了不错的分数,可是最终由于家庭经济原因而放弃了。在申请过程中,我逐渐发现我的英语天赋还是蛮高的,口语好,这些优势反而对我找工作有利。后来,我放弃了出国留学,去了一家外资咨询机构,成了外派专员去了英国,真是巧合。我想着以后再去留学吧,先好好工作适应一下社会,这样留学就更有针对性了,不过申请留学这一过程的确让我成长了很多。

第二部分
中美教育的理念与现状

第一章 中国教育现状：一元化应试教育

赴美留学之前核心的一项工作就是深刻理解中美教育的差异，从理念到事实上的不同造成留学者很难在短时间里适应国外如此差异化的学习和研究。本部分的主要内容就是通过中美之间教育差异的比较，看一看中国学生的留学软实力的优势和劣势，分析他们在异国他乡面临的机遇和挑战。

中国式教育理念：一元价值下儒学传统的延续

> 为天地立心，为生灵立命，为往圣继绝学，为万世开太平。
>
> ——（宋）张　载
>
> 大学之道，在明明德，在亲民，在止于至善。知止而后有定，定而后能静，静而后能安，安而后能虑，虑而后能得。物有本末，事有终始，知所先后，则近道矣。
>
> ——《大学》

自古至今，中国式的教育理念培育了一代又一代的大师与文豪。中国式教育对勤奋和专一的关注比西方要高出许多，这些传统从春秋战国时代就已确立。自孔夫子以降，诸子百家争鸣，但最终儒学胜出，儒学作为中国教育理念的正统地位一直不可撼动。孔夫子对"礼"的强调成为日后中国教育发展的核心范式，而礼的核心就是"重道"，中国学子自古以来就有"朝闻道，夕可死"的说法。在几千年的专制王朝中，教学重道的传统成为中国教育的核心特征。由于私学在中国并不繁盛，学而优则仕以及官学兴盛则为这种重道的传统涂上了政治的外衣。

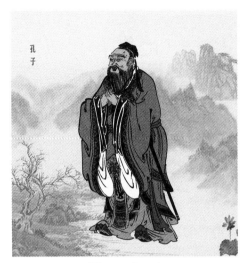

孔子

图15 孔 子

因此,中国的教育经过千年历史的发展,形成了政道合一,学统、道统和政统成为统治古中国教育理念的核心思维模式。

正是由于这种思维模式,长达几千年的大一统王朝持续存在凝聚了一代又一代读书人的心血。从董仲舒以降,用道统约束政治成为长久的传统。读书入世目的也是治国平天下,而不是像西方那样是发现真理,获得智识上的愉快。中国读书人从小被灌输时刻卫道的想法。因此,在中国古代,读书人很少探讨事务的本质问题,而将更多的精力放在如何治理国家,如何维护道统的问题上。因此,教育的中心问题是如何维护华夏文明的稳定和繁荣。在此基础之上孕育出的教育理念则更为务实,在应对少数民族入侵、应对外来宗教传入、应对西方的扩张中不断调整自身,在逐步理性化儒学的同时,提出一套又一套儒学意识形态和方法论,如程朱理学、陆王心学和后来前清的训诂考据之学及最后的"理学经世"派。虽然儒学讲求经世致用,但遗憾的是,这种调整并没有改变儒学依附政治的传统。在不断脱离常识理性的基础之上的儒学变革最终变得腐朽不堪,而在新文化运动中被抛弃。

在新文化运动中,"科学与民主"横空出世,一下子打破了儒学一统天下的局面,教育领域也出现了新学与旧学对立的局面。儒学从宇宙天文、船政军事、社会人文领域不断妥协和退缩,最终回到了道德价值上,而科学则犹如钢铁雄狮一般凶猛前进,夺回了许多地盘。中国新文化运动的兴起,讲求科学和民主,反对迷信和权威成为当时一大风尚。

但同时儒学也在顽强地发展,并开始实现观念的现代化。儒学强调中国的道德意识是奠定大一统国家的前提和基础,是维系中国社会稳定和纲常不乱的重要保证,是促使中国再次复兴的重要标志。以马一浮、梁漱溟和熊十力等人为代表的新儒家开始站出来应对近代科学带来的观念危机和挑战。儒学与现代化的斗争一直延续至今。而教育理念却在很长一段时间并没有受到科学的浸淫和影响。中国式样的教育理念依旧充满了儒学正统观，对道统极其看重。虽然中国的教育制度、学制以及教育方法和手段在不断地现代化和全球化变革，但影响中国学子几千年的教育理念没有完全跟上现代化的发展。

中国教育式的理念对道统的重视和强调首先的一个表现在于尊师重道。对权威的崇拜已经渗入中国学子的骨髓中，并成为中国学生难以拓展想象空间的一个重要观念因素。权威主义更注重学生对老师所传授的知识本身的渗透和理解，而不提倡反对意见或者是创造性思维。虽然中国强调"青出于蓝而胜于蓝"之说，但这些思想基本上是在符合纲常道统的前提下遵循的。在中国传统上，师生关系即如传统的君臣关系、父子关系一样神圣而不可撼动。教师在知识承载上所占的位置更为重要，学生所做的即是认真领会教师所传道之实质并遵循即可。学得好即是遵循得很好的人，而反之则是大不敬。

这种对教师和教学内容的克里斯玛式的神话使得学生在学习中的主动性和首创精神并没有被激励出来。学生习惯于接受老师所讲到的现成的知识，所做的只需要把知识进行熟练运用和灵活掌握。知识的界限在儒学的道统下很难被突破。尽管唐朝之韩愈说过"弟子不必不如师，师不必贤于弟子"，但他的话也只是中国少数大儒的感慨，对社会传统的教育理念起不到很大的冲击作用。

如果说尊师重道是对老师和老师所传授的观念的尊崇，那么"四书五经"则是对教学内容的尊崇。中国学生向来推崇渊博饱学之士。这些人能够将课本上、教材上的东西消化得连骨头都不剩，并能在运用中举一反三。问题不在于这种推崇的行为，而在于其后的观念逻辑，即认为这些知识的掌握是极其必要的，是通向成功的金钥匙。这一点非常不利于观念的创新和演进。高考作为当代中国的选拔性考试，成为衡量一个人一生智力的重要标准。这种看法植根于高考考的是一个学生必须掌握的所有基本知识和内容的要求，而这些基本内容和知识是成功的金钥匙和前提。这一点明显忽略了那些具有创造性的偏科的优秀学生，那些学生也许在某些层面上极其不擅长，但他们的创造力却丝毫不弱于任何人。正是由于将知识神化造成应试教育极其发达完善，教育培训机构和教辅书籍市场异常繁荣。学生的大多数时间被控制在语数外等学科之中，而且认为被灌输是必需而且有益的。

"尊师重道"本是一种非常可贵的理念，但在历史的演变中却失去其本来意义，并且逐渐变味。孔子、孟子等被雕刻成偶像，供奉于庙宇之中，作为偶像崇

拜。这种演变沦为另一种精神的泛滥,即特权主义思维。自古以来,中国士大夫阶层就被赋予了道德伦理上的至高责任和义务,同时也被制度化。"学而优则仕",自隋唐开科取士以来,中国的学子就争相以获得"金榜题名"为荣,这些学子们无一不体现了中国传统社会对应试教育的看重和倚靠。而那些没有考中科举的学生们只能年复一年、日复一日地准备着,以待皇榜得中的那一天。这种残酷的社会选拔制度不仅影响到了教育理念,也影响到了中国社会对教育的看法。应试教育垄断长达几千年之久,围绕着应试教育形成的一系列社会制度和思想观念已经成为中国社会的痼疾。

当前中国教育仍然逃脱不了应试教育的桎梏。例如中国式的高考,很多人从小学开始就被灌输考不上大学就完蛋的观念。高考成为许多中国人人生的转折点,他们害怕这一残酷的挑战却又必须直面这一挑战。因为在社会看来,一个好的大学文凭就是一张进入上流社会的入场券。如今随着教育的普及化和大学的扩张,大学本科文凭不够用,考研及其相关产业迅速崛起,被一个好的研究生院录取对未来的成功至关重要,这成为许多考研学子奋斗的目标。文凭决定论成为影响中国知识人才转型的重要障碍,究其根本就在于传统社会中的"教育本身就是精英化"与当前中国大力推行的"公民教育"之间存在不可调和的矛盾。中国许多家庭将大部分精力放在子女的教育上,也正是期待着他们日后成为新一代的精英可以改变自己的身份地位。而这些观念从普遍的意义上来看又是现实的。也正是基于此,才会有汹涌澎湃的留学浪潮。

文凭决定论是影响中国教育普及化和教育资源共享、实现社会公平的重要毒瘤,但奇怪的是这种风气从来就没有停止过,反而愈演愈烈。而另一个在中国人脑海中形成的极其重要的教育理念就是"功利主义"。尽管功利主义的发源地在英国,但中国学生似乎更为彻底地学到了个人功利主义的精髓。提起功利主义,不得不联想起中国古代士大夫的"经世致用"的精神。隋唐以后,中国儒家所代表的道德观念无法解释五代十国的分裂动荡、纲常陨落,也无法诠释为什么大宋王朝抵御不了比自己文明程度要低的少数民族的侵袭,致使割地赔款。于是儒学开始开拓出另一番新天地,对有益国家之学,强调治世、救国为实务,反对空谈之学问。而这支学问在大的社会转型中多次发展进化,经过明末清初的王夫之、顾炎武、黄宗羲等人的吸收发展,再经清末包世臣、龚自珍和魏源等人的号召,至近代已经蔚为大观。经世致用是儒学调整的表现,是儒学融合常识理性与科学理性的重要常识。这套思想的核心还是儒学为纲,维护正统,故而也遭到很多人的批判。但这套思路却已经潜移默化进入中国传统的教育理念中,形成一套"知识救国"的"实用之理",几番轮回变成了当前的"急功近利"的个人之理。学问成为人们追求幸福的工具,成为社会进阶的重要手段。这种功利思潮有其合理基础,并非常明显地影响着中国教育的变革。

当代应试教育的功利性体现在:以分数为纲,以服从为上,以考试成功进入名校为最重要的目标,将无数学子的创造力束缚在小小的试卷之内,通过强制性的知识灌输和发达系统的知识训练把学生拖进学术的殿堂。这样的学生具有不可思议的一致性,往往成为读书狂人、社交弱势群体以及创造力的矮子。他们很多人对生活和理想的描述非常缺乏想象力,对未来的中国发展的实际状况显示出超乎寻常的冷漠。他们的目的只有一个,即获得较高的分数或是找到一个在各种人眼中比较好的未来。他们的决定并不是由自己做出,大多数都是由家人代劳。他们的学习能力是压迫的产物,难以开拓出创造性的自学任务。他们能将很多知识熟练地背诵出来,却对它们的原理丝毫无所知。他们能够清楚地了解原理的用法,并熟练地解题,面对生活中的一些简单的工作却手足无措。他们的阅历很简单,从小学—辅导班,到中学—辅导班,到大学,大学毕业后参加工作。他们的思维被局限在三尺讲坛之内,以至于难以出现惊人的创意和创新式的表现。他们有自己的思维,却被限制得很牢而不得不服从权威的教导。他们知道反抗权威,了解生命的意义,却没有人敢直面,更没有人敢实践。因为他们知道,这种实践的代价是以卵击石,粉身碎骨。中国式的教育理念在人才选拔上极具残酷性,而正是这种残酷性进一步加剧了中国教育学界功利化的思想。这些合力叠加的结果就是中国教育改革的未来较为困难,未来的变革需要多种助力才行。

中国的教育氛围: 竞争惨烈,晋升困难

教育氛围是一个国家教育实际情境的重要体现。在中国教育氛围始终是较为紧张、有序、充满火药味的。中国式的竞争在教育上体现得非常明显。学校与学校之间,家庭与家庭之间,甚至学生个人之间始终围绕着"谁拥有更高的分数,谁获得更高的奖励"的内容而展开。中国教育的竞争不仅从幼儿园就开始

展开,而且对学生的要求和塑造也是从儿时就已经开始。在中国人看来,成绩好是一件至高荣光的事情,因为这不仅意味着有了充分的实力进入很好的学校深造,更意味着属于未来的成功人士。学习能力在中国人身上很早被开发出来,尽管很多情况下表现为识记能力和理解力,但普遍被中国家长所重视。

在中国,学生学业的晋升是通过考试竞争实现的。不仅如此,当今中国许多职业的招录也都是通过选拔考试实现的。考试成为学生实现学业和教育成长的重要途径,而围绕着考试又产生诸多悲欢离合。考试成功者心情畅快,有资源独占之美;而落榜者心中焦虑,悲愤异常,心中郁结难以消除。考试成为影响学生发展的重要变量。这种选拔途径简单便捷,它规避了很多其他选拔制度的缺点,通过分数化的标准将人才进行分类处理,对选拔者来说极其方便。考试成了大部分学生的心魔之源。

图 16　雷人标语

中国学生由此形成了重视考试的传统,以及生活应试化的思维。这种思维造就了一大批精通考试的"考场精英",更造就了一大批"失败者"。"考场精英"

精通考试,擅长各种应试问题,能够在举手投足之间将自己的能力发挥无余。而"失败者"参加考试基本上是自取其辱。这种对分数和人才定级的要求造就了中国二元化的社会区分结构。考试顺利、青云直上的学生在成长发展之时很容易形成"天生成功者"的固化思维。反过来,那些在考试选拔中失利的学生在生活中则自信不足,坎坷颇多。

通过层层选拔进入大学的中国学生往往有一种如释重负的感觉。中学阶段他们受到家长和学校的严格管控,现在,他们属于"解放"的状态,没有之前的束缚,却进入了另一个荒地。除了学习之外,校园里的学生的精神状态很少被学校关注。高校成为一块自由地,却也逃避不了市场经济的作用。在懵懵懂懂适应了正常的高校学习和生活之后,很多大学生面临更为复杂的学业、情感和就业等问题。特别是就业问题更引导了当代大学生对专业的选择和对知识的选择,出于就业而非出于兴趣的知识观和学习观念引导着当代中国大学生的发展。他们对未来的看法想象色彩不浓,也缺乏敢于走别人没有走过的路之勇气。他们的成功是被刻苦攻读的分数压抑出来的。在进入高校体制、天性释放之后,他们又直接受到市场的侵袭和压抑,以至于很多大学生将过多的精力放在企业实习和做兼职活动上,却耽误了用知识武装自己,塑造人格的最佳时机。

在转型时期的中国高等教育的发展也面临着很大的困境,一方面是教育产业化对高等教育的冲击,而另一方面是高校扩招导致大量优秀生源被稀释。为了培养更为杰出的人才,学校往往会采取较为功利和短视的做法。学生修读丰富的科学素养和专业素养的课程,但很少触及人文素养方面的课程。同时,学生社团在大学里的发展往往受到学业压力和学校管控等多方面的限制,难以自由地释放和发展。结果,从中国式高校出来的学生在创新能力和团队合作能力上往往先天不足,难以适应全球化的挑战。

中国学生作为最为聪明的学生,他们的竞争力不可小觑,他们的勤奋和努力在国际教育界有目共睹。但与此同时,他们却怯于打破常规,突破局限,走自己想走的路,做自己想做的事。这也许是中国式教育氛围结出的苦果。

学生的中国式个性

中国学生在分数的拼杀争斗中出来,自然更加明白竞争的含义。他们对成

功尤为看重,特别是在同侪面前的成功,哪怕代价再大也在所不惜。分数对于中国学生的意义犹如道统对中国士大夫的意义一般。学生在分数的争斗中也形成了各具特色的性格。正是由于应试要求全身心地投入,所以诸多学生在这场惨烈的竞争中不断寻找着自己的位置(因为没有人愿意被人视为差生)。他们全心尽力、废寝忘食,要的就是考试的一个高分。但也只有少数人精通考试之道,大多数人在很多考试中显示出来的都是努力之后还需更为努力的焦虑。

图 17　紧张的复习迎考

考试对学生的心理塑造力是相当大的。对于社会事务和周边文化舆情的参与似乎只是优等生的事情,而差生的热情关注则会被视为学习不努力或者不积极的表现。在创造性思维上,由于考试决定一切,所以很多中国学生并没有将时间放在课外活动或者创新行为的实践上。他们担心在课外花费过多的时间将不利于在考试中取得一个好的分数,创造力所带来的效用甚至还不及一个高分管用。分数思维使得应试教育流行于全国各地的中学和小学,而在高校中被录取高分的学生在很大程度上也不能完全施展他们的创造性能力,对分数的依赖已经束缚住了他们对其他事物的专注能力。因此中国学生中出现的"高分低能"的类型并不稀奇,但这种人格形成却有着深刻的社会文化背景。

1. 家庭教育与学校培养——两个环境,一种理念

学生形成如此个性与其成长环境息息相关。只有在成长到一定阶段之后,中国学生才能理解教师和家长对学生成绩要求的一番苦心。分数与能力的等同式的塑造既是选拔人才时的必需,也是评估学校优劣的重要标准。大多数家庭已被卷入这种提分运动,学生的家长尤其恐惧自己的孩子被斥为无用,特别担心自己孩子的未来因为学业不佳而受影响。东方家庭对教育的普遍尊重不仅衍生出"虎妈式"的教育观,也塑造了大批听话的"好孩子"。中国的家长自古以来擅长要求子女认真读书,成就一番抱负,不管是孟母还是岳母,她们的目的都是一样,希望自己的子女有所成就,出人头地。

如果说家长的殷切希望能够给学生带来更大的动力或压力的话,那么学校环境只会让动力或压力更大。学校里的教师每天更加辛苦,起早贪黑,在传道授业之时要求学生尽可能提高对现有的文化知识的领悟和理解。中国学校有着中国特色的"班主任"的概念,一个固定的班级有着固定的教师、教室和同学。学生每天在固定的教室里刻苦学习,学生的成长固定在积累文化知识的轨道上。逐步提高的难度和深度让中国学生在学业和智识上出类拔萃,也更加束缚了他们的心灵。这些在中国贫穷家庭子弟身上体现最突出,他们家庭的出路就在于通过那些令人生畏的选拔,因此他们努力学习,不容许自己有半点懈怠,原因只有一条:分数决定命运。

2. 人才选拔的固定性和单一性——成为最快的羊或最狠的狼

曾有教辅读物为吸引学生购买而打出非常诱人的广告:如果你们阅读或是实践书中的内容,就会在未来的竞争中处于不败之地,成为最快的羊或最狠的狼。在中考或高考或研究生入学考试等学业选拔性考试中,学生的考试成绩会占据决定性地位。特别是高考,分数是决定能否进入高校的核心标准。虽然各个学校有时也会放低一些分数门槛,但是前提是学生必须在竞赛中或者在荣誉方面获得极大的优势。中国社会精英选拔的准入门槛是大学,如果你进入不了一所好的大学,那么未来可能难以分享到或者争取到的极其有限的社会资源。对分数的核心要求把学生变成"虎狼",变成"快羊",学生被挤压到极少有自我空间的存在。

这种竞争是否合理?当然,如果你否认几千年的科举取士和考试选拔对社会和文明的贡献,那你也就否认了中华文明带来的伟大业绩。中国文明建立在

53

不断的社会竞争和考试竞争的基础之上，而考试竞争则已经成为中国式的官僚制度和教育制度的基石。因为，它没有偏私，最为理性。但这种最为理性的行为也塑造出成功文化和失败文化两种互斥却共存于中华民族内里之中的东西。在西方，成功或是失败更多的是一种个人价值的彰显。西方对成功或失败的不敏感在于它们没有一种普遍的社会共识来进行归整和承认。西方个人主义和自由主义的极度发达不仅带来活力，也带来了极具个性的成功观和人才观。"我们认为合适的就是最好的，成功是易得的。只要机会平等，人人皆可成功。"而在东方，特别是中国，成功变成了一种社会关注的"个人工程"。如果一个学校出了一个分数排名全省第一的人，那么这位学生就被称为状元，不仅名声传遍全省，而且他未来的道路也基本上被指定了。成功在中国始终是聚光灯下的金子，每个人都想拿到这份稀有的贵金属。为了得到它们，数万学生就得为之早出晚归，夙兴夜寐，通宵达旦。有的人成为了跑得最快的动物，有的成为了最具有凶猛性的野兽。他们精神看似凶猛，其实却也非常脆弱，一旦在关键性的考试中没有取得好成绩，他们的精神就会沮丧，甚至毫无生气。所以，应试教育将学生、家长、教师和社会绑在一棵树上，社会资源的大量投入和社会关系的复杂运作也在这里面循环展开。而学生对这些内容自小心领神会，他们对自己的未来比西方学生要早熟得多。要么成功，要么淘汰，这些人的目标就是成为应试竞争中的成功者。

3. 个性疏失和中国"制造"

中国的中小学生，在他们成长的关键阶段，绝大多数的时间是在校园中度过的。他们很早起床来到学校温习功课，然后开始一天的学习。上午是满满当当的课程，中午只有数个小时的时间休息，而下午继续回到学校继续学习。傍晚或是考试或是提醒一下学习事项，然后匆匆的晚饭之后就开始进行晚上的学习，或称之为晚自习，一直到很晚的时候才能回家。回到家里的中国学生必须温习当天所学的功课，完成作业并继续预习新的课程。从初中到高中的中国学生很少能够逃离掉这种周而复始的安排的。周末的时间学生们往往会聚在一起继续学习，或是研究，或是准备考试。淘气顽皮的孩子在周末放下学习重担的时候总是会被父母训斥。学生在长期的发展之中磨去了棱角，对考试最为关注，而对其他的课余活动漠不关心。长期的奋斗竞争使得中国学生内心难以形成丰富复杂、充满想象力的世界，而是变得毫无生气，精神高度集中且专注学习的个性已经形成学生普遍的"个性"，并最终成为中国式学生的普遍模样。

全球化时代的到来正在逐渐改变整个世界的教育观念和教育实践。全球化不仅带来世界经济的巨大变革,也影响到人才观念的变革。中国在全球化时代已经成为重要的"世界工厂",承担着世界轻工业和重工业产品制造重要任务,并以低廉的劳动力价格和丰富的人才储备成为世界企业巨头争相投资的地方。而多样化的企业和知识经济时代的到来正在逐步改变中国人才选拔的标准。企业期待的更多是"成品"而不是"半成品、待加工品"。企业对精英人才的需求亦是与时俱进。但是,中国学校"制造"的学生大多数不是以自己的才能获得施展为首要动力,而是以获得一项较好的工作待遇为荣。在这里,难以遇到为了梦想敢于舍弃的学生,也鲜有如乔布斯一样前往印度朝圣的疯狂少年。

"他们是这样的中规中矩,急功近利,在诸多层面上像极了'中国制造',却罕有忠诚、敬业及创造的精神。"——某跨国企业 HR 经理如是说。

中国式的学生在看待掌握自己的命运的问题时很容易陷入宿命论的藩篱。他们看重自己的发展和成就,却难以把握自己的命运,难以面对突如其来的困难和挑战。中国式的教育理念培养出来的学生似乎更适合社会稳定的需要,而在社会演进上却鲜有代表人物。因此,一旦出现某些改革式样或者创新式样的人物,在中国社会的传统中是遭到贬斥和反对的。教育理念和教育方式的实践成功稳定了中国社会,也成功塑造一大批保守派人物。他们将自己的未来更多寄托在努力却难以预料成功的事物上,希求通过这样的努力获得少得可怜的报尝。他们的个性如此的一致,以至于在问及差异化的问题,诸如"你想干什么"的时候,答案是出奇的简单和纯粹。想象力在中国学生的个性释放中是最难的一步,但却是成才的关键所在。似乎中国式精英想象力的释放是通过自我领悟,而不是被教育得来的。那些自学成才的名人,如被中国学生至今津津乐道的华罗庚、苏步青、马云和俞敏洪等人似乎是通过自我能量的释放而不是按照常规走向成功的。而喜欢却不敢叛逆的中国学生在分数和教育体制的双重作用下被压抑了,难以开发自身内在的其他潜能。因此,中国难以被探测和估计,也是因为这些看似没有个性的中国学生正在被分数压抑的缘故吧。

第二章　美国教育现状：多元化素质教育

美国式教育理念：自由平等下的公民教育

一个国家如果指望自己在文明中既愚昧无知而又能得到自由，那么，它所得指望的东西实乃过去从未有过并且将来也不会有过的。

——托马斯·杰斐逊

图18　托马斯

自1776年《独立宣言》颁布以来，美国人始终将自己的荣誉放在引以为豪的《独立宣言》和宪法上，美国是一个崇尚自由平等的国度，强调"人人生而平等"。美国的国父也一再强调知识对进步开明且有能力实现自治的民众来说，是必不可少的。美国人通过自己的力量打败了英帝国的殖民统治，也相信通过自己的力量能建立起繁荣富饶的国度。

与中国相比，美国少了一些传统与厚重，多了一些青春与活力。按照欧洲人的说法，美国人最没有思想，却最有活力；美国人最爱钱财，却毫不虚荣。美国人没有诞生宗教巨子，却有着鲜活的宗教信仰；美国人肤浅，却能提出一个又一个眼花缭乱的理想并取得两次世界大战的胜利。美国人厌恶虚夸的哲学，但其修辞之中无一不受

56

到自古希腊以来的哲学的影响。美国不似欧洲讲求传统,却对自己的立国之父崇敬有加。美国所拥有的一切,似乎平淡无奇,但却能释放巨大的能量,让世界感受到美国的力量。

中国对美国教育的体认来自近代。中国第一位留学者容闳先生,率先进入了耶鲁深造。这位了不起的人物在美国接受了正规的教育,并获得法学博士学位。这位先生的肖像如今仍挂在耶鲁大学名人堂受到学生瞻仰膜拜。近代的第一批留学幼童也选择到美国进行深造。在八国联军侵华之后,清政府用于赔偿美国的款项也被用于培养中国人才。美国用这一款项培养了大批留美人才,这些人日后大多成为中国社会的栋梁之材。与此同时,美国在华兴办教会大学,著名的燕京大学、圣约翰大学等一时集中华英杰之盛,至今仍不可比拟。

很多人问美国是为了什么帮助中国留学生,并帮助中国办学。如果从费正清、麦克法考等汉学家的角度来看,是为了发展中美关系和了解中国之需,由此培养中国年轻人知美爱美。从另外一个侧面可以看出,美国对中国的兴趣,对教育的兴趣,对教育的功用和潜在价值的理解,丝毫不输于其他任何国家。这个国家的教育所拥有的神奇的力量居然能够外溢到其他国家,着实令人惊叹。

惊叹的不仅仅是中国人,19 世纪 30 年代的法国思想家托克维尔也意识到了这个问题。他不似中国人仅在美国做科研学习,他详细地调查了美国的教育体系、教育制度和教育政策,得出许多鞭辟入里的观点。托克维尔看到有关国民教育的法令,将其视为美国文明最为杰出的特征。他谈及美国的教育如同美国的宗教一样,成为美国人的必需。教育中传递的知识就像圣经中的箴言一样,是克服群体之间差距的唯一保障。与法国不同的是,美国早期的高等教育大多具有教会色彩。他们将宗教和知识混杂在一起,强调信仰的重要甚乎知识,将知识变成为论证信仰存在的重要补充。虽然合众国的教育具体实施由各州来进行,但却在极大程度上允许私人办学。国家或者地方建立的学校,只能部分地行使监督权和管理权。知识如同信仰一般随着教堂和教会学校的扩散而扩散,许多人能够轻而易举就获得知识。教育在美国一开始就不仅是自由的,而且是平等的。报刊和印刷技术的改进,通讯和交通的发展也适时地促进教育的扩散与传播。但除去这些基于历史和社会发展的因素,还有什么能够让美国的教育如此吸引全世界的人,它靠的是什么呢?

1. 美国教育讲求平等和公平,注重实践和宽容的精神,教育多元化层次较高,具有开放性的特征

如果拿中国的教育史与美国相比较,则会显得美国的教育历程不值得一提。但是与中国不同的是,美国教育出现的目的并不是如中国般的实现治国平天下的理想服务的,也没有什么先天的教化的功能和任务。美国的大学早于国家就先存在了。定居在北美新大陆的移民们在离开英国不长的时间里就于1636年创办美国第一所大学——哈佛学院。这些清教徒创办哈佛的理由非常简单,希望以后在美国教堂中的牧师不是"不识一物的文盲"。美国的教育从一开始就有着宗教的传统,就是为了宣传上帝的存在和传递自美国立国以来推崇的知识和信念。按照美国著名的教育家约翰·纽曼的说法,美国教育的目的就是培养社会的好公民。因此,美国的教育可以从理论上看作是公民教育或者说是国民教育,尽管普遍水平不高,但精英和民众之间的对话是可以正常进行的。平等和民主的精神促进教育倾向于民众而不是精英。美国的精英非常担心教育会成为反对国家的重要武器,这种担心并不是没有理由的,因为它的确存在过。

哈佛大学的创办开创美国的教育传统,为美国的公民提供智识的支持和心灵的训练,荡涤物质因素对社会的熏染。在此之后,美国教会学校如雨后春笋般在美国各地建立起来。普遍建立起来的美国学校基本上可以在美国各个地方找寻得见,甚至在社区之中也有自己的学院。虽然有人批评美国人这种在教育上豪掷千金的做法,但美国教育如此的广泛以至于任何一所高校难以垄断所有的优秀生源。不像中国当前的北大清华,哈佛耶鲁普林斯顿录取的都是在自己看来非常好的学生。这种分散发展的美国教育现实使得美国优秀人才能够得到差异化的培养,并对自己的发展充满信心。美国殖民的拓荒者们激情地按照英国的传统建立起中等学校。大多数中等学校是由教会掌控,起初这些学校主要招收男子。他们在这类学校里修习拉丁文、希腊文和数学几何、英文等科目,实用课程居多,人文课程较少,但《圣经》总是为必修的科目。美国的教会学校尽管是如此的虔敬,但却是学问修习的重要场所。许多教会学校直接成为常春藤盟校的生源地。教会学校里的风格迥异,多元化发展倾向尤其明显。在美国,甚至学制都可以选择,美国学制各地差异很大,甚至不同的学校也会制定自己的学习年限。但这些不同学制的目的本身是为了对学生进行更好的教育以及潜能的培

图19 大学生社团

养。与注重应试分数和学校声誉的东方中学不同的是,美国的这些教会学校更注重学校本身对学生的人格塑造的影响。你可以说这些学校也是精英之家,但注重机会平等的美国人不放弃任何一个给予贫穷孩子的机会。也正是如此,美国的高校和中学才会有源源不断的优秀生源的涌入而不至于枯死。美国政府对教育的关注也将教育从一种稀缺性的资源逐渐变成让优秀的人成功的重要平台和工具。

2. 自由教育为社会管控

教育学制自由,学业自由,甚至学生的选择也较为自由。美国自由教育给学生创造了广阔的空间,他们可以在学校里学到诸多社会上的技能。美国教育史也证明,教育的自由本身是为了国民的生存和发展服务的,教育发展的未来与国民的素质、知识以及投入力量息息相关。正是这种长期的国民教育传统,使得美国社会对科学和知识的看法出奇地一致。美国很早就创办了多家杂志,美国人的阅读量也很高,其读写能力比欧洲人高出许多。美国的教师和学校按照人口

进行分配,家长甚至要为社会教育的付出而捐款。美国人同中国人一样热衷于教育,但不同的是中国的教育主要是私人的事情,政府推行九年义务教育不到30年,而九年义务教育之后则是精英培养阶段,需要各个家庭自己做出努力。而美国的教育则是社会的事情,美国政府甚至通过法律的手段要求居民为教育做出贡献,修建校舍,聘请教师和为教育捐款。因此在美国,教育呈现出多样性的特点。美国中小学没有统一的教材,也没有统一的教学大纲。一切课程都是由美国中学根据学生自主设定,各学校的课程和难度也不是统一的。美国中学与大学相同,实行选课制,学生根据自己的兴趣选择喜欢的课程,大多数都是选修课。而通过这些考试就会获得相应的学分,最终毕业。美国在高等教育的学制上与中国也有很大的不同。美国有社区学院,1—2年学制,发放结业证书;工艺技术学院,3年制;一般类型的普通高校,4年制。在美国,只有获得学术学位之后,学生才有机会进入进一步的学习。教育多元性较强的美国在职业教育上也颇具特色,许多课程直接针对市场和社会就业,因此针对性非常强。而由于美国移民的世界性和种族的多样性,在课堂上多元文化和多元价值观的教育也成为美国教育的重中之重。与单一的中国教育发展路径不同,美国公民在教育上受到学校更多的关爱。社会也非常关注教育本身对多元文化发展的影响。虽然进入常春藤大学的美国学生毕竟是少数,但精英的圈子并不是封闭紧锁的。多元竞争而不是分数成为衡量美国教育的重要标准,这不仅鼓励学生创造性精神的发展,同时也促进了美国社会的进步。

3. 教育促美国和美国促教育同步进行

教育美国人成为科技创新和知识进步的中坚力量,而美国也在政治、经济和社会上努力为教育的进步和发展创造一切有利的条件。资中筠先生在其《美国强盛之道》一文中指出,美国作为现代文明社会的典型特征,相对成功解决了现代化过程中所遇到的发展和平等问题。自19世纪末学习德国,美国逐步在全国建立研究型大学,并在政府的关注之下获得长足的发展。研究性大学通过人才优势和创新机制促进国家的进步和发展。这使得美国在教育领域与西方其他国家有着显著的不同,它的教育质量呈现出罕见的倒金字塔结构,即基础教育弱而高等教育强,越到上面越强。美国做到了"聚天下英才而用之",强有力地促进了人才培养和科技创新。美国大学直接为美国政治和社会培养实用型人才,虽然这饱受非议,但也证明美国高校从未离开社会。

图 20　美国课堂

与此同时,美国促教育的脚步也一直没有停下。自"二战"之后,美国政府对公立大学的改革,20 世纪 60 年代促进教育机会平等运动,让少数种族和黑人享有更多的教育权利和资源,70 年代的保障残疾儿童和禁止性别歧视的"恢复基础运动",80 年代迫切要求中学和大学适应社会发展的未来的"学校重建运动",90 年代旨在提高中学教育质量的"教育选择与国家标准运动"以及当前推动学生就业和发展的"学校教育与工作需要相结合的运动",政府想尽一切办法将教育纳入社会发展的快轨道,尤其关心教育所涉及的公平、自由、进步与学生未来等问题。政府对教育的大力支持促使美国教育能够不断跟上时代的步伐。

另外,美国的财富大亨们似乎出奇地热爱教育。美国高校和中学不仅能够获得政府的补助和支持,同时也能得到美国基金会和富豪的捐款,甚至捐款已经成为许多私立大学持续运作的主要力量。这种社会观念和实践迥异于中国高校。美国人热爱自己的教育事业,更将其视为"关系到个人和国家的发展,社会的活力和健康的源泉"。他们相信自己的成功和财富源于自身获得的教育,认为"只有对人的教育才能消除对自己设置进步的障碍"。美国富人将教育投资视为

一本万利之事,私人慈善家很早就对教育进行投入和支持。整个美国高等教育从这些私人投资中收益,甚至比从政府获得的拨款还多。著名的哈佛大学、斯坦福大学、卡耐基-梅隆大学等高校都是私人投资所建。美国私人基金会不仅对高等教育慷慨解囊,对中学教育、幼儿教育也有不凡的支持力度。盖茨基金会支持美国小型高中的改革,而洛克菲勒基金会一直支持"学校发展计划",福特基金会也提供2 600万美元资助公立学校改革。与美国相比,虽然中国在1988年颁布了《基金会管理办法》,2004年又制定了《基金会管理条例》,为捐赠提供有效的法律保障,但是中国基金会发展增长缓慢,普遍规模较小,教育事业难以获得全社会的支持和助力,很多教育领域的创新难以开展。

美国式成功——不只是书本上

提及美国式成功,更多的是想到什么?是霍肖特·阿尔杰笔下的《衣衫褴褛的迪克》,创办《今日美国》的大卫·纽哈斯,辍学的微软总裁比尔·盖茨,钢铁大王安德鲁·卡耐基,苹果设计者乔布斯,还是华尔街的那堆金融家和银行家们?多年之前,中国国内开始掀起学习美国成功学的浪潮,许多美国成功学专家如奥里森·马登、卡耐基、洛克菲勒、拿破仑·希尔的著作被一一译介到中国来,他们的观点都强调一致的共识,即穷小子只要通过自己的努力也可以实现辉煌的成功。与中国式成功强调认真学习,修身齐家治国平天下这种具有浓厚的政统和道统不同的是,美国式成功更为强调自我价值的实现,在市场经济中翻云覆雨。

当前经济大潮的发展中,市场迅速拓展。美国式成功学推行到世界,这与传统的中国式强调苦修勤学成为一代学人或者有出众能力的官员的观念格格不入。市场经济带来更多的观念浪潮,也将美式成功学带到了中国,并对中国的教育体系造成了极大的冲击,反智主义、实用主义等价值观正在撼动着中国几千年来形成的教育传统。

美国成功学如潮涌般进入中国本土,并逐渐本地化。它们强调成功更多地靠的是行动。这种对实用主义的态度和精神与强调年轻时期多进行智识训练,培养情操和高尚人格的中国式教育理念相互冲撞。虽然这种冲撞对中国的教育传统的延续是一种威胁,但无疑改变了中国教育发展的路径,迫使其更为危机地应对当前的教育与成功相脱节的困境,寻找适应之策。

图 21　美国品牌

　　而成功学所塑造的神话,正在逐渐影响到中国学生的心灵。美国式成功学要求人不仅在事业和财务上占据优势,同时拥有高尚的人格和心灵。但其将事业和经济上的成功作为首要因素,对实务的强调却在逐渐弥散出美国式价值观——实用主义。美国人近乎天才地将知识与社会连接起来,从社会中提炼问题,再使用科研的手段进行解决。这与按部就班的中国学子的发展路径完全不同。它强调更多的挑战、冒险和机会主义,强调更为充实的生活和更为务实的工作。他们将成功嵌入到生活和事业之中,用多元化的手段促进一个人精神和生命的提高。这一点无疑改变了围绕分数和学历进行思维的中国学子。

　　美国式成功来源于美式浓厚的教育氛围和知识为大众服务的传统。成功的理念也是从各种成功人士的经历中总结归纳而出并为大众而分享。开放式、共享式的美国教育文化正在日益冲击着中国封闭的只有精英才能享有的优质的教育制度。在另一方面,美式成功将个人价值与自我实现放在首位也促进了中国学子从新的角度思考如何进行自我提升而不是分数唯大,如何进行发展而不是仅仅通过学业晋升。留学,作为中国学子思考和实践的重要场域,正在日益上演

着美式成功学的案例。而作为体现美国教育文化的美式成功学，则从现实层面上为中国教育给出了教育发展的重要依据，深入人心的教育而不是竞争教育才具有更大的潜能和价值。

个性化的潜力和展示——美国学生的人格特性

前些日子在美国教育界一直流行这样一个名词："中国母亲"。中国母亲为了孩子的成长含辛茹苦，整日里孜孜不倦地通过如何如何的努力使自己的孩子变得如别人家的孩子那样优秀。中国母亲愿意为孩子付出任何代价，只希望孩子好好读书上进，甚至一个很好的考试分数都是对她们莫大的欣慰。在美国人看来，中国母亲确是无私，却有些滑稽。孩子的成长最终要靠他们自己的努力，母亲只能教给孩子如何思考、生活，而成功不是母亲的职责。美国妈妈抱怨中国母亲管得太宽，而中国母亲则不喜欢美国母亲对孩子如此放任自由。

中国母亲和美国母亲的区别也是中美教育理念的区别。如果你觉得美国母亲不注重子女的教育，那你就大错特错了。美国母亲对孩子的未来成长也甚为关心，不过关心的不是让她们的子女踏上仕途的捷径，而是全面的发展和综合素质的养成。美国母亲关心的是"他们是谁，怎么做"的问题，而不是"会成为谁，一定要怎么做"的问题。美国学生和中国学生在对未来的期许上有很大的不同。如果你去问一个美国学生未来的理想是什么，会有很多元的回答，但在中国这个答案却很简单，只有三个：考公务员、做科研和去市场。

美国高校往往会吸引那些有潜力的优秀的个人。他们将自己最好的一面展示给这些美国著名的高校，以换取入学资格。在这些人心中，常春藤盟校只是实现梦想的一条道路，但并不是全部道路。而对中国学生来说，情况却恰恰相反。如果你有幸考入北京大学或者清华大学等名校，你的命运将与周围的伙伴们有极大的不同。你的平台和视野将会宽广很多，也有更多的机会，更有可能改变自己和家人命运。常春藤盟校对美国学生来说是众多道路中比较好走的一条，而中国著名学府对中国学生来说就是机会的集合，没有这个机会，是很难进入精英圈子的。

那么中美两国学生的差异到底在哪里呢？刚才提到的母亲的差异正是这种环境和文化差异的写照。美国学生很早就接触社会，通过自己的劳动体会生活的酸甜苦辣,通过自己的探索和创造获得别人的尊重和支持。在美国学生看来,书本学习仅仅是生活和幸福体验的一部分,虽然很重要,但却不是核心。他们真正将自己的兴趣和价值观放在首位,其父母也着力给孩子创造一个良好的环境,引导他们发现自己,认识自己,并超越自我。所以,美国学生在很小的时候就已经学会谋生、经营和与大人自由地沟通。而中国学生却不然。他们考虑更多的是学业成就和竞争的优势,强调竞争和进化法则。中国学生将大部分时间放在学业上,课余活动随着学习年限的增长也越来越少,最终会趋于零。

代表着美国精神的常春藤盟校,讲求更多的是一种综合能力,学业能力只占其中的一部分。他们会关注学生的 SAT 成绩,但更多是培养不同领域的精英。学校并不需要只在学业上出众的学生,他们需要的是具有综合素质的人才,包括商业精英家庭的子女、有天赋的运动员、有才华的小说写手、发明家、科学狂热爱好者、探险家甚至是拥有很多社会资源的学生。学校更在乎的是学生能否为学校创造出更良好的声誉和价值。《纽约时报》上曾经给出这样一个数据,即只有20％的高中教师认为 SAT 考试可能对所有的学生“公平”。大多数教育改革家和活跃分子并不相信简单的考试就能甄选出优秀的美国学生,他们认为一双鞋子并不适合所有的脚。如果放在中国,这样的问题一定会引发较为严重的事件,在中国,恰恰高考是最为公平的考试。

美国学生的人格特征与美国的家庭文化和教育文化紧密相连。他们的天性能够得到充分发挥。他们的思想的独立和人格的自由能够得到充分保障。他们能够以好奇的心态去了解发现一切新事物,并且在父母和学校的支持下努力发掘、探究这些新事物。美国学生独特的研究和探索精神是得到制度的保障和教育的支持的。学生们相互探讨的不仅仅是某个伟人写的著名作品,为他的作品的价值如何争得面红耳赤,他们在更多情况下是在自己家里的车库里、自己的房间里、废弃的屋子里,在几个破旧的计算机面前摆弄自己的想象力,充分发挥自己的能力与空间。

哈佛大学著名校友爱默生提出了“依靠自我,尊重自我,独立自主,崇尚个性”,将人的价值放在的首位。他反对物欲横流、拜金主义的美国社会,强调人在追求自我的价值中寻求自立和安慰。哈佛的校训即是“真理”。哈佛的校园精神也成为美国整个教育发展系统的核心要件。在美国,父母为孩子提供良好的环境供其成长,却很少影响孩子对未来道路的选择。哪怕这种选择是错误的、致命

的,家长们也认为这是孩子自己必须接受的事实。在美国,学生之间文化多元不同,甚至有着文明之间的差异,而共同的兴趣爱好以及对共同事物的执著使得他们的结社传统颇为发达。这种结社传统甚至延伸到了常春藤盟校的校园中去,著名的耶鲁骷髅会正是最好的说明。在美国,学生之间的差异并不仅仅通过学业来体现的。由于学制灵活,美国学生的学习模式有着较强的多元性。高级的寄宿制中学为学生的成长提供封闭式的类似高校一般的学习方案,而普通的公立中学有着丰富的课程资源和选修课,能够尽量满足所有美国学生的发展规划和要求。美国高校灵活自由地选择优秀生源的策略也使得学生在重视学业的同时更加注重素质的提高和增长。最重要的一点就是美国是一个重实用而非重出身的国家,许多学生就算不能在学业上获得令人瞩目的成就,但平等且民主的社会能够提供相应的机会供其在专业领域深造和发展并获得成功。由于对各方面素质的看重而不仅是将学位作为社会招聘和录用的标准,美国人在教育上享有比中国人更多的自由和平等。教育成为社会甄选专业人才的手段,成为培养精英的场所,但却并不是唯一途径。但在中国,良好的出身背景和学校背景则是决定未来成功的重要前提。

中国学生前往美国深造大多也是看到了美国社会的相对自由和机会公平,为了顺利进入最为精英的常春藤盟校深造,许多中国学生如美国学生一般认真备考,全力学习英文,甚至在专业上下了更大力气的工夫。为了证明自己一流,中国学生的家长从小就制订了学生的课余发展计划,在学生成长中提供完全和充分的课程和知识,让自己的子女获得更多的硬实力。但是由于中美家庭文化、环境和社会运作机理的不同,优秀且准备充分的中国学生在出国之后还是会遇到很多问题。对于中国留学生来说,能否有一个自主的留学生涯规划及对留学本身的洞察力和认识相当重要。因为,它是决定未来中国留学生能否与美国本土学生比拼高下的核心,而这个核心换个说法就是留学软实力。

软实力培养:美国学子的日常功课

美国著名电视节目主持人、第一位黑人亿万富翁奥普拉·温弗瑞在斯坦福大学毕业典礼上做演讲时,台下座无虚席。这位女士连大学都没有毕业,却能够获得普林斯顿大学的荣誉博士。她在演讲中提醒青年人应该珍惜的三件事,这三件事情牵涉到美国青年的重要价值观。

（1）美国梦。如果说美国青年都有梦的话，那么美国梦就是他们成长的动力。人人希望能在美国这块热土扬名四方，出人头地。奥普拉很高兴地谈到，美国梦不是设计好的线性路线，它靠的就是人的感觉。"感觉就像生命中的GPS"，美国梦的实现靠的就是感觉、情感和热情，而这些全都与理性没有关系。你热爱自己所从事的是事业，因为它给你带来真正的富足。成功的价值不仅在于自己有很多可以支配的收入，也指的是拥有值得尊重和同样尊重你的伙伴和朋友。

（2）竞争观。年轻人不要为未来而活，不要为赢而活，要为当下而活。要活得有意义有价值。人生真正的快乐不是在于为自己带来很多利益，而是给予和奉献，将自己的所有分享给所需要的人。你和他们联系在一起，最终就会变得强大。你不是一个人在生活，而是与一群人在奋斗。这样的活法才有意义和价值。

（3）自我实现，活出真正的我。你走的任何道路都是不可复制的，都是有价值的。找到真实的自己，去爱去做，去奋斗。不要为其他人而活着，生活中的挫败只能帮你认识到最好的自己。

美国青少年在人生的历程中无一不面临这些问题，奥普拉对这些问题精妙的回答证实了崇高价值观对构造美国青年人软实力的重要性。美国青年最为自由地运用了国家给他们带来的一切去奋斗、去体会、去做、去实现。这极大自由的获得在美国学生看来是那么的容易，而在中国学生看来却是需要付出极大代价上了大学之后才能得到。

美国的学生创造性并不是来源于天生，而纯粹是兴趣的产物。他们愿意为自己的兴趣付出极大的代价，也愿意为自己的道路埋单。美国学生对自己的未来担心并不多，因为他们总是很自信且强悍。这些软实力是中国学生所缺乏的。中国学生从小就得到家长从里到外密切的呵护。父母是不可能让小孩子从小离开家庭，挣点费用到处旅行的。他们也担心孩子兴趣过多耽误学习，更担心孩子如果长期执著于自己的所做所行会付出惨重的代价。中国学生主要的活动空间是校园。在竞争观、梦想和未来的人生设计上，他们并不具备美国学生强大的想象力和极强的实践力。当然，强调谦虚的儒家文化也反对中国学生到处显示自己的自信，更多的是强调低调行事。中国学生更多时间是放在经营自己的小圈子上，从一起玩的朋友到同学、伙伴，都成为生命成长的重要伴侣。他们往往集

体享受生活和学业的乐趣和痛苦,却没有如美国学生那般既亲密又疏远的距离,不像美国学生能够自由自在地行事。

美国的伙伴更像是社会上所结识的志同道合的朋友,他们相互扶持,相互鼓励,最终走向成功。而他们所定义的成功也不完全仅仅是学术上的成就。他们将更多的时间放在钻研、交际和发展兴趣上。美国学生对自己的把握和理解要更为肤浅一些,却更为自信有力。他们相信自己的价值,也相信自己的未来,并愿意为之付出努力。而中国学生在分数的压力下展现出来的则是一种负重致远之相,未来如何暂且不知,只顾脚下用力,踏实肯干。因此,可以对比出来在中学生的素养上中国学生普遍比美国学生高出许多,硬实力非常优秀,但在对自己的未来的设计、价值观的塑造和对自己的把握却普遍不如美国中学生,软实力上要败下阵来。

可以说,软实力培养是美国学生的日常功课。

软实力的价值体现:对崇高的坚持和信仰

与中国的历史不同,美国从建国以来就被卷入"世界历史"之中。美国中小学和各个大学也正是在这种既是世界性同时又有地方性的气息中建立起来。教育的传统和学校的学风、性格塑造了美国人侧重对人的价值观的要求与提升。美国要的强者,不是一味的强壮,而是坚强。

美国高校强调更多是个人对自由真理的探索,以古希腊的自由哲学思辨的思想为纲,并添加了更多的基督教元素,强调信仰和光明,将人之行为放在更为深邃的宗教特性中,使人的自由活动更增添了神性的色彩。美国高校突出了美国个人主义为核心的精神要素,也将个人放置在整个学习体系的核心。

美国高校拥有的资源和机会在世界范围内毫无疑问是首屈一指的。美国大学来源于西方的大学系统,是希伯来文化和希腊文化双重塑造的产物。独立不仅是西方大学的要求,更是宗教上与"世俗"保持一定距离的体现。西方大学随着时代的发展逐渐演变成为与宗教、国家相独立的第三机构,拥有自由的灵魂。学生在大学中有着很高的自主权利,成立的学生会甚至可以自己选择校长和教师。而老师上课迟到或者讲课不好,就有可能面临失业的危险。学生的强势地位是中国高校无法比拟的。

美国大学与西方大学是类似的，是由学术评议会制度管理的。美国大学管理有以校长为首的行政权力系统和以评议会为代表的学术权力系统。两个权力系统相互渗透，相互影响。但从本质上看，学术权力是美国大学最为根本的源头之一。教授治校、教授管理，而行政事务则是围绕学术权力而展开的诸项事务。美国大学将教授从复杂的行政杂务中解放出来，却又将学术权力交托给他们，使得教授在影响学校事务方面的力量非常明显。

正是如此，大学教师对于自己所要录取的学生拥有决定权。学生和教授在学校里非常平等，基本上不存在等级观念。学生和教授一同为学术事业而努力，因此学生在人格上和思想上是受到教师尊重的，甚至其工作也要得到其应得的报酬。教师在保证学生学业和学术顺利进行的同时，鼓励学生发挥自身的创造性，推动精神和思想的发展和张扬。学生在美国大学中具有较为完整独立的人格特性，也正是如此才使学生的独立精神和自主倾向得以发展。

美国学子培养出来的软实力也以个人的成长、成功和幸福为核心。软实力在美国简直就是成功学的翻版，美国精英对个人在崇高的精神和信仰下认真前行并取得各自领域的成功甚是赞同，甚或他们相信自己本人也是在这一价值观的努力下取得成功的。软实力可以说正是美国价值的体现，它让人更为积极努力地奋斗，同时又怀揣着美国梦，将自身的成功放置在更为广阔的美国历史中去，以自身的努力和价值来促进国家的进步和发展。能够进入常春藤盟校的美国学生，不能说都是未来的科学家，但他们都是以美国梦为自己的未来和发展为蓝图的。

美国学生在很小的时候没有太大的学业压力束缚，很多中学生在数学、物理等领域的成就远不如中国学生。但进入美国大学之后，情况却慢慢发生变化，懒散的美国同学开始执著于学业，并为着自己的未来设计自己的学习蓝图。他们把学业视为通向幸福的一种路径，并倾注自己的热爱和兴趣。而在行为上，美国学生也在求知和信仰探讨中逐渐固化下来，义务感逐渐形成，甚至有些出色的美国学生还形成明显的崇高意识，为着某项事业和某项工程而奋斗，力求将自己所学化为现实实践。而在中国则不然，中国学生似乎更愿意将自己视为获得优势的智者。他们强调竞争和奋斗，从来就没有停止过努力。因此，从来要强的中国学生很少顾及到自己的实际心理状态和想法，他们积极将自己转变为一种适合各种高层次和机遇的"最佳人物"，以自己的能力和出众的表现赢得机会提供者

的青睐。这一点是美国人所难以培养的,美国人相信自己的价值和能力,超级自信地实践着自己的信条。虽然有很多美国式悲剧,但是乐观的美国人从来就不放弃努力和对自己幸福的追求。美国人的软实力在于他们善于将自己的事业崇高化,在崇高之后努力的一切是有价值的。这一点中国学生却难以做到。但这确实是美国高校和市场需要的思维。为着事业忠诚地走到底成为美国高校录取学生的重要参考依据,崇高感成为一切软实力培养和发展的源头。

第三章　中国留学申请的市场概况

软实力之"转换"——从中国到美国

正是由于中美之间在历史发展、教育传统和社会人才需求上的不同，才造成了留学难局。中国学生对硬实力的强调深入人心，根深蒂固。因此，高考之后，各省的分数状元都成为中国各著名高校争夺的对象，而分数基本上确定了你能够上的学校的级别。在美国则不然，美国高校是申请制的，除了你要有较高的SAT分数以及语言成绩以外，还需要各种各样的软性的要求和个人申请。能够被常春藤等名校录取的学生不仅在学业上出类拔萃，在其他方面也胜出一筹，特别是在精神和潜力上。而这些潜力对美国学生来说自然心领神会，知道这些内容到底意味着什么。但是对大部分中国学生看来，却是雾里看花，终隔一层。

中国学生如何提出入学申请和对美国精神的理解成为留学软实力的重要内容。留学软实力需要从两国教育体系研究入手，将不同的技能通过一系列的思维和实践的转换，让中国学生顺利成为国际高校所需要的人才，成为具有国际竞争力的"世界精英"。留学软实力直指留学的精义，将留学本身与价值观相联系，提升学生留学的目标与品位，将留学本身视为人生成长的过程，在价值观和精神力量的感染下取得更大的成功。中国学生在留学软实力的塑造和培养下，会很快将自身的性格特性和兴趣转变为一种实力资源，并逐步适应欧美教育理念与模式，在留学过程中尽快实现本土化。因此，从中国到美国留学的过程也是留学软实力逐步发挥作用的过程，更是中国学生的实力和精神状态转换的过程。

可怕的"假转换"——中国留学申请的市场概况

虽然中国学生都知道去美国留学需要适应异国的教学体系,改善自身状况,但却往往空有意识,没有分辨能力。更有爱子心切的家长,为了尽快达到目的,甚至一掷千金,以求达到最大的效果。近年来一些诸如此类的诈骗案也开始屡见不鲜。对于学生而言,这是极为不公平的,因为青春和时机是消耗不起的。

图22 黑中介

以下简单列举一些留学市场乱象,帮助家长和同学擦亮眼睛。

1. 留学机构的"超能力"

过度宣传不同条件的家庭和学生由于留学咨询机构被美国名校录取,最终成就人生奇迹。这种描述明显了夸大了留学机构的能力,并选择性地缩小甚至忽视应该注意到的环境、条件和背景等重要信息。这不仅会误导家长的选择,也给留学公司披上神奇的外衣,使得家长和学生相信留学的成功是全靠留学中介和大量投资实现的。

2. 留学产品高低不一,真假不明

许多家长和学生为了能够获得最好的效益和产出,宁愿在"申请名校"上投入大量的资金。而留学咨询机构提供各色复杂的、资金价格不同的留学产品,这些产品不仅需要家长和学生大量的资金投入,却难以得到应有的效果。留学申请具有较大的主观性,难以使用较为客观细化的统一条件进行衡量。而留学市场提供的产品并不是所有的留学申请的必需。留学咨询公司为了满足家长和学生的强烈出国愿望,提供多种多样的留学产品,甚至有的将学生送到野鸡大学或者是不正规的高校,这种极端不负责任的行为有时也难以被家长和学生发觉。

3. "精英思维"与大众化留学之矛盾

留学思维的转变使得很多留学咨询机构难以迅速提供有效的产品。留学大潮兴起使得留学市场开始逐渐适应这种大众化、平民化的留学浪潮。但与此同时,精英留学思维仍然主导着留学市场,高端留学产品更多的是为精英学生和专业人士寻找更好的发展和方向,而大众留学潮中的普通家庭很难在这些留学产品中获得最大的效用。许多留学中介鼓励学生参与到精英化的留学人生设计中去,这种处理方式不仅没有解决问题,还影响到了学生的留学适应问题,可能会造成二次伤害。

4. 隐藏的伪专业机构

这些伪专业机构对正规留学市场培育形成有力的挑战。留学市场上的主流的确尽心尽意为留学家庭提供可靠有效的服务和产品,但同时也应该看到留学市场存在着伪机构、假公司,他们有的打着高端的幌子,收取高额费用;有的打着零元申请的幌子,吸引学生关注。具体手段有:

(1)以保证被名高校和名高中录取为诱饵,骗取家长和学生的信任,在获得大量的资金后却敷衍了事,甚至以另外的产品应付了之。这样的案例在留学市场上屡见不鲜,许多学生和家长对中介机构和留学公司的了解途径较为有限,大多是通过广告和各种品牌认同而慕名前往,在事前对这些公司的可信度以及帮助学生申请留学方面的能力并没有足够的认知,很容易被这些公司和机构的谎言给蒙住,在被欺骗后也难以作为。

(2)对家长和学生隐瞒信息。他们通过这种选择性的隐瞒获得在收费上的便利,并通过编造各种理由而骗取各种额外的费用。由于出国是一件系统的工程,任何信息的遗漏都会影响到申请成功,而对海外高校和申请情况的了解一直是家长和学生的弱项,很难在短时间内系统把握。因此,伪专业机构很容易在这上面钻空子,利用信息优势收取各种相关费用,以获取利益为中心,却不把学生的前途大事放在首位。这种做法最终影响到学生的留学申请,由于不懂不会,家长和学生们即使被这些机构忽悠,也难以判断真假。最终留学申请不成功或者签证被拒的时候才知道一切努力都是白费,耽误家长和学生大量的精力和时间不说,也影响到了留学申请的进度。

(3)收费的阶段性和难以毁约特性造成公司不收钱不作为的特性。留学申请是从头到尾都需要系统思考和实践的大工程,时时刻刻可能需要增加额外的能量耗费。因此,对伪专业机构来说,每一项对留学生的评估和留学申请的工作量的增加都会牵涉到费用的增加。而每一个细节不进展下去,任何一个环节的粗陋都有可能导致留学申请失败。在这样的情况下,家长和学生只能是不断地

投入,持续地等待,而他们自己的主动性和创造性却被大大地压抑了。留学申请有很多可以在短期内做得更好,以适应竞争的留学氛围,但公司很可能以合同为借口,或是索取额外的费用,或是要求家长学生一而再,再而三的购买留学产品,否则就难以作为。这些手段对学生申请伤害很大,学生主动性难以发挥不说,如果没有按照公司的要求缴费,很有可能会造成申请的失败。

(4) 流水线式分工以及对留学程序的分段管理容易造成留学机会的丧失和时间上、精力上的浪费。企业对留学申请高度分工化的管理风格虽然有助于办事效率的提高和整体速度的加快,但这也带来很大的弊端。由于整个申请留学的流程是流水线作业,容易导致学生的个性难以在企业的视角下得到发挥。留学咨询公司和中介常常自诩有“一条龙”以及“即到即处理”的服务能力,但这种走流程的处理方案往往不能将学生的具体情况纳入考虑范围,同时又没有专业的监理机构对这些流程的处理进行把关和监督,一旦出现问题就难以应对,造成时间的延误和资源的浪费,对留学申请者本人也是巨大的心理和经济损失。

根据教育部统计数据,2013 年中国出国留学总人数为 41.39 万,2014 年留学市场仍将持续 10% 左右的增长。在这第四波留学潮愈演愈烈的时刻,中国留学低龄化现象较为突出,特别是“尖子”中学生进入西方高校深造,中国留学潮进入了 90 后甚至 00 后的“小时代”。中国出国留学人数不断攀升,但同时名校录取率却呈现出下降的趋势。由于申请人数的增加,竞争越来越激烈,中国学子的越来越难以通过自己的硬实力展现出优势。另外西方高校对留学软实力的要求越来越高,这不仅涉及到自信心、价值观的形成问题,同时也与留学申请者本身的学术能力和思维能力大为相关。

为了满足这些小留学者的需求,中国高中国际班在国内迅速发展起来。高中国际班与留学中介甚至包括移民中介成为中国留学市场三大繁盛产业。国际班学费颇高,很快蔓延到二三线城市,并且对学生的培养方式尝试进行改变。但国际班的学生由于在心理上和情感上毕竟与外国教育文化和传统有一定距离,通过传统授课的方式吸引学生来思考留学的价值和目的,学习申请留学所需要的国际课程,无疑是难上加难。

不仅如此,留学生数量的巨大增长也给留学咨询市场带来大量的人才输入。毕业于国外高校的留学生大量加入到帮助中国学子走向世界的工程中去,但这些人学的都是工商管理、经济、会计、财务等在国内看来是热门的专业。因为当初他们自己出国也受到国内就业思潮的盲目导向影响,所以回来后他们在留学咨询领域未必能真正理解留学的意义。专业学习教育学和心理学出身从事留学咨询行业的人才非常稀缺。因此,他们在对新一代的留学生进行信息支持和帮助时难免出现非专业化的特点,而留学咨询市场也正是这波人才的涌入而变得迷离起来,留学好变成了留好学校好,再次变成了从小留学好,又变成了移民好。诸般思潮涌荡在留学市场里面,好不热闹。但事实上,留学的本质是个人寻找幸福的过程,并不是三言两语可以对个人说得明白的。留学是一种人生选择,但在中介们看来就是买卖留学产品。留学申请者与留学中介之间的鸿沟只有经历过的人才能真正明白。

那些年,我们一起追过的留学中介

留学中介是如何影响学生的未来发展规划和人生选择的,我们通过几个案例进行简单分析就知道了。

[案例 1]

温州的李某同学,平时成绩比较一般,因此其父母希望她通过留学而不是高考改变命运。这位同学 SAT 考到了 1 650 分,托福考到 88 分。得到这样的分数已经很不容易了,李某很想通过继续的努力提升自己,但不知道如何去做。为了解决这个问题,父母给她找了家留学中介机构,并将李某的留学申请全盘委托给中介机构。但事实上,父母也很少和留学中介机构联系,也难以知道他们在做什么。结果,在李某被一所与中介合作的美国高校"录取",但去到学校之后才发现,里面基本全是被中介忽悠过来的中国学生。

分析:这是典型的"被留学"案例。李某同学很想出国,去寻求专业的机构帮助,这个很正常。但是她自己对留学基本处于一种一无所知的状态,发生这种悲剧的原因,除了谴责无良的中介,家长与同学也应当做深刻的反省。

[案例2]

上海市一位高二的中学生张某,成绩一般,在一些课外活动上也无甚亮点,仅仅是参加而已。他通过中介申请高校,结果被一所大学"有条件地"录取,这所大学在美国的排名并不高,但是要求他必须在入学前将托福成绩提高到90分以上(原来是85分)。结果不仅他没有考到90分,还耽误了高考。

分析:在留学申请过程中,过分相信中介而不自己积极实践,最终也难以取得很好的结果。

[案例3]

孙某是某重点高中的学生,是学校公认的"学霸",喜欢理工科,在这方面天赋颇高,后来的SAT考出了2 200分优异的成绩。但他不重视自己的软实力,因此找了一家中介机构"包装"。结果他虽然被4所不错的大学面试,但在招生官面试时弱点暴露无遗,导致全盘失败。

分析:这是典型的持"赌徒心态"中介做出来的案例。孙某同学是中国留学好学生的典型,分数高,思维能力、表达能力弱。非常可惜的是留学中介在发现他的这些短板后没有给他提出任何弥补的措施,而只是"包装"文书,学生面试不过,还将责任推脱得一干二净,对这样的结果,孙同学也只能无可奈何。

[案例4]

刘某是典型的北漂留学族。为了自己的留学梦想,在大学毕业之后,他只身来到北京学习。由于家庭环境还可以,他能够迅速进入状态,考出了相对不错的托福和GRE分数。虽然他的条件还可以,但是由于硬件方面不达标以及比较低的GPA水平,在留学中介的忽悠下,他的留学底线一降再降,最终去了一所美国的社区大学。当他看清楚的时候,已经晚了,结果他面临的是继续读下去还是放弃学位回国的两难处境。

分析：这也是中介喜欢使用的伎俩——偷梁换柱。通过一步一步缓慢地降低标准达到了将学生送到国外的目的，满足了学生的留学愿望。但要知道，这样的留学梦并不是学生想要的，也不值得花费如此大的代价。这种得不偿失的申请显然很多留学申请者都遇到过，而留学中介也靠着将留学申请者送出国赚取了一些利益，但这对留学者来说显然是不公平的做法。

[案例 5]

　　青岛某高中的赵同学，在一所著名的留学咨询机构的帮助下，申请到了美国一流高校。然而，这却是赵同学噩梦的开始，连续的 6 门不及格使他受到严重的挫败。由于教育体系的不同，他完全适应不良，不知道是否可以继续完成学业。

分析：赵同学分数不错，有着较高的智商，在专业和英语应试中能够取得很好的成绩，但这类非常适应考试的学生通常会有高分低能的情况。赵同学不能很好地适应美国的教育环境，显示出其在留学软实力上的不足。这一点如果不是学生在美国大学亲身体验，是无法知道其重要性的。

[案例 6]

　　上海某重点中学优秀学生张某在申请留学期间将很多材料委托给中介全权处理，这家中介公司将另外一个上海中学生的文书内容略作修改，提交给张某申请的学校。结果被他所申请的两所最好的大学发现了，招生官认为他没有创意，盗用了别人的观点，算是作弊，就拒绝了他的申请。结果，他没能被顶尖高校录取。

分析：张同学也是上了中介公司的当。流水线式的文书制作方式难以避免出现雷同的情况，这种致命的低级错误将张同学的未来推上了另外一条轨道，使得原本光明的前途暗淡了很多。

从上面的案例中，我们可以看出有些中介的确很好，能够省去很多工序，但是，不能盲目把中介当做万能药，它可以辅助同学申请，但无法解决留学生所要

处理的所有问题。涉及留学申请的许多实际性的问题还需要留学申请者自己积极去探索、去解决。另外需要强调的是,无论留学机构如何宣传自己的所谓官方背景,或与美国大学有多么良好的关系,都无法证明它的实效性,因为美国优秀大学的选拔制度不在乎"官方背景",也不在乎"良好关系",否则就不能称为优秀的大学了,所以,那些保证学生可以进"前××名"的承诺完全是一种广告宣传,只是为了吸引更多的学生客源。当足够量的学生涌入,就会有一定的申请成功率,那些申请成功的同学就变成了"成功案例",而没有申请成功的学生,自然就成了光环下的牺牲品。

低分高录的传奇

传奇1:有特长,表现专业。

[案例1]

　　浙江某外语中学的李同学,学业成绩在班里排到中等偏上,GPA没有超过3.1,参加过SAT考试,考到了1 860分,托福考到了98分。虽然她读的是很好的高中,但是在学业上表现一般,而且在学校里参加社团活动也不多。

　　发展:高一时,她有一次在上海看Shakespeare,对drama(戏剧)产生兴趣;高二时她开始着手写一些剧本并参与导演,并在戏剧方面获得一些专业人士的垂爱,甚至还拿到一些小奖项。

　　结果:被5所顶尖美国文理学院录取,包括Middlebury、Pomona、Bowdoin。学校里的老师和同学都没有想到她在留学申请中获得这样的成功,她的这些业绩让同校的"学霸"们刮目相看。

传奇2:突破思维定势,取得不俗成就。

[案例2]

　　北京某重点中学的李同学,学业成绩较为一般,基本上没有什么学科获得 A,都是 B 或者 C,但是其文科相对较好。他直到高二下学期的时候才有出国的计划。李某参与了 SAT 考试,考到了 1 800 分,托福考到了 102 分。虽然他对生活和学习充满热情,但是不太会适应中国的应试环境,不善于考试。

发展：因为李同学父母都是白手起家的商人,所以他对创业有浓厚的兴趣。在导师和父母的指导与支持下,他研发出来一种新的、优化过的圆珠笔技术,并找了厂家生产,进而在市场上销售,短短一年时间居然赚取了超过 100 000 元净利润。

结果：李同学被 8 所名校录取,包括 UCLA、Trinity、Duke、NYU、Wake Forest。这些学校大多看重了他的企业家精神和敢想敢干的勇气。李同学的神话让人们看到分数并不是最为重要的。

[案例 3]

南京某高校的范同学,学业成绩并不突出,甚至可以说他很讨厌自己所学的专业。他经常利用放假的时间外出打工,做一些兼职,开拓自己的思路,但对实验室里的工作却不太喜欢。

发展：他偶然去了一次北京,感受到 PM2.5 对人身体的危害。回到南京之后,由于担忧这种空气环境问题对人正常生活和发展的困扰,因此他着手设计一种非常轻便的过滤装置,这种装置可以放在鼻腔里,叫做微小鼻腔过滤器(mini nasal filter)。他拿这个发明去申办专利,并跟日本公司谈判转让这种技术。同时,他为了深造,也将自己的这种发明随着申请材料一道寄给了美国一些高校。

结果：他很顺利被录取为哥伦比亚大学、霍普金斯大学等著名高校的研究生,并获得奖学金。他的技术发明让美国的招生官很感兴趣,尽管他的 GRE 和托福成绩都不是特别高,但却能在众多参选申请对象中脱颖而出,获得青睐。

传奇 3：在申请上狠下工夫,培养留学软实力,结果令人惊叹。

[案例 4]

南方航空公司一名业务主管陈某,申请到海外攻读 MBA。不过他英语成绩比较一般,托福考到了 90 分,GMAT 考得也不是特别理想,但这名业务主管却有着很多经验和优势,曾参与南方航空公司的转型和创新改革。

发展:在申请过程中,他突发奇想,于是在文书写作和申请材料中附加了他参与南方航空公司改革发展的历程,并对其他航空公司相关的业务做了一些对比和分析,提出自己的想法与方案。他把自己的成就和申请读 MBA 的动机联系起来,提出学习是为了更好的"让世界运动得更好"。

结果:这是典型的在申请上面下工夫的做法。在申请中,留学者详细陈述自己留学的动机和前进动力,并展示出自己强劲的硬实力和不错的可塑性以及很好的软实力。靠着留学软实力打动考官的陈某有许多值得学习的地方,机遇也垂青于他,他很快就收到沃顿、斯隆等著名商学院和管理学院的回应,并给他做了电话面试,结果顺利录取。

[案例 5]

英语成绩较为出色的张同学就读于广州一所初中,他的家长希望他能够在美国接受高等教育。他起初较为抵触,但是在父母的苦口良心劝说下,最终改变了主意,积极申请。

发展:在进入高一时,张同学就非常留意能够扩大他阅历和提升其经验的一些活动。他积极加入模拟联合国活动,并多次参加比赛,获得一些奖励。他同时参加了一些慈善社团,并为新疆、西藏地区的孤儿院在广州积极组织活动,为他们捐款捐物,同时将自己的课余时间放在了如何经营和管理这些活动中去。出色的社会活动使他的交往能力、沟通能力和组织能力大为提升。在此基础上,他承担了学校的一些课程改革,并取得一些成效。

结果:这位同学硬实力如下:SAT 为 1 850,托福为 100 分,GPA

为 3.3。Minerva、UCLA、Berkeley、Dartmouth、Northwestern 相继给他发来了 offer。

　　低分高录的传奇故事对应着就是高分低录。事实上,在我们接触过的很多杰出的学生中,有很多人学业成绩非常优秀,智商超高并且有很多专业资格优异的证明,但令人沮丧的是这些学生的思维和一些留学申请方面的心理调适没有做好,似乎特别不太在意自己的课外活动和独特的人生经历。哪怕我们提醒他们,他们也没有表现出应该有的重视。因此,在申请的过程中,他们往往不像那些分数偏低的学生那样积极,结果与成功申请错之交臂。这是非常可惜的事情。

　　从另一方面看,这些学生的失利与一些留学中介和咨询公司也有关系。留学市场较为不规范,很多咨询老师自身就是非成功留学人士,甚至没有留学经历,在这样的情况之下,问题难免层出不穷。所以,学生如果借助外力帮助申请,有一些功课需要足够重视:① 仔细甄别留学咨询公司,并调动一切资源搜寻信息,与申请学校建立起密切互动的关系。② 积极塑造和培育自己的留学软实力,重塑自身的价值观和发展理念,把自我成长放在核心主体层次,积极培养软实力中的各种竞争力和思维与实践力量,为留学申请做好充分的准备。③ 申请留学时应该充分发挥自主性,将时间计划妥当,在清晰明辨留学动机和自己生涯前景的条件下,结合自身特长认真寻找出适合自己的留学申请风格和路径,在价值观和思维上转变传统式理念,逐渐探索,取长补短。

　　虽然如此,但整体硬实力极为出色的中国学子也在挑战美国教育体制。为了更为公平、公正地考察全球优秀学子,美国招考机构多次在 TOEFL、GRE、GMAT 甚至 SAT、SSAT 等考试上进行改革。虽然美国这些改革并不是针对中国学生的,但中国学生却适应得更为出色。由此,就产生了这样一个问题:为什么要改革? 改革的目的是什么? 美国对这些考试的改革反映了什么? 这就需要深入细致的探讨和理解。

第四章　留学软实力的考核发展趋势

美国教育的发展趋势

　　美国高等教育之所以能够领先全球很多年,按照斯坦福大学教育学院教授戴维·拉伯雷的说法,靠的是"复杂结构造就的自主成长",即在目标上呈现出多元性,赞助人来自社会各个层级,经费来源多元化,治校风格也有所不同。美国高等教育出色地将本科学院(平民主义)、研究生院(精英主义)和职业学院(实用主义)的办学模式有机地结合在一起。而美国的中学则尤其复杂,宗教倾向性的、实用型的和精英型的中学混合在美国中等教育发展的土地上。复杂性成为美国教育的一大亮点,也正是复杂性多元共存的理念才使得美国教育发展呈现出对生源多样性需求,对人才多方面培养以及塑造多层次职业的特性。

　　在美国,两个人在相同的教育环境,很可能学到完全不同的知识。美国教育强调的是变与异,反对求同划一。未来的美国高等教育发展将会继续在复杂性的深度上前进,并不断开拓更多的新边疆和新思路。这一点是毋庸置疑的。美国高校享有不受到政府控制的自由,私立大学的存在使得高校竞争复杂化,而社会的进步也给高校的发展带来各种各样的变量。美国高等教育培养各式人才,科研人才、从业精英、世界公民、道德模范……美国高校的多样化的统一将人才培养提升到了极致,极大地促进人才能力的提高和发展。但如今随着全球化速度的加快,美国学校教育体系也面临诸多危机,政府的干预,教育经费的不足,社会支持的压力以及美国高校本身在安全、知识提供、教师力量等诸多层面上存在一系列问题难以及时得到改善,美国教育的世界地位面临大量的挑战。为了应对这些危机,美国高校集体行动起来,逐步走出困境。但 2008 年美国次贷危机及随后引发的金融危机造成美国教育收紧,政府在支持教育上有气无力,将教育更为迅速地推向了市场,也造就美国当今教育的新局面。

1. 公立私心,教育逐渐精英化

传统的公立大学在面临逐渐紧张的财政支持的时候将逐步走向"私立化",大量的州立大学走向市场和社会,与私立大学一同竞争有限的资源和支持。这些高校为了扩大自己的影响力和获得更大的发展,涌现出一种明显的不服从公共管理模式的行为,比如招收更多的留学生,接受更多的市场捐赠等。而私立高校和精英中学为了维持自己在市场上的优势地位,也同样做出诸多努力。而留学生这个庞大群体,逐渐成为美国高校竞相争取的资源。留学生在美国危机时代成为学校发展和学校赖以生存的重要资源之一,这使得留学申请奖学金将更为困难,留学将进入资本化时代。

2. 教育模块分散化,中高等教育的竞争者不断涌现

如今,中高等教育面临的竞争者——私营教育是世界大学难以解决的问题。这些教育机构甚至可以说教育企业以市场为核心导向,将教育资源有效整合,结合互联网和线下图书资料的多种有效模式,突破教育受众必须要进入高校才能获得一流课程、一流师资的瓶颈,将一体化的中学和大学教育分散化,形成破碎的结构。而恰恰是这种破碎的结构造成中高等教育发展的致命伤。例如美国的TED(Technology, Entertainment, Design)机构的宗旨是"用思想的力量改变世界",召集美国甚至全球众多的科学、设计、文学和音乐等领域的人物,分享他们思考和探索。美国思而文学习系统(Sylvan Learning System)位于马里兰州的教育和计算机考试服务的专业公司,提供信息技术领域和专业人员考试的认证系统。而他们提供的专业考试和认证系统,其专业化程度和技术水平远远超过一些大学的课程体系。这些竞争者撕裂了高等教育的口子,通过社会化途径和市场化途径进行社会渗透,达到了非常良好的效果。而对美国高校本科培养的通识类大学生来说,对其就业是一个严峻的挑战。

3. 新的技术手段和教育模式将会彻底颠覆高等教育的发展现实,美国高校将会迎来非常可怕的挑战——慕课(MOOC:Massive Open Online Courses)

慕课以联通主义理论和网络化学习的开放教育学为基础,是一种在线课程开发模式。它将过去发布资源、学习管理系统以及开放资源整合起来,建立起新的课程模式。它将网络开放课程与灵活的互动交流系统整合起来,将知识共享化。如今开放课程已经在部分高校得以实现,但是开放教育还需要突破课堂和

班级的瓶颈,实现大规模的知识传授和考核。这已经是对整个精英教育体系形成严峻的挑战。网络资源共享将封闭的教学分享到第四空间之中,对哈佛、耶鲁的大学传授本科生教育的昂贵课程来说不啻为一种威胁。因此,美国大学也必将面临着转型的重任。这种趋势随着教育技术的发展而逐渐普及,最终高校资源共享之后教育资源分配将呈现出越加"平等"的趋势。美国高校和中学赖以自豪的课程将会因为第四空间而失去留"学"吸引力。

4. 研究型大学逐渐向知识型大学转型

虽然哈佛、耶鲁等大学被称为研究型大学,但其驱动主要是学者的兴趣,这种兴趣驱动自发性强,却很难得到资源的全力支撑和发展。而与研究型大学不同的是,市场的细胞企业和公司却能够及时回应社会和个人的欲求,将驱动变为社会驱动或者是市场驱动。智库的诞生也是从政府一端的政策驱动来考虑的。这些驱动力不同之处在于,学校研究氛围更为浓烈,研究出来的东西更为纯粹,而企业和智库等所研究探讨的东西更为实际,也更为有针对性。目前,大学的研究型地位正在受到挑战。研究从大学中脱离出来,与市场和政府正在形成奇妙的组合。而正是这种奇妙的组合迫使大学转型,增加了知识提供者和知识传递者的角色,原本的知识生产者的地位也在逐渐下降。正是如此,知识对于大学来说具有重要的意义。只有大学才能充当知识的载体和核心机构,也只有大学才能成为文明知识的供应者。因此,大学在当代的定位也逐渐从研究型变为知识型,提供各种知识生产的技艺、手段和方法,将大学变为知识塑造和传递的场所,培养知识精英的场所。而研究的意义则由于全球化时代新资本主义的发达而逐渐变弱,甚至将成为大学的第二个功能。大学的未来竞争着力点是密切与社会相连接,将社会所需与大学所生产的知识做一些功能和领域上的对接,但又超脱于社会之上。美国大学最先触碰到这一危机,所以在国际教育改革中,也无可推卸地成为了先行者。

[案例]

Minerva 大学——一个新的尝试

美国新近成立的 Minerva 大学(全称:Minerva Schools at KGI),就是在美国高等教育中提供一种新的大学体验,立足于美国的教育资源,在美国的教育转型和发展中成为美国大学教育发展的亮点。它力图为全球最具智慧、最积极进取的学生提供一种全新的大学体验。凭借重新定义的学生群体、创造性的教学课程、严格的学术标准、顶尖的技术水准和真实的全球体验，Minerva 大学致力于向全球的未来领袖和创新者们提供非同一般的文理科教育。

　　Minerva 大学创立于 2011 年。为了管理这样一所新型的杰出的美国大学，美国联邦前财政部长、哈佛大学前校长 Lawrence Summers 主动请缨成为学校顾问长；美国民主党参议员 Bob Kerry 担任 Minerva 大学的执行主席；哈佛大学前社会科学系主任、斯坦福大学行为科学研究中心主任 Stephen Kosslyn 任创始院长，负责 Minerva 大学的课程设计与师资构建。自 2011 年开始，一批知名的专家也已陆续加入到 Minerva 大学的管理团队中来，并在学术认证、课程开发、品牌营销、招生和学生服务、业务拓展以及商业管理等各个方面贡献着自己的力量。2013 年 7 月，Minerva 大学与美国克莱蒙特大学联盟的成员之一凯克研究院(KGI)达成战略合作，并在 2014 年 9 月迎来来自全球 14 个国家的 28 名优秀学生组成的创始班。

　　Minerva 大学设置了文理学院和商学院。文理学院包括社会科学院、自然科学院、计算科学院以及人文艺术院。院长 Stephen Kosslyn 博士将执掌文理学院，每所学院的院长也都将由业界公认的杰出大师担任，他们将亲自领导并打造业内最优质的大学教育。同时，院长们还将负责其管辖学院的招生、师资培训以及课程的创建开发等工作。Minerva 大学整体的运作水平奠基在杰出的师资之上，给新的校园注入无穷的能量。

　　这所大学在招生上执行着优秀的世界精英教育计划。Minerva 入学标准高于传统的常春藤大学，不会为了招生人数而降低标准。而招生范围却不仅限于美国，而是放眼于全世界的顶尖高中毕业生。Minerva 大学严格实行无限定、无歧视的招生政策，希望能收到来自全球各地最优秀学生的入学申请，对申请者的身份地位或地域差异没有任何限定。Minerva 大学执行严格的招生标准，不仅对学生的知识面和领导才能进行考量，还对学生的分析能力、创造力和意志力给予充分重视。Minerva 大学将确保每一个符合或优于招生资格标准的申请者都能得到录取通知。

　　当然，Minerva 作为一个全新的大学，与传统意义上的大学有着显著的差异。它认识到软实力培养的重要性，在课程上也狠下工夫。首先，Minerva 大学

有一套领先的课程规划。Minerva大学的教学课程是根据人类行为动机、学习方法和记忆模式研发而成,教育理念根据最先进的教学方法论制定,以学生为中心,跟踪式教学,着重培养全球市场必备与急需的国际竞争能力,这些能力也正是目前绝大多数本科毕业生所罕有的。Kosslyn博士设计的Minerva教学课程,将有效的学习方法和重视学生未来的成就相结合。每个专业的学生也有机会修读其他不同领域教授的跨学科课程。

案例分析是这些课程中的一个重要组成部分,它能够把学习材料与现实世界和环境结合起来。课堂中没有传统的教条授课,整套课程体系的贯彻都通过一整套全球最先进的技术平台完成。学生和老师能够在这个平台上开展积极的互动,所有班级学员控制在20人以内,采用小班研讨式学习,有利于对学生个性化的关注和并激发学生积极讨论的热情,从而在最大程度上提高师生间以及学生间的交流互动。这种方式既可以充分评估每个学生的互动反应(包括课堂参与度和集体项目),通过及时的反馈大大增强学生的学习体验,还能让老师跟踪学生的学习进程,及时拾遗补缺。这种教学方法回归了精英教育的本质,与中国孔子所倡导的"因材施教"殊途同归。

Minerva大学不提供新生入门课程,教学顾问会在学生入学前布置大量自学功课。所有的入学新生都将接受四门基础课程学习,这是整个课程构建的基石。通过这个共同的知识平台,学生们将形成他们终身受用的世界观。这四门基础课程(基本上就是依照软实力的塑造和培养体系进行的)是:① 理论分析:包括严密的逻辑分析、理性思维、数据分析和正规体系;② 实证分析:训练学生运用科学方法将问题进行框架分析,对猜想进行试验和论证;③ 复杂系统分析:帮助学生了解次级效应、多因素相互作用、动态趋势和复杂性理论;④ 多元模式交流能力:包括掌握高水平阅读、写作、公开演讲、集体项目协作、沟通以及正式辩论的能力。学生们在第一学年掌握的这些基础技能,将在他们后三年的学习过程中贯穿使用。从第二年开始,学生将选择主修课程,并开始到其他国家或城市学习直到毕业,这将有助于学生进入下一阶段的职业生涯。

在生活上,Minerva也注重学生的软实力的培养和提高。Minerva大学学制保留了四年制,总共八个学期。作为课堂学习的补充,Minerva大学要求学生在四年大学生活中,去位于不同城市的校区学习和生活。所有学生入学之后会在美国旧金山学习一年大一的核心课程,从大二到大四的六个学期,Minerva大学将让他们走遍六个位于世界各大城市的校区,包括中国香港和孟买、里约热内卢、悉尼、伦敦和开普敦等,以班级为单位在每个城市学习一个学期,而不是花四年的时间在一个校区读书。每个学期,学生们都会更换所在地以最大程度地融入于不同的文化、掌握不同的语言,并充分利用不同地区丰富的课外辅导活动,同时在毕业前建立一个全球网络关系。每个 Minerva 大学的学院所在地都能提供大量独特的社会和课外活动,培养学生对多元文化的欣赏能力。在 Minerva 的这四年,学生能够获得真正意义上的环球智慧,从而成为具有真正国际化视野的全球领军人物。在学生的职业生涯方面,Minerva 能够并愿意提供终身的咨询与帮助,这也是很多知名学校没有办法免费帮助学生实现的。举例来说,在毕业生需要的时候,Minerva 能够提供从顶尖的 PR 服务到风险投资方面的一揽子帮助。

Minerva 研究院是一个非营利性机构,它致力于吸引财政资助,为 Minerva 大学的学生和从事尖端研究的教师提供学术资金支持。在执行主席 Bob Kerrey 的带领下,该研究院为需要经济援助的学生提供资助,以确保其获得 Minerva 大学独特的教育体验,同时保证教学研究能够持续进步。从各种奖学金到助学贷款,Minerva 大学将努力确保每个被录取的学生获得正常的学习机会。奖学金的金额将根据财务需要及捐助者设立的标准而定。不论学生来自哪里,来自哪个国家,Minerva 积极致力于改变目前国际学生无法通过美国国内的贷款获得资助的现状,将向每一个录取的学生提供财务资助及助学方案,使所有学生都有机会获得低息贷款,并持续地为他们提供财务援助。

Minerva 大学的尝试恰恰是美国精英意识到了当前变革的重要性,在强化学生综合素质培养的同时成立起来的学府。在大数据时代和新经济时代条件下 Minerva 就变得非常抢眼,它能够有效整合美国最佳的师资力量、吸引世界优秀精英苗子,结合美国式的实用主义＋软实力的培养与塑造,在经济资源的保证下取得最佳的业绩。美国 Minerva 的改革是美国高等教育为了适应新的环境下的进行的一种探索,也是适应当前人才竞争力变化的现实而做出一种努力。

当前美国的 SAT 改革

转型之路中的美国高校,不仅走创新的道路,成立像 Minerva 大学这般新兴

发展的高校,同时也在逐渐改革考试制度,逐渐放宽人才录取的口径。美国这些年频繁改革一些考试内容和考试制度,也是美国高校应对危机的适时反应,而SAT(Scholastic Assessment Test,美国大学入学考试)改革则成为美国众多考试改革的重中之重。

美国大学理事会(College Board)总裁大卫·科尔曼(David Coleman)先生最近批评当前的两大考试系统 SAT 和 ACT 考试,认为两者与"高中所学的功课相脱节",并开启一项根本性的改革计划,特别是对 SAT 改革,将转变 SAT 考试方式和内容,使得 SAT 成绩能够切实体现高中生学业价值和水平。按照科尔曼的说法,SAT 考试应该提供"有价值的挑战,而不是人工设置的障碍"。

SAT 如何变革呢? 按照上文提到的指导思想,将会有如下四点:首先,SAT 将会使用那些更为常用和实用的词汇,而不是一味强调使用那些陈旧的词。按照大学委员会的说法,这种变革将会使得测试变得更为实际,更容易测量出作者有效的写作能力。同时,学生不再为长期疲劳的背着晦涩难懂的单词而耗费心力,他们能在 SAT 考试中更为真切地展示自己的能力。最后一点,美国大学委员会考虑到了公平问题。因为某些晦涩难懂单词的记忆与获得能力是那些参加过培训机构和辅导班的高收入家庭学生的专利,穷人却很难获得(《普林斯顿评论》谈到以授业 SAT 考试为主的班级收费有时能达到 1700 美金)。因此,将这一部分撤销则是出于对美国学生竞争起点的尊重。科尔曼为了将"不让一个孩子掉队"做得更为彻底,强调大学理事会对每个满足收入要求的测试者提供四所大学申请费的减免。

另外,SAT 将会减少对学生论文写作要求的考察。爱好写作的学生将会被要求分析一篇文章并依此写作,即证据为基础的阅读和写作(evidence-based reading and writing)。与旧 SAT 只给了一条提示进行写作不同的是,SAT 的写作可以考察到"学生的实际读写能力"。同时,由于将过去的创造性或者批判性写作转变为这种需要立足材料才能动笔的方法,学生被测试到的能力可以更为客观地衡量。

猜错答案将会被扣分的传统将从 SAT 测验中移除。这是考试平民化的一种表现,因为猜错答案被扣分引起大多数学生的反感。这种改革让擅长考试的学生占据优势,因为它会让学生为通过考试思考创造性的思路和方法。

最后,从大体上看,SAT 重新回到总分 1 600 分的时代,阅读和数学各占

800 分,并允许电脑和纸质答题。论文写作可做选择,另外算分。这就意味着考试时间的缩短,从以前的 3 小时 45 分钟,变为现在的 3 个小时(另加 50 分钟选考作文);从以前整体强调逻辑能力,变为关注大学与工作成功密切相关的软实力,更为强调作者的理解力、判断力,学生的才华通过 SAT 考试得到进一步的展露。

　　作为杰出的甄选考试系统,SAT 长期以来成为美国高校选拔人才的重要工具,但如今它也面临诸多危机。在多元化程度颇高的美国,不像中国高考作为唯一的考试系统,SAT 还要面临着 ACT(American College Testing,美国大学入学考试)的竞争。2013 年 ACT 考试参与者达到 1 800 万,比 SAT 参加者还要多100 万。甚至 ACT 总裁艾力肯(Jon Erickson)也谈到,当前的 SAT 改革也是步ACT 的后尘。SAT 改革的目的和压力可想而知。新 SAT 的出台希求改变这种"精英考试"给许多中学生带来的反感,并尝试使考试尽量贴近美国中学生现实的学业状况。部分招生官还是蛮欣喜看到 SAT 开始启动改革日程,将其视为"考试而不是游戏"进行考虑。但对 SAT 标准化考试的改革还是收到了很多批评。大多数中学老师认为,SAT 故意显示出自己在学业甄别上具有核心重要性,这一点显然没有考虑到学生的平时成绩,而学生在中学时代的平时成绩显然比 SAT 本身更具有代表性。高校也考虑到这一点,有的甚至允许学生放弃参加SAT 考试,提交其平时成绩或者其他内容作为甄选标准,这无疑又是对 SAT 标准化考试的一大挑战。

　　从学生的角度来看,美国学生很不喜欢将唯一的 SAT 成绩作为对自己高中学业成绩的总结和反映。中学里只有 20% 的教师将大学委员会的测试作为衡量他们学生成就的公正标准。很多中学老师抱怨标准化考试 SAT 并不能展现出美国式的独特文化和思维,而更倾向于一种去美国化过于客观冷漠的考试,但这种新的 SAT 改革似乎在讨好美国中学生,因为它在增加自然科学和社会科学文章的同时,依然重视美国历史、主流文化和自由民主平等精神的展示。尽管这种比重还没有显现出来,但从 SAT 出来的样题就可以发现,SAT 考试毫无疑问将以美国为背景的文化和思维作为整个考试主要基调。社会科学和自然科学的知识可以通过努力习得,而文明背后的实质和文化却需要大量的体验和阅读式的理解才能有所体悟。

　　对于中国学生来说,SAT 的改革无疑也是一个挑战,因为它更多强调对软

实力及其载体和实质。中国学生对美国历史、文化与社会的理解的确是一个挑战,在应试思维的条件下,中国学生的文化习得是通过考试和课堂讲授获得的,在生活中难以获得对美国式文化和精神的理解。如果中国留学生参加新的SAT考试,留学软实力的培养应是重中之重。

留学软实力从白板开始——思想从零起步,精神却已起航

著名的美国教育家艾伦·布鲁姆在《美国精神的封闭》中提到,美国年轻人是在十八岁时才开始接受教育的,他们早期生活是一片精神上的空白,他们进入大学时如同一张白板,对深层自我和自我肤浅的经验以外的世界一无所知。布鲁姆夸赞欧洲年轻人在生活中、家庭环境中早已具备对哲学、科学和文化的深层感悟能力,同时也指出这种理解也让他们的思想过早固化和老成,无法如美国青年人那样充满求知欲和好胜心,对自己所要了解的未来和将要接触到的思想充满好奇。

美国教育的神奇风格在于他们的中学让他们逐渐"忘记"他们所学的内容和思想。没有经历大萧条、没有经历战争的美国人在成长的环境中舒适地长大,生活的欢愉和可预期的未来让这些中学生思考人生的目的和价值更有针对性,他们开始思考是什么让他们活着和伟大。他们的竞争不是为了取得胜利,而是为了将自己从舒适的环境中解脱出来,给自己一个很好的交待。甚至为了这个很好的交待,他们宁愿放弃那种琐屑无益的舒适。他们愿意将自己的生活放在更为严肃认真的事情上,而不是传统、家庭和经济责任本身。软实力本身也在这些杰出的中学生身上孕育着。

与美国中学生从小就活在舒适的环境相比,中国学生似乎受到更为严格的训练。他们从小就被灌输要成为家族中的成功人士,注重自己给家庭和家族带来的声誉和形象。东方学生需要更多的成功才能幸福地生活下去。生活的压力和父母交代的重要责任始终压在中国学生身上,从小学到大学,从不懂事到懂事,我们都能看到这些学生在英勇奋斗。他们的目标就是从弱变强,从不舒适变得更为舒适。

美国招生官录取的是能够呈现出"思想上的白板"的孩子,这些人思维稳定,活跃聪明,有着天生的好奇心和成熟的迹象。没有传统、社会和家庭的羁绊和奖

励,他们对自己的觉醒有着丰富的希望。他们开始发现自我,吸收新的、实验性的东西。美国人从小就感觉到"天下一家"的气势,带着超级自信认为自己可以克服一切,追求卓越至"最高境界"。美国学子身上的软实力是乐观的、积极的,也是对未来充满希望的。

土生土长的美国人,吸收各种文明的特性,已经将各种理论和思想通过社会演绎出来。而中国人则更为含蓄,在理解问题的角度上更为抽象,道德理性发展为至高境界的中国人思考问题无一不从应然的角度出发,并尝试在应然的角度上给出解决的方案。中国人解决问题的特色的思路也恰恰形成中国人独具特色的软实力。

但正如上文所说,来到美国的中国人,不管是留学还是工作,其需要培养和塑造的正是留学软实力。而留学软实力的首要条件就在于充分了解中美关系的差异,重新改变对自我、对文化,甚至对自己未来方向的把握的认识。中国学生在这些方面需要更多的指导,在多元沟通和表达上需要同美国人一样带着好奇的心思观察和改变这个世界;需要放下对道德绝对主义的思想,从相对主义的角度入手尝试解决问题,在社会实践中开发自己的特长,逐步根据自己的爱好培养出实实在在的兴趣,为着幸福生活和自由而努力。这些层面,恰恰是留学软实力和美国精神的题中之义。

如何培养出你的软实力

精英情结成为美国发展的重要旗帜。美国人没有一种让人与人区隔非常明显的道德体系和知识体系,反而有时道德与知识在美国并不能展现出很强的社会分隔的力量。美国总统前亚当斯曾经说"在人生的舞台上,只要自己的良心鼓掌了,哪怕整个世界喝倒彩都无所谓"。亚当斯在其一生中养成勤俭朴素、脚踏实地的生活理念。而杰斐逊也提到"每个人都是你的老师",将自己置于与普通人同一层级,而不因为自己的杰出成就而扬起高傲的头颅。

约翰·亚当斯教育其子昆西·亚当斯的话,至今还可以隐约折射美国软实力的实质:

儿子,为官从政这回事,总要有人去做的,不是这个人,就是那个

人。如果聪明人不干、诚实的人也不干，其他人也得干。年轻人应该好好盘算一下自己未来的计划，在任何情况下都应该坚持做一个正直的人，无论经历一生中的哪个阶段，幸福都应该建立在正直的基础上。那么他的第一条座右铭就应该是把自己的荣誉置于任何人都无法染指之处。要做到这一点，他就必须给自己定下一个规矩：永远不能依靠官职来养活自己。去做点生意，找份工作，经营一个农场或者商店什么的，到自己可以用诚实劳动来维持生计的时候，在坚持独立原则的情况下，如果有人邀请你担任公职，就可以考虑从政这条路了。我对孩子的建议就是，坚持做一个独立的人。

在美国，坚持独立、坚持自我似乎已经转化成一种精神，滋养着美国人生生不息的奋斗。从独立到进步，再到成功，似乎就是一条完整的链条。独立，在美国人眼中看似平常，实际上却包含着一个系统。这个系统包括独立的人格，有效的沟通能力和判断力，敏锐的洞察力，思维清晰，强大的学习能力和更新能力，崇高的价值观和认真精神，富有活力和创新精神，甚至具备一些人格魅力。美国人对独立的看重犹如中国人对成家立业的看重一样，被视为美国人成熟的标志。因此，一个通过自己的努力可以赚取大量零花钱和资金的小朋友在美国也可以被视为成熟的一分子被对待。在中国人，这样的牛人首先必须是成年人……

边疆情和开拓精神一直是美国人所看重的重要动力，有问题自己解决，敢于自己承担责任，不给自己的荣誉抹黑，这些都是美国人赖以坚持价值观和精神激励，推动着美国历史的轮轴不断向前进步。需要指出的是，这种开拓精神恰恰也是很多年轻人和追梦人来到美国的真正目的，他们指望在旧大陆无法实现的东西可以在新大陆得以实现。他们将美国视为机会的天堂和思想、产品的试验场，不断地通过迁移、学习、投资等进入美国，又不断地学到美国式的独立、自我和乐观。现代化的美国成为孕育世界精神的重要源头之一，将美国整个提升到世界历史的高度。约瑟夫·奈把美国历史在长期酝酿的过程中形成的软实力提升到国家层次，带着非常自豪的口吻说道：

　　不管怎样，美国的一些特色使之成为全球化的中心。美国向来都是移民之地，其文化和多种族的社会环境融合了世界各个地方的不同特色。美国自由地借鉴着各种传统,移民政策使其始终对外开放。这使得美国成为文化体验的实验室,不同传统得以重新组合和出口……思想和产品以商业的形式自由地流出流入美国。

美国经济、美国社会、美国文化提供试验场,将世界各种传统、各种文化和诸般思想培育在这里的温室内,得到自主性的发展。正是因为自由的保证,美国人的软实力才如此纷繁多样,以至于很难总结出一个模式。美国的多元软实力加之信奉科学的态度和传统使得美国学生在高校竞争上占据优势,他们能够通过申请充分展现出自己的自立、批判性精神、才华和思想。虽然还没得到充分开发,他们的精神却已经被大学老师所熟识、所热爱。也正是因为美国教授也深刻体味美国精神的核心与内涵,才使得美国高校对学生的软实力更为看重。

的确,美国建立之初在全球看来也是一个欠发达的荒蛮之地,经过边疆的开拓,经过辛劳的国家发展和工业化,经过非常努力的政治建设和社会风尚传递,经过进步主义和变革思想的浸淫,在两次战争的洗礼中美国终于变成了一个超级大国,并得到世界的尊重和仰慕。美国的成功简直就是"穷小子闯进华尔街,最终名扬天下"的国家版。在美国世界第一的思维熏陶下,许多美国年轻人超级自信,肯于拼搏和钻研,从不言放弃,一步一步地走入人生的高峰。

代表美国精神的当然不只是美国精英阶层。在美国社会,我们可以看到所有的文化、思想和生活都可能具有生命力,都具有向上的力量。美国黑人马丁·路德·金的《我有一个梦想》感染了许多前进的少年,《阿甘正传》中的智力缺乏人士阿甘也振奋了许多奔跑者,家中贫穷却志气不堕的克林顿总统是大众的偶像,自欧洲移民美国的基辛格博士更是许多学者崇拜的化身,甚至就连《纸牌屋》中的凯文·史派西(Kevin Spacey)也获得很多鲜花和掌声。美国社会的多元化成功理念将人从单一的渠道中解放出来,从金字塔式的社会层级的划分中出离出来,并随着美国历史的发展而逐渐涌现出新的闪光点和亮点。

当今的时代是知识经济和互联网时代,美国正处在从后工业化经济到知识经济转型的十字路口,对知识、科技和技术的重视程度远远高于世界其他国家。这个时代涌现出许多以互联网经济为主要对象的杰出人才。比尔·盖茨、扎克伯格、乔布斯、李开复等都是在美国互联网经济中迅猛直上,成为美国梦的翘楚。美国进步的滚滚车轮将美国机会平等和社会公正的思想到处发挥,成为新的美

国梦实现的典型。

从美式精英的奋斗拼搏中我们可以看出一些共性的东西,即他们都将自身的软实力与硬实力转化为一种利人利他的正能量。美国精英身上具备的这些品质则是美国文明赖以自豪也是他们自己视为最为珍贵的东西。而这些东西,恰恰是长期重农抑商传统下中国学子所需要学习和培养的。

如何去正确理解软实力的作用?首先,它绝对不是一种成功学的观念塑造和发展,而是一种精神内核与先进技能巧妙展现的最佳组合。美国精英家庭教育中培养出来的人的各种品格在整个人生历程中随着机遇和困难不断历练,他可以被失败,但拥有着丰富的软实力资源的精神越战越勇。正是这种精神力量和不断学习磨炼出的实践精神促使美国人在未来的征途中能够取得优势,发挥更多的创新精神而获得成功。

如果说美国的软实力对美国人的成功很重要,那么中国人的软实力在哪里呢?勤奋的中国人的软实力在美国有效果吗?

缺失留学软实力的中国学生——困难且伟大的前行

中国学生留学到美国,多数情况下面临比美国本土学生更大的困难。首先,他们在美国遇到的第一个问题就是生存问题。出国的学生除非获得奖学金能够解决自己的学习和生活的费用问题,大多数都需要自己支付不菲的学费和生活费。

但另一个极端也存在,即拿着父母给的钱,在消费上没有节制。他们起初学业还能尽力,但随着压力的增大,有的逐渐开始放下心中的担子,与不思进取的纨绔同学混在一起,过着吃喝玩乐的生活,对父母的建议和教导置之不理。这就是我们所说的典型的"留学牺牲品"。

其次,我们会经常看到前往美国留学的中国学生,虽然 SAT、托福和 GRE 等的成绩不错,但在实际生活中却很难正常发挥出其应有的英文水平。这些同学在语言上存在障碍,因此很喜欢与自己文化相近的中国留学生聚在一起。但这不仅不能培养中国学生适应外界的能力,也会影响到他们的思维和软实力的提高和改进。因为这些经常聚在一起的中国留学生在吸收美国精神上会有着莫名的障碍和拦阻,在很多问题上,他们也很难突破中国人的思维局限,从美式角度思考问题。这种留学方式无疑只是将家从国内搬到国外，而在精神上和价值上没有做到任何改变。

最终，我们会经常看到中国学生在战胜困难方面或者说是适应美国生活方面有着非常大的困难。有些人在生活常识上准备不充分，连最基本的生活自理都很难解决。中国学生到美国后只能靠着自己的努力去解决一些问题，但我们看到很多人却难以应对一些生活上的挑战，很容易会做一些傻事情。有些人在面对一些问题时却不知所措，还没有做好应对挑战的能力。这些情况累加起来，最终会对学生自信的培养构成很大的影响，也会对学生的软实力的塑造形成巨大的障碍。

由此可见，留学并不仅仅是一种选择，也是一种重新本土化的过程。它牵涉的因素更多，包括语言、生活、朋友、感情甚至是家庭方面的因素。如果学生没有办法把握这些内容，很容易会在出国留学的早期就遇到巨大的危机，这些危机或多或少的会影响到学生的留学生涯和其健康成长。因此，留学软实力的构建对学生来说至关重要。留学软实力的发展和开拓将促进学生不仅对留学本身在理念上有一个深层次的了解，更是在其他方面做到充分的准备，为未来的留学竞争做好充分的观念和实践上的准备。这些准备随着留学者软实力的增长和发展会越来越好，最终帮助留学申请者在异乡获得出众的成功。

塑造和培养留学软实力，是留学生未来发展最重要的工程。纵观美国经济形势，仅仅拥有硬实力的留学生甚至很难获得一份像样的工作。自 2008 年金融大危机之后，美国处在缓慢的恢复之中，而经济格局也在发生重要的变化。许多毕业生希求通过有一个很好的学位来获得高薪和安稳的生活，但这几年他们在就业中发现自己从事的工作根本就不需要如此高的学位，甚至连高中学位都不需要。而且这些毕业生获得的低收入甚至都没有办法偿还助学贷款。根据美国劳工部的数据显示，2010 年美国只有 48％的毕业生处于就业状态，其中包括 500 万学生从事连高中学历都不需要的工作。11％的工作岗位只需要中学学历而不需要大学学历的工作，37％的工作岗位不需要中学学历。很多美国高校毕业生在剩下的 52％的工作岗位中竞争，有些人甚至难以在规定日期偿还助学贷款。他们通常思考这样一个问题，"如果我 18 岁开始工作而不是去读书，我一定会做得更好，因为我不会负债而且我会赚取更多的钱"。国家经济形势的恶劣使得整体美国毕业生很难在短期内得到一份像样的工作，他们读书负债是为了获

得更好的就业机会和岗位,但却被异化成为由于没有工作经验和能力,没有平台和资源,只能从事一些较为低端的工作。学历异化成学生成长和成就的绊脚石,教育与社会的关系的改变促使学生在思考学习到的课程和学术的价值和意义。

一份麦肯锡的报告给出的数据更加令人吃惊:有1/3的美国大学毕业生认为学院并没有为他们的工作提供好出路和机会。美国学生未来工作的关键靠的是什么?仍然是软实力,而中国留学生在美国成功的关键也是留学软实力。软实力对美国学生的就业来说已经渗入到非常深入的地步。软实力提供的专业素养、判断力和洞察力以及建立和维系社交圈子的能力,已经促使学生的思维和实践较之前的学生发生巨变。学生不再仅仅为了学位和学分而努力不已,而是为了一份高平台的实习、一份有价值的学术项目、一份有影响力的学术兼职奉献出自己的力量。软实力将学生的思维开拓出来,再次体现了美国人的边疆精神和开拓理念,将进取心和奋进动力与死板的分数脱钩,与鲜活的社会实践联系在一起。正是因为软实力的存在,学生才能顺利在大学毕业后得到一份薪酬有竞争力的工作。根据乔治城大学的研究,许多新兴的工作领域特别是服务业需要软实力丰厚的大学毕业生。

对于留学生来说,这些内容并不令人振奋。美国就业困境与中国当前的就业困境是如此相似,以至于毕业生很难保证在未来的发展中能够获得足够的机会和平台。中国留学生的发展更是令人担忧。大多数中国留学生学习的专业以理工类为主,社会科学为辅,而且学历呈现日益高端化、顶层化的趋势,硕士和博士的求学者居多。这些学生毕业之后在找工作的过程中会发现用工量小,工作提供机会少,甚至在薪酬上也不甚满意。有些留美毕业生在寻找工作过程中陷入困境,就转而回到中国寻求发展。但是当他们回到中国之后,发现这里的竞争压力竟然更大。留学生们很容易陷入"习得性无助"的困境,并严重影响到他们能力的发挥和层次的提高。

中国留学生在面临这样一个国际经济政治大环境下,能够作出的选择是有限的,但是他们却能够改变其命运的宽度。而留学软实力对中国留学生来说恰恰是符合了时代的需求。在有年限的学业生涯中通过各种思维、精神甚至是实践的改变,提升自身的竞争力。留学软实力是唯一让中国留学生能够与美国人站在同一起跑线上的实力素养,也是能够将每个学生的潜力得到充分发挥的重要特质。在亚裔普遍遭到歧视的美国社会,软实力能够得到顺利培育并在学业和工作中加以发挥就显得非常重要。

但这就意味着留学申请者在留学之前就深刻认识到留学软实力的重要性,并在塑造和培养留学软实力中下足工夫。事实上,很少有中国学生在面对系统复杂的留学浪潮而理性直面探索留学软实力的。作为一种综合的素质和资源,软实力的培养不仅需要留学申请者不断的坚持和努力,更需要价值观、思想和创新的实践精神。这就表明留学软实力的培养需要深层次的学习和支持,因此,中国留学者不仅应该体会到留学软实力的重要性,也应该明确这些技能需要持续有效的训练才能发挥功效,才能形成习惯深入到骨髓之中,才能形成崇高的精神和奋争的力量,才能在风云变幻的时代中勇敢前行。

第三部分
留学软实力及其培养

第一章　留学软实力之预备篇

引子

经济学家以及政治哲学家之思想，其力量之大，往往出乎常人意料。事实上统治世界者，就只是这些思想而已。许多实行者自以为不受任何学理之影响，却往往当了某个已故经济学家之奴隶。狂人执政，自以为得天启示，实则其狂想之来，乃得自若干年以前的某个学人。我很确信，既得利益之势力，未免被人过分夸大，实在远不如思想之逐渐侵蚀力之大。这当然不是在即刻，而是在经过一段时间以后；理由是，在经济学以及政治哲学这方面，一个人到了 25 岁或 30 岁以后，很少再会接受新说，故公务

图 23　凯恩斯

员、政客，甚至鼓动家应用于当前时局之种种理论往往不是最近的。然而早些晚些，不论是好是坏，危险的倒不是既得利益，而是思想。

——凯恩斯

我们不是为了给人们造福才投身于社会政治的。……昨晚瑙曼牧师的演讲反映了一种对人类幸福的无限向往，我相信我们所有人都会为之感动。但是，我们的悲观主义态度却会使我们——尤其使我——得出一个在我看来无比重要的观点。我相信，我们必须放弃通过社会

图 24　马克思·韦伯

立法去创造一种实际的幸福感的想法。我们想要的是另外的东西,我们也只能想要另外的东西。我们希望培育并保持在我们看来使人具有价值的东西:他的个人责任,他对崇高事物、对人类的思想与道德价值的基本追求,即使这种追求以最原始的形式出现在我们面前。只要我们力所能及,我们希望安排一些外在条件,它们的目的不是为了人们的幸福,而是为了在面对无可逃避的生存斗争的痛苦时能够保持我们想让民族屹立不坠所需要的那些身心品质。

——马克思·韦伯

随着当前美国高等教育改革时代的到来,预示着留学软实力即将以更加重要的地位走向世界竞争舞台,也意味着中国教育必将随着世界留学市场的潮流发生重大变革。

之所以自 2014 年开始,定义为"留学新时代",不仅是因为 SAT 考试评分标准的变革,而是因为时代的浪潮将更新现今的留学观念,从学生留学软实力的培养入手,培育学生的价值观、思维和实践,改变留学生宿命,变"要留学"为"会留学"、"留好学"。

任何观念的更新必将引起重大的社会、经济情势的变革。当今留学市场上对留学观念和留学案例的研究各自为政,极其分散,造成留学发展依然处于大规模、低水平和多重复的状态。而留学软实力作为留学咨询领域一次理论革新,不仅将改变留学市场的多家分立的局面,也将推动留学领域激烈竞争时代的到来,而大浪淘沙之后的留学市场也将更为规范、更为高效。

本部分将分成三个主题阶段性展开。第一层次将从个人而不是时代或是国家的角度,阐述留学软实力对个人核心竞争力的提升和影响力的扩大的重要作用,并以丰富案例来论证留学软实力的作用与价值。其次,文章深入到留学软实力的核心概念体系,从留学软实力构成诸要素和可供培养的核心要素与价值深

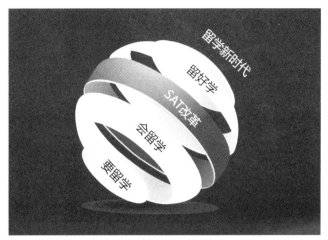

图 25

入探讨如何将留学软实力作为一种教育培训方式改变学生的发展的诸个层次。最后,给出留学软实力简单的评价体系和标准,在未来留学软实力的测量方面做一些介绍性的说明。

留学软实力的培养路径

　　留学软实力是一种科学与艺术结合的过程。它拥有目标导向,将留学选择放在首位,以建构主义和互动论为蓝本,通过不断提升留学申请者的境界而增加他的影响力和竞争优势,使他能够在一个复杂的环境中适应下来并优秀地完成自己的任务,获得生命成长和多元化成功。留学软实力既不像古代的屠龙术,学完之后因无处杀龙而流于玄理空谈,又不是如工厂中大规模生产出来的流水线作品。它犹如在精工作坊中被锻造、淬火和磨炼,能够适应万般抗击和敲打,不断焕发青春力量,并随着岁月的磨砺成为伴随学生一生成长的利器。

　　留学软实力对于留学咨询领域犹如《君主论》之于文艺复兴时代,《社会契约论》之于启蒙时代,康德之于 19 世纪、20 世纪之维特根斯坦,在理念上给留学咨询领域带来重大变革。它探讨的是留学申请者感觉最为深奥又需要直接面对的留学申请和留学本身,思考的不仅是一种地理上的位移,而是一种成长。留学软实力突出文化、环境、心理和价值观等要素在留学中的重要作用,并提出一套科

学综合有效的留学软实力的养成路径,学生在学习留学软实力的观念、思维和理论并不断的实践中将潜力充分挖掘和释放,在与留学对象集不断互动中提升自己,在留学申请中获得自己的成就感和位置,在留学中不断深化对软实力培养和发展的自我领悟,自如运用留学软实力达到成功。

留学软实力以很多学子的成功案例为基础,却又不拘泥于这些案例。它将整个时代精神、创新思维和留学成功价值观以及生命成长系统有机地成就在一起,围绕着学生的各项能力而构建出一种核心的软实力。它通过理论和实践的培训将自然的留学软实力转化为短时间内可以通过培训而获得的思维和理念,通过诸种方式提升留学申请者对自身、环境和留学对象集的理解,并在此基础上通过留学者与其互动获得提升。

留学软实力培训:从潜能到现实

每个人都是独特的,他在成长中有着独特的家庭环境、生长环境和生命体验。由于经验和既定的人生道路局限性,很多人塑造自身软实力的结果各异,软实力在每个人身上的表现程度和潜能也各有不同。但可以肯定的是,虽然软实力在传统的应试教育中难以被测量,但其在个人发展中的重要性毋庸置疑。尤其是对于那些已经出国,希望改变自身命运和发展的人来说,对留学软实力的渴求更为深刻,因为,在国外的环境中,留学软实力可以将个人适应新的环境和新的挑战的潜能发挥到最大化,是不争的事实。

留学软实力的培训需要综合考虑潜能和现实双重因素。早在古希腊时代,亚里士多德就考虑过人之实质是混合了潜能和现实的混合人,人都希望将潜能转为现实。而留学软实力则是为种子转变成参天大树提供现实的可能性。不过与硬实力不同的是,留学软实力更为注重潜能的发展和释放,将留学申请者的潜能与现实相契合,达到最大的发挥。

如何通过留学软实力开发留学申请者的潜能?解答这一问题首先要理解人的潜能。潜能是一种潜在的能量,是人的能量未被发掘之前的一种潜藏状态。潜能是一切生物的特性,却不容易观察。人的潜能是与生俱来的,通过肉眼和个人感悟只能理解到人的潜能的一部分。潜能只有通过开发和引导才能变成现实。如今在很多国家,潜能开发已经成为智能开发和心灵成长的重要组成部分,中国国家人力资源和社会保障部也通过了"潜能咨询师"认证。但可惜的是,中国市场和社会对人的潜能开发的方向性不强,眼球只关注那些天赋异禀、表现突出的天才学生,却没有看到大多数人在特定领域都具有突出的禀赋。潜能事实上不仅可以开发,而且通过一系列的方式能够引导潜能拥有者在特定领域表现出突出的能力和才干。留学软实力的提出告别了留学申请者潜能开发的难题,它通过目标导向和循序建构,在留学申请者对自我进行内省的同时,感知到其内在的潜能和力量。培训师能够通过留学软实力的一系列价值观、理念和思维的培训,开发留学申请者在留学软实力上的突出能力,并培养出以留学为过程导向,以个人成长为结构性特征的杰出留学人才。

留学软实力培训非常注重潜能检测、从潜能到现实过渡以及现实发展三个方面的塑造。在潜能检测阶段,培训师需要对留学申请者的潜能进行识别和探测,从个人真切的现实角度提出引爆留学软实力的重要路径和方法,在鼓励学生塑造留学软实力的同时,将软实力内化成为可供思考和参详的一套标准,并硬化这些标准,促进潜能的努力转换成为现实。潜能检测阶段突出表现为注重从软实力的角度思考留学申请者的留学倾向性和发展的特质,并对留学申请者未来可能的前景做一些分析和探讨,设定留学申请者自我软实力培养计划,并通过环境和外部因素激发留学申请者的潜能。第二步,则是从潜能到现实的过渡过程,即通过全面系统科学的留学软实力培训,运用理论和一系列的要素培育及心灵养成将留学者的软实力潜能逐步激发出来,并在学习和实践中有意识地去塑造、锻炼和发挥自己的软实力,形成自身的核心竞争力和影响力,进而影响学生对留学的自我感知。在这种感知的基础之上,留学申请者能够对未来的把控有强烈的方向感,能够自觉运用留学软实力在语言学习、留学申请和文书写作中,并在一系列的经历中提升自己的能力。第三步,则是现实发展阶段,即留学申请者对留学软实力有了相当程度的了解,能够自觉熟练运用软实力解决自己在留学过程中遇到的一系列难题,将软实力价值观、思维和实践渗入生活中,学以致用,用以促学。

留学软实力的认识与发掘:从优秀到出众

申请留学是留学的起点吗?从所谓留学指导的"技术层面"上说,是的。因为申请出国读书是留学重要的一环,关系到留学的质量和未来发展的成败。但

留学这个浩大的工程从一开始就不是从申请开始的。在第一部分,我们已经指出,留学软实力是在留学申请者对留学对象集一种积极主动的行为,是留学申请者思维开始逐步从"要留学"转变为"会留学"、"留好学"的过程。留学软实力也在这个时候被激活,其潜能也在逐步转变为现实。留学申请者也逐渐地拨开留学神秘的面纱,逐步涉入留学过程中去,并开始努力转变自我的方向,逐步适应留学申请的节奏和过程。

一旦家长和学生具备留学软实力的意识,就已经预示着留学的过程将与众不同。留学的开始并不是申请的起点,而是一整套对自身、环境、家庭和社会等各个方面的评估。在评估分析各种有利和不利条件的基础之上,留学申请者逐步了解到留学软实力相较于硬实力而言更具有实用性和技巧性,也更有可能提高,从而花费资源进行投入。因此,从留学软实力的概念体系中看,留学的时间起点是在问"我为什么要留学"时就已经确定了,留学申请只是在其中的某一环节而已。

为什么说留学软实力的意识非常重要且很关键呢?原因在于留学软实力的意识会给你一条较为理性的分析框架和路径,换句话说能够帮助你更好地"知己知彼"。大凡留学申请者都有这种体会,似乎那些成功留学的人身上有很多可供学习的成功经验与案例,因此只要研究和思考这些案例的成功价值和意义就能够获得留学的真谛。这种想法是不全面的。首先,留学是一套个人系统发展的过程,仅仅依据些许经验是很难保证留学道路成功走远的。留学者在仔细探究留学的动机和目的之后,利用留学软实力思维衡量留学目的、意义与价值,通过语言学习、人际交往、文书写作、作品展示等多方面多角度展现出自己能力和价值。

此外,需要说明的是,留学软实力并不否认留学硬实力的重要性,只是在留学申请者申请对象集的同时,需要考虑留学软实力与硬实力的结合,逐步在留学申请者内心构建出一套强大的组合力量,最终实现与达成留学目标。与留学硬实力相比,留学申请者一开始认识到的留学软实力具有更强的弹性。它不仅能够与硬实力一样逐步增长,也能够快速且有效地激发留学申请者的潜能,使其展现出与一般留学者完全不同的心理素质和精神气质。

当留学软实力逐步在留学申请者内心苏醒之后,将逐步改变学生对留学的认知,从系统的角度逐步构建对留学过程的成长路径,并时刻感知自己的方向和发展进度,逐步体会留学对象集的需求,在沉着稳健中提升自我。留学软实力将会在潜意识中塑造出一个可以触及到的"超我"和一个不是特别不可控的"本我",使得"自我"在留学压力中潜能可得到逐步释放,精神也会随之变得更为怡然和宁静。总之,留学软实力的塑造和养成能够促使留学申请者的精神、思维、心理和硬实力准备上发生质的变化,可谓"从优秀到出众"。

留学软实力的深化:从适应到拔尖

分析留学申请者培养和塑造留学软实力的发展轨迹,那么认识和深化对留学软实力的理解则是做好了第一步。做好第一步是为了第二步走得更好而准备的,留学申请者在这一阶段将会面临到真正的困难,即留学对象集的多重考验。这里往往被认为是留学申请工作的核心,很多留学申请者也认为此阶段至关重要,稍不留心就会功亏一篑。

的确,从结果回顾,留学申请的确是至关重要的一环,但在留学准备中,这真的并不是最重要的一环。留学申请的目的很简单,就是在展示自我实力的同时,努力调试自己的努力的方向以更好地适应留学对象集的需要。但是它却涉及到非常复杂的步骤,包括语言学习、文书写作以及 GPA 的冲刺,有的还需要参加托福、雅思考试、SAT 考试,甚至有些前往国外深造的学生还需要获得更多的工作经验以及更优秀的履历。

正是因为留学申请是向留学对象集展示自身实力的一种行动,留学软实力对留学申请者来说就异常重要。如果说第一阶段是认识到自身的潜力,并努力挖掘与留学需求相适应的过程,那么这一阶段就是从与留学相适应再细化到与留学对象集相适应的过程。在这里,留学申请者就更加需要仔细小心地培育和塑造自己的留学软实力,在软性竞争力上不处于劣势。第一部分提到的专业力,即培养自身专业素质以更好满足留学对象集对人才的需求;申请力,即在有效整合学校和社会资源,更好地为留学申请服务;互动力,与留学对象集互动,显示出自己与众不同的国际竞争力。在留学申请中,这些留学软实力会随着留学申请者自身精神力量的提高、素质提升以及个人性格的稳定和成熟而逐渐加强其作用。一个优秀的拥有留学软实力的学生可以游刃有余地使用和调动资源,能够在关键材料和面试中回答出令招生官印象深刻的答案,满足留学对象集对留学

者的能力的想象和需要。

而这些结果的实现在当前看来并不容易。如果留学软实力没有将潜能有效开发出来,留学本身就是一件极其痛苦的事情。留学申请者需要的是衔接好第一步和第二步的关系,在集中有效的培训中深化对留学软实力在留学申请中的作用和功能认识,并能够自觉用它解决一些具体问题。如果这一步骤能够处理得好,那么留学申请者能够很快地将潜能转化为现实,能够迅速转变自身的学习理念,适应新的挑战,变得更为拔尖。

留学软实力继续前行:从菜鸟到精英

许多留学申请者到了申请成功这一步,有些人甚至认为自己的人生已经走上了巅峰。也有一些同学因为在申请中遇到了诸多困难,在艰苦的条件下完成了申请工作,还有一些是被动地进入到留学生涯之中。不管如何,这些人都已经离开中国,前往彼岸寻找梦想。留学在这里才刚刚开始。

留学的生涯大体可以为两个部分:一部分是留学生活,另一部分就是求学和求职生活。在这两部分的适应和机会中,同学们会逐步发现,在一个异国文化的环境中发现自我、寻找自我和超越自我,不是只靠"好好学习"就能实现的。

由于中美教育理念的不同,中国学生在美国学习要面临更大的挑战,包括语言挑战、学术挑战和创新挑战。语言天赋再高明的学生首先都得要将自己的语言频率调整到与国外的语言频率一致,这需要相当长一段时间的坚持。有很多学生常常因为语言学习没有信心而放弃了本土化的过程,这是非常可惜的。另外,西方的学术理念和教育与中国有很大的不同。中国的教育模式属于外紧内宽型,即在录取时候非常考虑你的硬实力和综合素质,特别是高考分数;但在录取之后,只要在学校里没有什么违纪违法的事情,学业上稍微认真一些都能够毕业。而西方明显的属于外宽内紧型,在招生时候可以适当放低硬实力的标准,在分数上并不卡死,但是,进去之后你感觉就像在爬高山一样,一山还望一山高。在纷繁的学业竞赛中,每次课程每次作业都是一个不小的挑战。能否与指导自己的教授进行良好的沟通,能否与自己的同辈进行探索性学习,能否自主地理解课程上的内容,对留学生的学业成功来说都非常重要。学术力、沟通力和创新力都是学生成长和健康发展的重要留学软实力。在留学的大背景下,留学生要处理好实习和学业的平衡,经济收支的平衡,感情与生活的平衡,以及原则与梦想的平衡等。这些平衡需要学生根据当时的条件变化及时地调适,让自己的生活尽量保持在最佳的状态,用以保障更新学习理念,提高学术能力,熟悉异国的文化与考试规则,以求在留学生涯中获得最为充分的发展。

留学软实力的综合运用不仅体现在求学阶段,并且可以促进留学生从"实习生"向"职场人"转变,也就是从"菜鸟"转变为"精英"。

第二章　留学软实力之竞争篇

留学软实力与未来竞争

留学软实力在未来竞争中到底起到一个什么样的作用？

首先，作为留学者必备的能力素质，从学生思考"我应该留学"开始，通过培训和塑造逐步唤醒内心的潜能，在留学申请过程和留学中以及求职中不断地积蓄力量，持续发挥作用。留学软实力将留学过程一体化看待，在留学前、留学中和留学后都起到不可或缺的作用。将留学软实力与未来竞争相联系，拓宽了留学者的心理空间和对未来预期的价值。

留学软实力不仅在功能上可以提升留学硬实力，且将各种心理和精神力量综合在一起提出，有助于应对当前社会竞争的需要。上一部分已经提到过，在知识经济和大数据时代，硬实力的功能与效应在逐步递减，而学生的多元性发展特征将会在竞争中起到更为决定性的作用。留学软实力为学生提供一套概念体系和价值观规范，为学生留学的健康成长和发展设定一系列科学步骤，让学生能够在逐步开放的心理空间中展示自己，发挥自己的力量，并不断拓展自己的思维方式和逻辑力量，在留学中坚定意志，在留学中磨炼能力，在留学中获得成就感，并运用这些精神气质配合留学硬实力在未来的求职中获得一席之地。留学软实力非常适合多元化的学生成长逻辑，它配合全球化的需要，将我们的整个生命成长模式从顺承变为倒置，即在知道什么可以改变自己、影响自己之后，有意识地运用和培养这些力量，获得足够的发展空间和资源，这样其才华就能得到逐步的施展和释放。可以说，留学软实力是应对留学硬实力竞争效应递减以及"高分低能"的秘密武器。

未来社会竞争将会围绕高素质、高忠诚感和责任感以及高敬业、高潜力等人才需求竞争而展开,获取拥有高心理素质和高精神追求价值的人才往往是企业取胜的目标。而拥有留学软实力的学生很早就明确留学软实力中的价值和意义,也能够在不断塑造和培养自己的留学软实力中提升自己的精神和心理素质。这些不可见的宝贵财富随着学生留学中的专业素养和硬实力的逐步提升而日益敏锐丰富。蕴藏在心中的丰富的留学软实力资源通过举手投足就能够得到迅速的展现,在价值观、精神、思维和行为上,留学者们自然流露出国际化竞争能力。

如今随着留学小时代和大众化留学时代的到来,留学已经成为我们众多选择中的一个。留学能否带来预期效用,能否真正改善我们的生活方式和发展方向,是每一个人的问题。如果仅仅将留学视为"逍遥游",其价值不大,也很难彻底改变一个人的生活。但如果将留学视为个人成长的一项人生工程,将留学软实力和各种硬实力的提高作为自身发展的标志,那么留学就会有极大的意义。留学软实力从理论的角度说明了留学的本质和价值,为未来的留学者指明了方向,为留学生涯的开展和进行提供非常实用且有价值的标准。

1. 留学软实力与人格魅力

留学对人的改变不仅在于学业上的增长,而且从价值观和精神上改变自己。留学价值观是将留学动机和留学动力结合在一起,形成一套更为完善的精神性系统。它强调的是留学者自身的精神信念、心理素质以及围绕着留学而形成的洞察力和判断力。它将留学的自信、热情和执著到底的精神贯穿在一起,形成独特的留学价值观。这套价值观的养成,可以促使学生自动自发地完成各项留学目标,并且升华到更高的层面,立大志,留大学。

带着如此价值观进行出国留学的学生,在心理层面上会有着充足的自信,在努力的过程中会表现出坚韧不拔的精神,在理解事物运行道理上会有很强的钻研欲和求知欲。这类人格的养成可以塑造出独特的魅力,会形成充分的影响力,也会培育伟大的精神,吸引更多社会资源的支持。

2. 权威性、修养和人际网络

权威性来自对专业孜孜不倦的追求,来自对专业的热爱和深刻感知。留学软实力与硬实力的紧密结合促进学生在专业精神上不断努力,获取成就。因此权威性是留学软实力培养出来另一个核心精神气质。此外,学生在丰富的学习和实践中感受到真理、知识和信念等伟大力量,在一系列的学习和实践过程中会

111

一步步树立起自己的责任心。而这些力量将会逐步提升他们的修养和情操，并进而提升他们在生活中待人接物的态度与行为。正因为这种不断循序渐进的留学软实力的培训和自我修炼，使得留学申请者在生活中和学业上很快提升自己的修养，最终培养出较为完备的处事方式和较为真诚的待人方法。这一系列的改善逐步使留学申请者的面貌焕然一新，在此基础之上留学软实力的培训将学生各种潜能发挥出来，通过潜能开发培养出自己较为出众的特性和良好沟通的性格。这种利他的性格、阳光的个性、认真专注的敬业精神将会赢得很多人际网络的青睐，迅速打破在留学生活中异域人生的尴尬局面，在短期内结识良师益友，并在这些圈子里赢得更多的信息和资源。

3. 留学软实力与表现力

如果说硬实力是透过冷冰冰的分数传递重要信号，那么留学软实力对留学生来说却有着不同的意蕴。如何去理解这种表现力？最为重要的表现形式就是留学者所提供的作品。留学申请提供的作品是留学硬实力和留学软实力的有机体现，是展现留学价值的重要载体。作品的范围很广且多种多样，包括有创意的公益活动，扎根基层的爱心教育，体贴有力的社会募捐，科学有力的创新发明，甚至有活力的组织、有前景的企业、有价值的软件都可以成为作品的一员。作品成为沟通留学对象集和企业与留学申请者的媒介。通过这些作品的展示和表达，留学软实力能够得到非常有创意性的发挥和提升，也促进了留学者的内心积极暗示和心理自我超越的实现。

由此可见，留学软实力为留学者提供丰富的精神力量和资源储备，更为重要的是它无时无刻不在提升和暗示留学者不要放松自我，提升硬实力水平。留学硬实力在留学软实力的帮助下不仅能够被充分发展，而且会展现出完全不同的多样化的色彩。正是这种留学软实力的认知、深化和创造性的运用，留学者才能一步一步地掌握留学的规律和实质，在生命的成长中逐步领略到自我的使命和未来的发展方向，形成专业思维和高尚的价值观，成为真正的国际精英。留学软实力也会随着学生认识的逐步加深而渗透到血液中去，随着年龄的增大和阅历的增加而逐步增添新的内容，呈现出新的色彩。留学软实力代表着未来的多元成功的方向，也引导个人潜能爆发到一定的范围和水平。留学软实力，是国际社会竞争有所成就的重要象征和指标。

留学软实力的要素

留学软实力的培训涉及非常广泛的内容,从精神到心理,从思维到分析,从实践到创新力等。同时,留学软实力的养成又有着循序渐进的步骤,它的培训绝不能一蹴而就,而是靠着引导和潜能开发将留学者内心的力量激发出来,在培训中掌握一些常规的思维和理论的同时,获得一些新的领悟和体验。留学者根据这些体验和领悟就能够获得一种从未有过的崇高感和责任心,并在各个层次上开始逐渐要求和改变自己。留学软实力将互动放在至关重要的位置,与留学对象集的互动,与生活互动,与自我互动,与社会互动,在互动中发挥自己的影响力和创造力,在实践中不断进取,获得新的自我认同。留学软实力的培训目标在于为那些出国留学的学生们提供更为切实的精神力量、思维体系和理论框架,促进学生认识到留学软实力的重要性,配合留学者硬实力的提升而逐步加强和深化对留学软实力的理解,逐步提升留学申请者的能力和竞争力。留学软实力涵盖以下的要素。

1. 语言

对出国留学的学生来说,语言是他们需要克服的第一障碍,可能也是最为困难的障碍。语言的复杂性决定了大多数留学者需要将大量精力放在其上,但有时却收效甚微。语言的目标是为了正常与留学对象集交流、沟通和互动。中国社会对第一国际语言英语的教学已经有相当多的经验,许多学生从很小就开始学习英语,但在长期的语言学习中难以得到切实的提高。中学生群体对英语的语法和单词记忆颇多,但如果要前往留学对象国进行深造,对语言的要求更高,许多学生常常因为无法熟练运用语言进行交流互动而感到措手不及。语言学习不仅是衡量留学硬实力的重要标准,也是留学软实力发展的重要载体与工具。如果说,留学硬实力更为侧重学生的单词量、阅读能力和应试能力,那么留学软实力则更为关注以下几个方面:

(1)文化体悟力。通过大量阅读和有效的沟通建立起对文化差异的认知能力。这种认知能力带有创造性的视角,从语言的角度去理解两个文明之间的文化差别,通过语言学习建立起一系列对异域文化的标准和规范的感知力量。

(2)语言表现力。语言事实上是活的,通过一系列的学习和实践,将语言本

身视为可供雕琢的艺术品。留学软实力更为注重的是语言的修辞和逻辑,创意性的表达和有内涵的写作。语言表现力注重学生在已有的语言习得的框架下更为精到地使用语言本身。

(3) 语言实践力。学了语言和单词却往往不知道该如何去用,一方面是没有积极有效的语言环境可供发挥,另一方面也在于语言学习者的"惰性"。留学软实力将语言实践力视为语言发挥作用的重要证据,在一系列的对话、演讲、沟通、写作的过程中,将鲜活的语言活泛起来。留学软实力将语言熟练的提高创造性地概括为一种不断互动和建构中习得熟语的过程,将那些简单的单词、符号和枯燥的语法通过一系列的言语和写作熟练地发挥出来。留学软实力注重的并不是托福、雅思的高分,而是习得者对语言的熟练应用能力。

2. 思想

正确合理的思想能够帮助留学者解决很多成功道路上面临的障碍,更能帮助那些留学者合理利用资源,获得留学的最大效用。思想的重要并不在于它本身,而在于它给留学者提供一个系统,一种科学应对未来世界发展变化的方法,对自己的能力的准确定位,以及对留学的规划。留学软实力特别注重以下几种能力的培养和塑造:

(1) 逻辑判断力和洞察力。清晰的判断和敏锐的洞察力是一个具有良好素质的精英身上必不可少的素质,也是留学者未来成功的保证。逻辑判断力和洞察力要求留学者能够在纷繁复杂的表象中理解问题的实质,在表达中一针见血。逻辑判断力和洞察力是一切专业精神的基础,是学术力的重要表征。留学软实力强调逻辑性,因为逻辑和理性推断对留学申请者的思维提升有着很大的作用。

(2) 信息挖掘和构造能力。这是留学软实力在思想上体现的第二重要特点。拥有高素质的留学软实力的留学申请者能够在信息获取和信息分析上占据高位,能够清晰地辨别信息来源、真假,挖掘信息本身的内涵,思考信息的价值,并能够依据信息构造出自己的行动链条。

(3) 批判性思维和创新思维。留学软实力特别强调"不唯书,不唯上,只唯实",透过现象来审视万事万物的本质。培养批判性思维对中国学生来说是个很大的挑战,习惯于顺服的中国学生突然开始用建设性批判的视角理解万事万物运行的逻辑并不符合传统,所以,拥有此思维方式的同学将会凸显出与众不同的竞争特质。此外,留学软实力还将创新思维作为一种思维方式提了出来,强调更多的是一种"思维",即通过大量的信息积累和知识储备,形成一套与普通学生完全不同的思考问题的方法。这套方法会逐渐内化。而创造性思维正是从建设性批判出发,反思当前存在的合理性和不合理性,从更为合理的角度进行思考。创造性思维也是市场和高校特别欢迎的学生普遍具有的思维方式。

（4）分析力。分析力建立在以上三个方面基础之上,其中逻辑判断力和洞察力表现出来的是一种决策,信息挖掘与构造能力表现出来的是一种信息收集的过程,而创新思维和批判性思维表现出来的是一种实践,这三方面都需要分析进行总结和梳理。分析本质上是一种思考的过程。留学软实力将这种思考的过程拓展为一种更为宏观广泛的分析的过程,是以上三个方面的支撑,却又难以单独存在。留学软实力需要学生有更为广阔的分析性思维,能够对当前世界和一些重要议题表达出自己的看法,形成观点。分析力即是学术力的核心,是专业精神的体现。分析力在不同人身上的潜能各不相同,而留学软实力也将分析力视为思想的中心来聚焦之。随着留学者留学年限和工作年限的增长,分析力随同经验将会比判断力和洞察力、信息挖掘和构造能力、批判性思维和创新力更为重要。有意识地培养分析力,早期建立起留学者对留学等诸多要素的分析风格,将使留学者更为聪慧和谨慎地表现自我。

3. 价值观

价值观是整个留学软实力中最为核心,也是最为重要的一个组成部分。它强调的是留学中更为精神和核心的一块。在不同的文明视域下,各种文明体系对道德关注始终如一,珍视那些德才兼备之人。而各国又吸收了文明的诸种精华,发展出多元综合性的人才考察观,但每一种考察观都会认真甄别那些道德上出众的人。中国高校的人才选拔虽然以硬实力的分数为主,但也强调道德的重要性,只是这些层面往往难以衡量。但是在教育发达的西方,道德重要性却被大大地强化了。这一强化不仅要求预录取的学生在道德层面上有所斩获,同时还需要强而有力的方式表达出来。西方文明对道德外显的要求远不像东方文明那么含蓄、内敛。东方文明强调的是"内圣外王",而西方文明认为做了好事就得表现出来。两种不同的文化体系所传递出来的张力让我们有必要进一步深入了解如何去更新自己,塑造全新的价值观。

在前文已经花了大量篇幅强调价值观的重要性,但如何去习得这些价值观呢？事实上,价值观的养成也是一个复杂要素及其互动系统。我们很难顾及价

值观的方方面面,只能通过留学软实力来窥探哪些价值观是非常有必要去掌握的,哪些价值观是非常有必要去显现的。对留学对象集来说,价值观的显现在很多情况下比出众的硬实力更为重要。因为硬实力通过一系列的学习实践可以习得,但是价值观如果不是有意识培养自己的高尚情操的话,是很难呈现的。留学软实力正是看到了留学招生官以及艰难的留学过程非常需要硬核——价值观,才将一些非常核心的价值观内容精选出来供出国留学人士思考和探讨。

(1)利他倾向。个人出于自愿而不计得失地去帮助他人的行为,即是利他行为。而利他行为形成一系列的习惯并在学业和实践中长期稳定地展现出来就是利他倾向。利他倾向被公认为是全世界普遍欢迎的美德,利他主义者被各种文化悦纳。利他倾向性在平时的社会实践中表现得非常明显,比如做志愿者和社工,比如建立非营利组织为他人谋得各种福祉。利他主义本质上是一种同情心和帮助他人的爱心的体现,它吸收于家庭与社会,同时又对家庭和社会释放,是道德的完美辩证的统一。利他倾向的形成对留学者未来的道德塑造和崇高的养成有着极大的帮助,正如三国刘备所说"勿以善小而不为,勿以恶小而为之",利他强调的是从一点一滴做起,培养自己的善良品格,实为留学软实力的核心吸引力之重中之重。

(2)信念。如果说利他倾向是普世皆准的话,那么信念却并不尽然。上文已经提及留学价值观存在两个层面:留学动机和留学动力。这两个层面事实上都是来自更为核心的价值——信念。信念近似于信仰,是一种心理动能,是一种将个人目标放置于人生更为伟大事业之中的观念和情感系统。它不仅包括对未知道路勇往直前的进取精神,还包括对困难毫不畏惧、丝毫不放松的情绪状态。有信念的人在情绪上展现出来一种较为安静和积极的态势。有信念的人在遇到人生挫折时不会轻言放弃,而是考虑问题的解决方案,坚持前行。留学软实力的信念与洞察力联系在一起,是结合自身实际状况,制定合理目标,通过能量广泛的释放将自己的水平发挥到极致,从而完成人生的目标。留学软实力培训极其重视信念的力量,因为信念是一切智慧发挥的源泉,是创造力的重要动力,也是实现留学的精神价值所在。没有信念的留学在国外最终是随波逐流,如无根之草任命运摆布。信念是稳定自己内心的源头所在。

(3)意志。意志是信念的延伸。这里的意志并不是简单的内心意志,而是有清晰的目标感和抗挫折能力。在漫漫的留学道路上,很容易看到一些人因为内心不坚定而走到了歪路上去,这固然是因为外面的世界太精彩,外面的诱惑也太多,但更多的还是内心的警醒不够,自律不够,总而言之就是意志难以达到留学要求。意志从本质上看,是内心强大的体现。一个有坚强的意志的学生能够通过不断的积极的创造性行为,克服外部环境的压力和诱惑,最终取得很大成就。留学软实力培训注重从意识培养和意识释放两个层面入手,探讨留学的核心指标同时,通过一些积极的心理暗示和潜意识唤醒,将留学意识深化成为信念保持的重要基准。留学软实力培训通过给学生讲解伟大人物成就的传记和全球出众精英的成功事迹,归纳整理出意志训练重要方法。意志培养如逆水行舟,却也能从弱到强。留学软实力系统培训必能让意志顺利培养起来。

(4)荣誉感。当个人以自我的方式在留学中实现的时候,自尊的要求就会显现而出。而个人凭借自己出众的表现获得他人明显的认可,则显现为一种荣誉。荣誉承载着一定的责任,留学软实力认为个人荣誉感的形成首先来源于对自我的自尊、出国的自信以及对未来有所成就的自觉。这些力量紧密的联合在一起,突出地培养出了学生的荣誉感。以前留学咨询市场培养荣誉感的等级较为不合理,以能够上得了名校和没有能力上名校的为标准,把申请者区分为精英和一般学生。但事实上这种划分会造成二次伤害,将还未出国留学生的心理抹上一份"不成功"的光环。留学软实力极力摈弃这种断章取义的区分方式,决不能仅仅以人生某一阶段的辉煌或者暗淡对整个人生妄下定论。荣誉是赋予那些勇于追求人生目标,能够坚持在拼搏过程中顽强生长的人。

4. 经历

留学软实力所提到的经历,并不是流水账式的求学经历,也不是非常戏剧性的生活经历,而是留学心态形成和变化的重要基础。一个人的成长环境是难以通过留学软实力来迅速改变的,却通常可以通过改变留学者对过去的认知来改变和提升自身对未来的奋进和改变。留学软实力特别注重以下几点对留学者的影响:

(1)成长经历。原生家庭是留学申请者成长的第一环境,原生家庭影响留学者出国之第一环境。但由于各种不同的家庭环境造就学生不同的个性,而这些个性在塑造留学软实力上有着不同的效果。在家庭中的成长经历是个人性格的发源地,留学软实力通过评估学生的性格特质,通过其在家庭中的作用,探究留学者的潜能。

(2)教育经历。教育经历是最能展现留学者硬实力的方面,也是最能够影

响留学者未来成长的关键经历。留学者的教育程度如何将影响留学者对留学的信念与意志,留学者对教育经历的感受如何也会影响到教育者对未来的思考和期盼。留学软实力的培训将可能清空留学者对教育方面的情绪化反映,通过软实力的唤醒和培养让其自我正视在学业上的困难和成就,理性看待自己在学业上的成绩,通过一系列的培训使其正视到自己在学业上的优点和缺点,并按照自身的优势和劣势制定学习方略,在最短时间里达到最大的目的。

(3)心路历程。包括留学者对留学到底持有什么样的观念和看法,留学者为何决定要海外留学,留学之后的出路规划。从思考留学方面开始,留学申请者逐渐思考留学的既定意义和价值,将留学过程也同时视为心理发展的历程。留学过程事实上就是一种心理上逐渐成熟的过程。留学软实力实质上就是将留学生的心理清零,以留学动机为起点,将留学层面心理过程视为一种不断提升、不断成长的过程。留学软实力培训更为关注留学申请者的心理健康,从多重角度理解不同留学申请者的心理土壤和酸碱度,根据心理状况事实提供不同的支持和鼓励。留学软实力倾向于启发学生在学习中进行认知调整与更新,建立积极的思维和行为习惯,从而达到健康稳定的身心状态。

5. 事件

留学软实力在分析留学之时,需要顾及到事件对个人留学生涯的影响。重要事件会对人的各种观念产生巨大影响,不只是留学领域。但留学软实力从危机管理的角度去理解事件对人的意义,事件爆发之后留学申请者如何积极看待、积极处理这些事件将会对整个留学生涯和生命成长有重要价值。留学软实力希求留学申请者和留学者在留学、求职的过程中能够合理应对这些事件,从中吸取经验,获得对自我的管理和对未来的清晰把控。留学软实力主要关注以下三类事件:

(1)转折性事件。这些事件主要是针对留学申请者和留学者在留学过程中所遇到转折性事件,将冲击整个留学申请者和留学者的价值观和思维。

(2)清晰印象事件。这些事件虽然看起来没什么大不了,但却对人的思维方式和行事风格产生不自觉的影响。

(3)负性生活事件。此类事件导致留学申请者感到痛苦和苦恼,同时会产生焦虑抑郁等消极情绪体验。留学软实力很重视这些事件的意义,让留学申请回忆之后进行记录,欲求在发展之中解开心灵之窗,吸取积极的正能量,获得重新的生机和发展。

6. 作品

上文已经提及,作品是体现留学者表现力的重要范畴,更是表达留学软实力的重要载体之一。留学软实力培训的重要价值之一就是帮助留学申请者获得更为精妙的表达自我的能力。与留学硬实力注重分数指标不同的是,留学软实力对那些具有创造性和活力的作品非常关注。作品是衡量留学软实力水平高低的重要指标,也是展现留学申请者和留学者想象力的重要参考标准。作品可以有很多种表达,包括语言(习得第二外语、第三外语并在外语学业和竞赛中取得较为优异的成绩)、思想(论文和研究成果,包括书籍以及发现都可以放在里面)、价值观(在各种经历中获得的情感传递、组织开展进行各项活动、通过一些行为感染人去做一些事情、较为出色的道德模范得到普遍的认可)、经历(义工、社会工作、志愿服务、支教等)、事件(坚持到底的事件,显示自己出众能力的技艺、在组织中发挥的作用)。留学软实力倾向于留学者在作品中清晰地向留学对象集传达自己的某种倾向性,在洞察各个高校招生倾向性之后因校而投。留学者在留学期间,更是能够发挥着留学软实力的优势,除了在学业上有创造性的进展之外,可以在实践活动甚至在实习之中创造有利于升学和就业的作品。作品的繁荣度、复杂度和多样性是学生留学软实力的重要象征。

一般没有经过留学软实力塑造的留学申请者和留学生的能力往往比较片面,因此在发展之中会遇到很多问题,比如感到自己没什么作品可言,在思维方式上较为单一,经历上好像基本都在学校里读书等。如果去除其他外部条件不说,一个学生的供给不够丰厚,那么他是满足不了竞争需求的。留学软实力的培训不仅侧重单个要素的改善,更能够将要素有机结合起来应对不同的时机发挥最大的作用。比如:

(1) 语言＋思想＝沟通力

如果说语言的优秀表现为对单词、词汇和句式语法等的熟练应用的话,那么思想就是开启语言表达的更高境界。语言结合思想的培训将会使得留学者或者留学申请者在表达方面占据极大的优势。而这些技巧和方法的习得,将会使留学申请者和留学者在未来的就业和升学中鹤立鸡群。

(2) 思想＋价值观＝学术的养成

如果说思想是理解万物必经的路径,是"实然"世界的抽象化表达,那么价值

观就是从更高的角度,即从"应然"的角度理解万物运行的内理。如果留学者和留学申请者能在写作或者是表达中将两者严格区分开来,并能够深刻理解两者在构成世界要素上的区别,那么就会形成较为严谨的学术风格,这种学术风格将会使留学者能够从留学软实力培训中受益终身。

（3）经历＋事件＝自我内省的形成

经历和事件在某些留学者和留学申请者的脑海中应该是一而二、二而一的关系,并没有太大的区分,但却对留学申请者和留学者的情绪会产生重大的影响。事实上,两者还是有严格区别的。经历是一个趋势和过程,而事件却更多指示的是一个点。过程有一套自我运行的逻辑,它从过去而来,对现在产生重大的影响,经历难以改变。而事件则不同,它爆发在过去,却与现在遥遥呼应,对现在若即若离,事件认知可以改变。留学软实力培训会将经历和事件结合起来,对留学申请者和留学者自身的优势和劣势进行精心分析和归总,培养学生的自我内省的思想,而这种内省的方法将会获得更多有益的内容,促进个人价值观的改善和正向情绪的形成。

（4）语言＋经历＋事件＋作品＝优秀留学申请

留学软实力培训最为注重的几方面都与留学申请息息相关。如果留学申请者的语言足够优秀,将与自己有关的事件描绘出来,以此为契机形成一系列有创意的作品,那么这些元素附着上的作品一定会成为足够优秀的申请。留学软实力培训还会让留学者看到,每个人都是特殊的,正是这种个性化才会塑造多彩的世界。而向国外的名校证明自己的特殊性、价值不可或缺将会是人生最大的功课之一。留学软实力培训的课程将会让留学申请者自身意识到自己的创造性和主动性。

（5）思想＋价值观＋经历＝激动人心的实践

如果说思想的点燃需要一系列的知识的介入,价值观的塑造需要更多的信念和精神的支撑的话,那么经历能够在两者帮助下将会创造性地改变世界。留学软实力培训着眼于将这些激动人心的能量变为现实,一切就在实践之中。立即去实践。在心中获得留学软实力的知识框架和科学理论之后,心中马上会产生一种紧张感,紧张为什么以前的时间没有好好利用,为什么在很多情况下没有想到这么做。这种紧张将会催发一种时不我待的实践力,这种力量是成就很多事物的源泉。在学生循序渐进地理解留学软实力要素之后,留学申请者和留学者心中自然会有一套适合于自我的行动体系和实践序列,随即产生行动力。这些丰富的实践将会跟随着激动人心的伟大思想和价值观一道被留学对象集们所赏识。

以上列举的是留学软实力一些要素组合,留学申请者和留学者们需要通过训练才能够充分发挥这些要素。如果说从要素理解留学软实力是将横截面剖开解析留学软实力的话,那么从纵向来看留学软实力指的是多种能力的提升和发展。这些能力的提升能够为留学软实力提供可供参评的重要标准。而留学软实力选择留学对象集,通过塑造和发挥留学申请者(留学者)的各种软性竞争力完成一个最佳的合力,赢得留学对象集的青睐并优化和完成学业,获得生命成长和多元化成功的科学与艺术。而留学软实力所牵涉的纵向能力培养的要求,则更关乎留学的本质和内涵。

选择留学还是非留学? 这是一个问题

在中国选择留学的学生中,留学更近乎是一个竞争性的问题,而非选择性的问题。特别是处在迷茫中的同学和家长们,他们希望孩子获得最精良的教育,并依此能够找到一份稳定又收入丰厚的工作。但令中国学生惊讶的是,当他们在网络上去搜索学校信息时会感到很绝望,因为信息太杂太乱。

因为这些留学国家,特别是美国的高校异质性太强了,甚至都超出很多人理解的范畴。例如这两年在中国影响较大的深泉学院(Deep Springs College),就是一所特殊的学校。学院每年招收 13 名男生,学制两年,学费和生活费全免。在与世隔绝的沙漠深处,学生一边放牧,一边进行超强度的学术训练,学校一切运营管理(包括教授聘请、校长任免)也由学生表决自治。这里的校训是"劳动,学习和自治",强调学生在超强负荷的劳动中进行艰苦的学习,并实行学生的自我管理、自主聘任教授和讲师。深泉学院的毕业生大多进入一流名校继续完成大三、大四的课程,但没有接触过这类怪校的中国家长和学生可能会将其视为中国国内的大专吧。

其实中国家长所担心的信息不对称性在美国也是存在的。不过美国人比中国人较为实用,他们所考虑的不是去哪里读书的问题,而是怎么读法才能成功就业的问题。美国当今最新兴起的一个职业叫做私人高校顾问(college counselor),

他们的目标就是根据孩子的天赋和喜好来帮助这些学生在大学的课程中如鱼得水，选择合适的选修课程。这些私人的高校顾问将伴随学生在大学成长的关键时期提供服务，为他们的情感问题、思想变化、交友以及课程作业等疑难问题提供服务和解答。这种近似保姆式的教育理念的目标就是"培养最好的候选人，然后放在正确的篮子里"，如今已经吸引了越来越多的美国家庭。

这说明了一个道理，在信息网络时代，充沛丰厚的信息给人带来的不一定全是福利，还有信息爆炸所产生的焦虑。这些丰富的信息量会造成选择困难，因为"假信息"有的时候看起来比"真信息"还要"真"。学生和家长从信息不对称到突然的网络爆炸式的信息冲击，再从繁杂的信息中抽取真实的信息，实在有点力不从心。

留学又是一个不断进行选择和决策的过程，一步选错，步步出错。那么如何去进行选择呢？这个问题很难一概而论，因为每个人都有自己的天赋和方向，而不同的禀赋和方向所走的路径是不同的。我们很难说哪一条路是绝对正确之路，因为人生没有"绝对"，但是我们可以选择一条"不主动犯错"的道路。因为，拥有留学软实力的学生能够更容易地把握自己留学的方向和进步，在留学问题上对自己的判断也会比较准确。

那么，留学软实力究竟包括哪些方面呢？下面就从能力的角度进行一一解答。

第三章　留学软实力之能力篇

多元模式沟通能力（Multimodal Communications）

所谓多元模式沟通能力是在全球化背景下具有全球视野、能够进行跨文化沟通、具有异域文化交往的沟通力。它是塑造留学软实力的申请力和互动力的基础。多元模式沟通能力是留学软实力意识建立的前提和框架，由留学软实力中的语言、思想和价值观等要素构成。多元模式沟通能力分为三个部分：① 多元。这里的多元是指通过多层次、多角度和多领域的文化相异性比照分析以及语言内里的文化差异分析将留学者和留学申请者的思路打开，从狭隘的地方和区域视野上升到国际和全球视野。② 模式。这里强调的模式指的是按照学习每种文化沟通的固有的方式和路径，依据这种路径进行有效的沟通和互动。但是模式的获得是一个缓慢的长期的过程。由于文化差异和社会制度等诸多因素的不同，模式在各国的表象也大不一样。比如在中国，模式更多地表现在日常生活的对话和交往之中，其内涵更多是指在复杂的人际交往中游刃有余。但在美国，沟通模式却大有不同，更多是指在一系列的正式的场合中宣传和表达的经验的总和。③ 沟通。沟通强调的是对等性和自由性，减少偏差和误解的特征。沟通的出现在于能够善意的体谅和理解，甚至能够比本文化族群更为清晰地了解该族群的较为突出的价值观和思想观念体系，并在互动中彰显出一种较强的文化体认感。多元模式互动能力特别对欧美式的开放式教育模式的作用非常明显。多元模式沟通能力的本质即是文化浸入能力，即通过文化全方位式的浸入加强对异类文化的理解。基于此，多元模式沟通能力可以分为以下六大模块：

1. 公众演讲能力（Public Speaking）

注重语言学习的中国学生将更多的时间放在英语语法知识的提高和单词量

的扩充上,但极少注重在公共场合表达自我的能力。在公众场合表达自我既是欧美式开放式教学的需求,也是当前适应国际全球化最为先进的教学理念的需要。公众演讲能力强化英语沟通的实用技能,旨在培养学生在公众面前能有效与人沟通,并帮助他们了解公众演讲的基础知识。这同样是一门包含表演的课程,旨在让学生熟悉各种演讲的事前准备和临场表现,包括报告型演讲和说服型演讲。学生们将学习搜集素材、编制提纲和发表演讲,并同时对自己的、同学的以及其他演说名作进行分析与解读。本课程可以克服学生在公开演讲时的紧张情绪,强调演讲的事前准备,并提高临场演讲技巧。演讲能力能够培养学生在公共场合演讲自由发言的勇气,获得所需的有效演讲的基本技能。

公众演讲能力是塑造留学软实力的基础,学生在公众演讲中极其容易建立自信,意识到个人说话的习惯和特点,并能够改善与人沟通的技巧,在发言、用词和演说技巧上获得进步。同时,这种能力还可以锻炼留学者做好准备工作的功夫,通过辛勤劳动将自己的发言灵活表达,培养良好的倾听和反馈技巧,获得真正的成长。

2. 批判性写作能力(判断性写作能力,Critical Writing)

批判性写作能力(判断性写作能力)是在任何社会体系中都需要的技巧。熟练的书写能力塑造出的是精英体系,能够优秀地读写甚至成为当代杰出精英的代名词。留学软实力的塑造需要留学申请者和留学者具备熟练的外文写作能力,特别是在欧美教育强势的今天,能够用英文进行学术和批判性写作已经成为未来留学学业成功的关键保证。批判性写作能力(判断性写作能力)要求学生更新自己已有的语言和知识观念,尝试用英文进行写作训练,通过以批判性写作为导向,进行阅读、分析思维和研究。留学者和留学申请者在写作之中从事一系列分工明确的工作,包括构思、创作、草拟、修订、编辑以及自我评定,同时在写作中学习有效的批判和评估方法。这种以批判性写作为导向的训练将会帮助学生更快地形成具有自我风格的留学软实力,形成批判性思维,阅读更为艰深的学术著作,在构思和创作上更为用心,在表达上学会使用措辞和理解西方语言框架下的内容,推动对西方文明体系的整体了解。通过学习西方语言措辞和写作风格,学习科学写作和学术写作,留学申请者和留学者将会建立较为严密的思维体系,有助于他们的学业成就和未来求职成功。

3. 学术沟通能力(Academic Communications)

学术沟通是一系列沟通中最为严谨、最为重要的沟通之一。它的对象是接受过严格正规的学术教育的高级知识者。学术沟通的目的较为复杂,有时是为了请教学术问题,有时是为了索取学术资料,有时是在学术大会上提问发言。因为学术沟通极具专业性,完全可以看出留学申请者和留学者的学术水平,因此学术沟通对那些申请海外名校的留学申请者来说具有重要的价值。学术沟通要求学生以专业内容为导向,通过正式、正规的文函表达自我的看法,需要的更多的是一种极大的兴趣和爱好。学术沟通表现在专业上有独到的见解和良好的组织能力,在思维上、逻辑上和文字表达以及专业外语上有精深的研究,这就需要作者对专业前沿具有极强的理解能力和了解专业发展领域的局限性,从而才能问出比较合理的问题。

4. 文献搜索和发掘能力(Information Research)

文献搜索能力几乎是任何学术研究的开始,也是学业进行下去的关键。学术研究的目标就是站在"巨人的肩膀上更进一步",强有力的文献检索能力和资料挖掘能力是一个能够在学术上胜任的学生的必备软实力。留学软实力更为侧重对学生的文献搜索能力和发掘能力的培养。运用图书馆和互联网手段进行文献搜索,发现有价值的学术信息和学术问题,了解学术前沿,构思文献综述,了解当前学术研究的局限性,是几乎任何学术工作者在发掘或者撰写学术报告之前所必备的学术技能。文献搜索基于期刊和书籍,而文献挖掘要求则更高,需要作者有着更为强劲的学术领悟力,运用已知的所有手段在各种档案馆、图书文献室、书店、互联网,特别是各种未知或已知的学术互联网或者俱乐部式的互联网渠道搜集关键的学术信息,并运用蜘蛛搜索将自己学习的范围最大化。文献搜集和挖掘能力类似于数据挖掘深度挖掘,有着丰富而且神秘的内容。留学软实力从一开始就侧重对文献搜索和挖掘能力的探讨,将知识搜索与互联网技术联合起来,塑造自信的学术表达和学术写作的知识获得能力。依靠强大的文献搜索和挖掘能力,留学生和留学申请者才能很好适应西方的学术体系,更好地提升学术能力,获得学业和职业进步。

5. 海量阅读能力(Extensive Reading Comprehension)

英文文献阅读是留学生和留学申请者必须掌握的技能。在西方著名高校,每周的大阅读量是必须的学业工作。大量的阅读不仅是提高思维能力的要求,同时也是学业水平能力高低的标志。海量阅读要求留学申请者和留学者能在短期内完成巨额的阅读量,以海量的意群阅读和句群阅读能力来代替以前的单词

阅读和句子阅读。海量阅读对读者有着很高的要求。

留学软实力同样将海量阅读能力作为软实力塑造的基础能力所在。海量阅读能力的养成除了掌握科学记忆的方法以外,还需要形成对专业性的理论常识和概念的理解力。与此同时,丰富的历史哲学文化知识习得必不可少,留学者在此基础上形成意群阅读和解构长难句的能力,略读和分析性阅读能力和高效的扫读技巧。留学软实力运用科学的理论和方法来培育海量阅读能力,并将海量阅读能力作为一切学术进步和学业成功的基础。留学者和留学申请者在逐渐获得这项能力之后经过一段时间的保持就会形成海量阅读的习惯,而这种习惯会让学生在留学的各个阶段事半功倍。

6. 跨文化反应能力(Cross Cultural Adaptability)

跨文化反应能力不仅对留学申请者来说很有必要,更是留学者生活的必需。在异国他乡,留学者每天要与成百上千的异域人相接触,如何与他们构成有效的交往并能在交往中收益是最为重要的生存技能。有一个笑话就是讽刺留学生难以迅速反应一些行为而酿成不良后果的,说是有一个日本留学生来到美国乘坐纽约地下铁,在等车时突然几个流氓上前说 hijack,这位木讷的日本留学生还以为是流氓较为友好的打招呼,也回复说 hijack。他哪里知道 hijack 意味着抢劫的含义,结果流氓将他暴打了一顿并拿走了他的所有现金。后来这位日本留学生才恍然大悟,但为时已晚。在美国纽约的一些幽暗的区域遇到这样的情况,不要惊慌,将自己的零钱送出去即可。这些贼们不会特别的凶狠,你只要意思一下就行了。但是这位日本朋友因为不了解美国独特的文化,甚至连交流都不会,所以遭受到了恶果。

这个实例告诉我们在进行跨文化沟通时候,深刻理解外国社会的运行机制和社会体制是极其重要的一件事情。我们在进入另外一种文化体系之中时,难免会出现"文化休克"的行为,一时不知道该如何应对。留学软实力很早就试图解决这个问题,将留学申请者和留学者的自立放在首位,按照应激-反应的理论构造出一系列的文化反应场景,指导学生解决求医、转学、租房、谈判、合作学习、学业申诉、兼职等多方面的难题,指导学生在高校的复杂运作体制中根据不同的特性进行灵活应对,循序渐进地提升他们的跨文化反应能力,并极力防止或者降低因为文化沟通不畅或者禁忌不同抑或是种族、族群或是文化不同而造成的跨文化伤害等。留学软实力从文明相对性的角度来看待所有文化,但拒绝一些过激、极端的文化形式,并为留学申请者和留学者就海外地域的不良文化侵袭做一些预警性和前瞻性的保护工作,提升他们的文化鉴别力。这些能力的提升将会有助于留学生在国外快速融入主流文化,并在此基础之上建构和实现自己的梦想,而避免与不良人群接触,防止沦为留学垃圾或者留学牺牲品。

思维能力(Intellectual Ability)

这里提到的思维能力与上文提到的思想要素有所不同。思想要素是留学软实力的基础,是构建留学软实力不可分割的内容之一。而这里的思维能力则从能力的视角给出如何构建留学软实力的具体方法和策略。当然,留学软实力的塑造并不是一朝一夕的事,但是经过培训和锻炼等塑造出来的留学软实力则更为稳定,基础更为良好,且发展也较快。留学软实力将思维能力也分为几大模块,分别是创意思维、批判性思维以及独立思考能力。

1. 创意思维(Creative Thinking)

史蒂芬·乔布斯是创意思维的集大成者。从他身上可以学到很多,他拥有这方面的极佳的软实力资源,"让我们去创造明天,而不是去担心昨天发生了什么"则是他对创意思维的重要表达。创意思维与普通的思维模式不同,更为强调想象力的重要性,通过学习有效的技能和思维模式,用于生成和评估思路,综合不同的观点,解决复杂问题。创意思维整合逆向思维、综合思维和分析思维等多个层面,通过深入思考事物发展趋势和演进规律,推翻因果律的线性思维思考模式,将整个事件的演进和发展放入一个更为宏观的大框架之中。创意思维重视人的主观能动性和认识自然规律相结合,从新作品、新观点等角度入手,思考常规模式的局限性。从一维、两维、三维甚至多维度理解事物变化的方式和逻辑,将元演变根据其演变的不同方式和逻辑,通过再编码、推论、图示、应用、比较、判断、推理、反应等步骤,发展出新的思维逻辑。创意思维的基础是三要素构建出来的结果,即专业知识、创造性的思维技能和内在的任务动机。这三个方面在互动中逐步提高留学申请者和留学者的创意思维。留学软实力从不偏废任何一方面的培养。个体的创造性的水平与这三个方面直接相关,且是其互动结合的结果。创意思维是较为高级的思维模式,是留学软实力关心的留学竞争力孵化的初始模板。创意思维的成型和发展是留学思维竞争力形成的关键性指标,也是

留学软实力培训注重强调的重要内容。留学软实力培训项目将会为留学者分析他们在发挥创造力过程中的障碍,讲授创造性思维的认知基础,以及结构化的创新理论和方法,并在实践活动中帮助他们应用这些理论,学习如何利用过去的失败和模拟场景的方式来推动想象,为创新能力提供切实的证据。在这个过程中,留学者将意识到不同人所持不同观点的重要性,以及与他人一起进行创作性工作的关键要领。

2. 批判性思维(判断性思维,Critical Thinking)

批判性思维是以逻辑性思维为基础,通过一系列的思维训练获得高级理性的过程。所谓批判并不是批评的意思,而是在建设的基础上对一系列的观念、思维和意识进行重塑,在理论、实践、判断力上进行观念系统分析、整理和重新按照理性的方式进行建构的思维过程。批判性思维要求的核心即是按照逻辑和理性的方式对待任何观念和事件。批判性思维是留学软实力之思维能力的重要组成部分,且是进行学术思维的起点。批判性思维的训练有诸多步骤。首先是理解力的训练。通过大量的数据、事实、经验、关联、模型、文化、习俗、规则、程度、准则和规律等诸如此类的文章和材料,进行角度丰富的理解活动,在此基础之上开发留学者的认知模式。其次是分析和评估,将自我经验和感知中所形成的价值判断和事实判断,依据科学理性的方法论步骤,对各种关系、推论、概念、理性、描述和表达的目标进行有效的分析和再理解,看出不同和差距。第三步骤即是推论。首先形成重要的假设和猜想,然后依据假设建立相关的分析模型,如统计模型,如数学模型,如相关性模型等各个层面,依据相关已知信息进行推导,使用一些概念和理论体系根据有效的数据和材料进行论证。在得出结论之后可以比照原结论,与此同时发现新的议题、新的材料、新的观点和新的论证方式,并获得科学性的研究方法。最终通过这些论证进行合理回顾,进行再次批判性分析,找到问题和重要启示点。留学软实力将批判性思维视为一切思维的起点和触发点,虽然在重要性上批判性思维不如创意思维那么明显,但却是创意思维的逻辑起点。留学软实力培训项目为评估来源、映射参数、归纳与演绎逻辑而提供工具,并将发现留学者潜在的不可靠的思维模式。在项目学习过程中,留学软实力通过支持学生自身的经验和学习进度这样的实践做法最终被应用到学生自己的生活和问题中去。留学软实力将批判性思维视为学术能力提升的重要软性力量。作为重要的思维竞争力,留学软实力培训业专注于批判性思维的培训,并一直将

128

其视为构建留学软实力中思维竞争力的核心项目。

3. 独立思考(Independent Thinking)

爱因斯坦认为,教育不是学习已知的事实,而是训练大脑如何去思考。一个没有思考意识的人有何作为? 当今世界杰出的仁人志士都是在各行各业通过自己的独立创见并且坚持努力才做出光辉的事业。独立思考能力是要让你认识到你自身的存在,并通过自己的阅读、论证分析,解决自己脑海中的问题。独立思考能力虽然看似简单,实则复杂。因为它是自主学习的动力,也是从学校人走向独立的学术人和社会人的重要起点。独立思考能力是一切思维运作的起点。自古以来,中国学子长时间处于尊师重道的传统的要求之下,对师长所提之理很难提出较为反对性的意见,大多都是服从,服从,再吸收。中国学生按照这些要求养成的模式在很大程度上难以形成独立思考的能力。而西方则不同,西方人鼓励学生自由地探索真理,很多学生将自主学习、自主思考放在首位。因此,培养独立思考能力是改变中国留学申请者的思维习惯,走入西方先进教育体系殿堂的重要方法和手段。独立思考不仅包括独立处理攻克复杂难题,更是指在面临关键决策的时候能够根据自身的环境和条件自主处理问题。独立思考能力牵涉复杂的心理活动,也牵涉复杂的分析技能,但更为重要的是对自我潜力的认同和挖掘能力。独立思考的核心是自信力的构建、自我激励的构建。留学软实力将独立思考能力视为思维能力更新提升的关键,也是留学软实力的意识觉醒的源泉。留学软实力培训项目也在此投入大量精力和锻炼课程,帮助学生建立独立思考的习惯和能力。

组织能力(Organizational Skills)

组织能力在留学软实力中内涵较为广泛,指的是留学申请者和留学者能够使用较为专业的知识分析团队中的个体、集体和结构,并能够通过自身对组织内部行为造成影响,提升组织的效率并使用组织为自我创造声誉和提升能力、获得资源的科学和技术。组织能力是留学软实力项目培训着重培养的能力。组织能力着力于培养组织管理者和组织领袖。虽然这些能力是基于个人,却服务于组织(企业,政府,社团)。获得丰富的组织能力培训的留学申请者和留学者能够获得对西方社会的基本了解,并能运用知识活跃于广阔的西方社会之中。组织能

力在留学软实力中分为三个模块：领导力、决策力、管理力。

1. 领导力（Leadership）

所谓领导力指的是个体能够影响群体实现目标的能力，这种影响可以是正式的，也可以是非正式的。领导力相对于组织来说具有极端的重要性，但这并不意味着只有特定的人才能充当领导。但是，某些后天形成的个性和特质的确对其充当领袖有相当大的潜质，比如雄心和精力、领导意愿、正直和诚实、自信、智慧与专业等方面。留学软实力在很多情况下就让很多留学申请者或者留学者意识到领袖之源就是崇高加上认真勤劳的专业精神。领导力本身就是昭示着未来的领袖心态，在强大的期望效应和心理支持下，领导力通过相互感染和互动逐渐形成。留学软实力号召大家积极参与，到组织中去，寻找自己发现价值的地方，用自己的崇高的智慧和行为来证明自身存在的价值。这种强大的影响力容易获得大多数人的支持，成为领导。而机会的教学法也谋求让大多数留学申请者和留学者学会通过自己的独立思考能力发现身边的一个个存在的机会，并通过一切有利的机会和资源让组织整体的效率和状况得到改善。正是这种改善促使领导本身具有意义和价值，从而将领导力固化下来，陪伴学生成长终身。对留学软实力来说，领导力的培养和领导特质的形成是一个长期的心理、思想和精神互动的过程，而最终的落脚点是实践。这些能力的综合实现来源于对组织的热忱和智慧的头脑。领导力是留学软实力的展示，也是一种能力培养的结果。

2. 决策力（Strategic Decision Making）

决策是针对问题作出的回应，而决策力指的是根据具体情况选择具体的决策风格，在准确预估形势的基础之上作出研判和行动的能力。虽然当前有众多的决策模型，如理性决策模型、有限理性模型和直觉模型等，但决策的切实作出却是内心大脑活动复杂运作的结果。留学软实力看重的是留学申请者和留学者本身的风格、理性能力和创造性。留学软实力项目培训会根据留学者在上述三个方面的特点作出特定的模型，并提出可以改进的方向。在组织中活动的留学者能够在这些方向上也会逐步调试自己，使自己的决策力提升组织效率，运用丰富的决策力为组织服务，并为组织的决策风格和决策改进作出自己的贡献。决策力是一项重要的组织能力，但同时也是个人领导力提高的重要方面，是留学者留学软实力提升的重要目标。

3. 管理力(Management Skills)

管理也是相对于团体而言,管理力是针对群体在目标实现中的复杂的问题提供实际操作的解决方案。管理是一项复杂的工程,但又是在组织中每天都要面对的工作。留学软实力基于组织管理、政府管理和企业管理的简单模型,提出一系列的管理模型,通过管理模型让留学申请者和留学者知道传统管理方法和现代管理方式的区别,行政管理、组织管理和工商管理等方面的区别,管理中的人际关系和权力政治。学生在留学软实力项目中能够了解到一些问题的解决方案,并获得相关经验。留学软实力项目提供一些实践上的问题,例如如何在保持管理中的权威性的同时激发成员的能动性,如何在管理中提升自身的领导力量,培养领袖魅力,以及如何应对在管理过程中出现的突发事件,危机管理如何进行。学生在学习相关理论后根据自己的独立思考作出一些理论上的判断,然后跟随留学软实力国际专家团获得管理性岗位的见习和观察机会,进行管理经验上的学习。留学软实力项目培训注重系统性教授一些实践的方法和技能,通过传统的组织实践和现代的企业和公司管理精英与学生进行一对一沟通和交流,并安排相关的管理研究项目让留学生和申请者能够在第一现场感受到管理的挑战和乐趣,同时安排相关的实习让留学者和留学管理者尽快地进入管理状态。通过这一系列的理论教学和实践,留学生和申请生们能够更进一步地接触社会,感受到管理力的力量,并逐步在宝贵的管理中学到经验,为未来的成功求学和求职奠定基础。

体育能力(Athletic Ability)

体育能力很早就被人类挖掘。早在古希腊时代,柏拉图就指出理想国的护卫者从小就要接受严格的体育锻炼。柏拉图认为最好的体育应该是一种简单且灵活的运动,以质朴为主。柏拉图强调身体锻炼的主要目的不仅在于强身健体,而在于锻炼和培养人的心灵激情。有了充分的体育锻炼的人就会变得勇敢且坚强,能够承受住压力给人带来的重担,且能够变得刚强。体育锻造了人性中的激情部分,将精神的力量完全激发了出来。此外,众所周知的常青藤盟校,究其发展根源,提升学生的体育能力是其产生的重要因素之一,早在 19 世纪末期就有社会及运动方面的竞赛。盟校的构想酝酿于 1956 年,各校订立运动竞赛规则时又订立了常青藤盟校的规章。而今,美国大学对体育生的青睐政策人尽皆知,在

体育设施的建设与投资上,具有不言而喻的领先地位。留学软实力项目培训组在培养学生的体育能力上着重于提升学生心灵的成长,通过简单且反复要求的体育运动在加强身体健康的同时,同时使自己的精神在运动中得到锻造。留学软实力所提及的体育能力并不仅指体育本身,而是将体育视为一种过程,一种通过身体的迅速反应,在接受信息并对信息进行反馈的能力中表达出一种精神的进步和发展。留学软实力国际专家团会通过足够量且有序的体育运动计划要求学生或是申请者在规定的时间里养成良好的锻炼习惯,并尝试进行新的创造性的运动开发和训练,从而在不断克服身体局限性的同时,获得精神上的满足和激情。强而有力的体育运动计划和坚持到底的体育习惯以及对学生进行长期有效的跟踪和监督则构成了留学软实力培训体育精神和能力的重要措施和手段,同学们形成的体育能力将会终身受益。

艺术能力(Artistic Ability)

如果说培养体育能力是将激情的动力注入留学过程之中,从而形成巨大的前进动力的话,那么艺术能力则是从另外的角度展开,是为了提升学生的心灵品位而进行的重要工程。孔子早就提出礼乐的重要性,指出"人而不仁如礼何,人而不仁如乐何"。孔子将艺术特别是音乐与深刻的精神内涵联系在了一起,将音乐作为"六艺"的一部分加以教授,认为它是人整体素质的表现。艺术特别是音乐不仅包括声音的和谐,更重要的是传达内心的愉悦,强调个人对社会规范即"礼"发自内心的认可。所以乐(音乐)同乐(快乐),"行而乐之,乐也"。孔子希望通过礼乐达到教化的功能,实现他所追求的理想的社会制度。而音乐在柏拉图的眼中也作用非凡,他看到音乐对人的潜移默化作用,音乐是一切国民教育的必修课。柏拉图同时注意到音乐在揭示世界上的美丽和善行的重要性,和谐的乐律和节奏的乐感能够作用于人的心灵深处,促使人变得温文有礼,促进审美观上的改善与升华。柏拉图将音乐与体育同身体和心灵相对应,直指音乐对人的精神素养提升和品质影响的重要性。音乐只是艺术之中的一种,但是其重要性已经很明显,更不用说舞蹈、绘画等艺术形式了。东西方文明对文学艺术的重视着眼于其能够给人带来身心愉悦的同时,更能陶冶人的情操,带来更高的品位和情感。

如今在很多海外名校的申请中,拥有丰富的艺术教育经历以及精通多种艺术样式成为另一个重要的杀手锏。这种软实力来源于自小不断积累起来的技艺。在对知识产权保护严格以及艺术鉴赏力很高的西方社会,艺术教育始终得到超出常规的重视。在艺术上有突出的专业造诣的能够更为自由地选择在专业上更为突出的院校,而这些院校提供的就业机会也并不比名校差多少。而在艺术上没有熏陶的则可以将生命广度伸展一些,适当地参与到除分数以外的艺术课程的学习中去。

留学软实力项目对艺术能力的看重不仅在于通过各种讲座和培训提升留学者和申请者的艺术感悟力和鉴赏力,更是从艺术本身来获取较为伟大的进取精神和奋斗不息的工匠品格。在东西方艺术上接受过系统的欣赏训练的人在理解文化差异和语言学习上能够更有感悟,有助于培养伟大精神,是完整的人格的重要组成部分。艺术教育同体育教育一样,有助于心灵的成熟和完善,也是留学软实力呈现出来的重要标志。

心理优能(Psychological Strength)

心理优能是指留学者和申请者在留学过程中所展现出来的良好的心理素质以及应对挫折与突发性事件的心理能量。心理优能能够将积极的心理暗示和心理知识反复作用于自身。留学软实力国际专家团积极看待心理因素对人的影响和发展心理特征对人的未来的塑造作用,将心理优能作为一种重要的留学软实力资源和特性提了出来。心理优能分为四个模块:心理优势力、潜意识力、悦纳力和修复力。

1. 心理优势力(Psychological Confidence)

心理优势力来自于期望效应,即能够自然轻松地想象成功,对实现目标有着强烈的成功渴望,强调对成功的体验和成功的满足。心理优势是成就感不断取得后所拥有的心理习惯。这种心理习惯难能可贵,它能够激励学生充分发挥自己的潜能,排除万难,并且能够拒绝失利挫折对自己心理带来的一些搅扰。心理优势力是一种平衡力,在取得成功的时候能够保持镇定、谨慎和谦逊而远离"失败定式",即由于多次失败而产生的习得性无助感,动摇、胆怯、恐慌、怀疑、焦虑甚至反感、失望以及厌弃等。心理优势力也将积极高尚的目标作为优势的基础,纠正早期不良行为导致的不良习惯。留学软实力国际专家团一直将心理优势力作为留学生和申请者未来软实力成长的关键性心理力量来看待,通过综合学生

的天赋和特长培养其拥有优势的专业领域和思维理念,在积累小成功时逐步进行心理干预,引导学生突破难点,推动自身潜力发展建立心理优势。在此基础之上,根据学生的发展情况,先易后难,扬长避短,排除额外干扰,将心理优势力逐渐积淀下来,形成合力,通过积极的心理诱导对学生解决问题的思路和信心进行较为全面的评估,最终帮助学生在实践和学习中获得自信心,并通过心理干预使其能够不断地保持和发展这种"心理优势",促进学生不断奋进,形成良性循环。留学生和申请者不断渴望挑战一些学习和实践上的困难,而这种困难的克服在一定程度上又强化了心理优势力。同时围绕着学业和实践本身,学生会在心理优势的基础之上逐渐培养深厚的感情、激发浓厚的兴趣、锻造顽强的意志。心理优势力随着留学者和申请者的阅历的增加、经验的增长和社会见识的提升而越益充满价值,并成为留学软实力意识觉醒和成长的重要动力机制和发生发展机制,影响并促进学生的成熟和成功。

2. 潜意识力(Subconscious Strength)

人的意识分为意识和潜意识。处于我们控制的表层且可以被我们感知到的是意识,是自我之源,而潜意识指的是在正常情况下根本无法被自我认知到的东西。潜意识藏在人大脑的洋底。弗洛依德认为潜意识具有能动作用,可以对我们的行为和思考施加影响。潜意识占据了我们97%未被开发的脑功能,因为受到表层意识的影响,其力量无法自由的爆发出来。但是潜意识是可以想象到的。当我们克服目的性的意识性影响的时候,摆脱目的性,思考一种更为潜在更为深层更为简单的生存状态,心理中潜意识力量就会神奇的发挥作用,自我就会聚精会神倾听潜意识的旨意,顺应趋向改变和爆发的内在冲动。我们的潜意识有的时候奇妙地发生作用,比如梦境和幻想,内心的潜意识不因为我们的控制而恣肆展示着他们对我们大脑的掌控,但最终他们就像被我们切断电源的电视机一样很快就没有图像了。人们对潜意识的感知也各有不同。在人类早期,潜意识影响着人们认识外界事物,几乎所有富有想象力的神怪和传说、巫术由人们心里的潜意识中爆发出来。而在儿童身上,似乎我们更容易看到潜意识的踪影。在他们急切寻找自己是谁的时候,我们会发现有那么一群儿童并不关心他们的自我存在。他们能够将与生命有关的爱情、自然、工作和学业等体验和行为去思考化,不需要外界的干预和支持就能达到让人心满意苏的境界。我们通常会把这些人看做天才,与那些仔细思考"为什么要去做"、"我是谁"的问题的人相比,这些人往往更能够顺应自己的潜意识的生命之流,自得其乐地生存于天地之间,且没有什么心理压力和心理障碍。这些人能够顺利生活的境界自然就是天然受到潜意识馈赠的结果,而很多朋友却在这样或那样的问题上纠结着,不知道如何才能比较摆正自己的心态,到位地思考,积极地实践和努力……

潜意识的巨大能量使得它犹如海洋上的强风,如果把握得当就能顺利到达大洋的彼岸,如果掌握不好反而可能离目标越来越远。潜意识力既可以是积极的力量,也可以是破坏性的力量。它能够强而有力地掌握着我们的思维与实践,可以干预我们内心任何的思考,我们难以回避。意识在大多数情况希图保持清醒,但是潜意识能够让意识不知不觉让位于它。因此,对于强大的潜意识的力量,不能不加以重视。留学软实力非常重视潜意识的力量,甚至将潜意识视为改变困境、走向积极的强大力量。留学软实力积极通过一些方法引发潜意识的力量。比如通过诵读经典,将大量的经典材料呈现在留学者和申请者面前,让他们进行反复的大声朗读,不知不觉中进入无我状态,注意力能够做到完全的集中,最终使得意识忘却,潜意识打开,大脑逐渐接受积极的信息,使经典留存大脑,并在逐渐成长中使经典的能量通过才能、性格表现出来。又比如将自己所要实现的目标写在一些可以见得到的纸片上,时时提醒自己积极面对,将"不可能"甩在消极人的字典里。又比如每日提醒自己生存的意义和价值,不断进行写作记录,记录自己正向积极的想法,并努力放松自己,在实践中养成美好的性格。潜意识力是人类尚未完全开发和研究的最伟大的力量之一。它能够将人类的潜能得以充分的发挥,也能完成人类思维和精神蜕变。

潜意识给我们一个创造和释放的窗口,而多种方法的培育和释放潜意识力是必要的。潜意识力作为留学软实力的心理优能的一部分,能够得到自由而欢快的释放。留学软实力国际专家团采用多种方式和路径引爆潜意识力量,将自由而积极的潜意识力量的培育方式教授给学生们。

3. 悦纳力(Self Acceptance)

悦纳是一种非常正面的心理素质,它指的是个体能够站在客观的角度上评价自己、接纳自己和他人,并在此之上给自己与他人更多的机会和空间,获得轻松积极的发展。悦纳力是一种非常弹性的心理优能,是从自我的角度给自己更多的时间、精力和足够的自信。与自省不同的是,悦纳是正向的,是一种支持自我修复的行为。良好的自我悦纳力不仅能够调和自我在发展中面对冲突和斗争

所引起的心理矛盾,也能将自我放在一个恰当的位置上,正确看待自己与他人的关系。悦纳力以自我健康前进为重要目标,在不断的试错中和成功中体验自我的变化,将自我的能量逐渐放大又不至于过分膨胀,维持理性和自由的弹性。留学软实力将悦纳视为留学过程必不可少的良药,它能够解决留学过程中的自我迷失问题,将我们的情绪和心态调整到最佳的状态,也能够激活自我意识,以便承担着更多的责任。悦纳力的高低也是为人处世高低的标志。留学过程在心理层面上是一个不断挣扎的过程,有很多难题和困境,如果事事苛求完美,件件要求成功,这种心态也许很难在留学中获得健康的发展。留学的困难在于它的未知性,并极容易对传统的价值观造成根本性的冲击。因此,学会使用不同的方式方法悦纳自己是至关重要的。留学软实力国际专家团将悦纳力作为一系列心理疏导的集合,通过多种方法和手段,比如发挥社交网络的作用获得支持,让学生分享如何在各样的环境中积极的悦纳自己与他人,获得心灵的释放与满足。

4. 修复力(Psychological Restoration)

修复力与悦纳力有些相似,也是一种积极心理干预的力量。但修复力更强调在面临重大挫折的时候如何保护自我减少消极事态的影响。修复力是一系列的心理干预力量的集合。心理修复与悦纳不同的是,修复力更强调对感情和生活方面挫败的弥补。留学生和申请者在留学过程中的情感问题是无法回避的问题。离开家庭,前往陌生的国家去深造,有的人可能还要离开自己伴侣,由此,一系列问题就会在留学过程中逐步显现出来。首先,对很多留学生来说最为可怕的问题就是孤寂。留学生们往往很难在短时间内融入当地的生活,在观念、语言上也有所不同,归属感难以在很短的时间里建立起来,漂泊无依是他们的心理常态。这种可怕的孤寂让很多留学生难以体验到幸福和美好,留学自然就成了辛苦的代名词,而内向的同学和离开自己伴侣的朋友会更觉得寂寞。没有朋友可以倾诉,也得不到很好的建议,这些朋友往往就出现分化,有的开始在国外建立新的感情,在其他中国留学生身上谋求寻找到慰藉。但是由于处在另外一个文化体系之中,他们的感情很难受到约束,因此在很多层面上就会遇到问题,特别是性的问题,而这些问题正是事后成为难以跨过的坎,有的就开始放纵自己,过着声色犬马的生活。而另外一种极端则是则长期保持孤寂的状态,长此以往心理也很容易出现问题。许多人很难调适好这种关系,失败案例屡见不鲜。

大多数家长和学生容易忽视这些问题的严重性,所以当问题出现之时,往往措手不及。留学软实力项目将修复力侧重于感情和生活这一层面,就是看到这些问题对留学生心理上有可能会带来伤害。因此,专家团总结出丰富的实际案例提供给留学生和申请者们进行参考,也将感情修复力的培育视为留学软实力重要方面。希望学生在正视感情问题的同时,带更多的自我保护的心态,学习进行感情危机预警,并学会理性地处理感情问题的难题和冲突。留学软实力将修复力作为应对感情问题的重要心理防御措施,在生活中随着留学者心理的不断成熟而逐步发挥着作用。

精神力(Spiritual Strength)

　　精神力,是生物体内潜藏的巨大的意志力。这种意志力能够将自身的各种素质完全发挥。精神力就是这样一种能量,它将个人的身体、心理和智慧等在一定的目标和信念、措施的激励下发挥到很高的状态,是追求特定的目标和信念的力量。精神力与前面所提到的各种力量不同的是,它是始终存在且潜伏的力量,它谋求一种高尚的精神,崇拜的是将自我视为客体而所追求的目标和信念为主体。它能够规避主体自身的各种问题和缺点,将所有的优点和禀赋集中于一处,并且能够在主体发挥此种能量时改变某些价值判断和看法,从而全力以赴。精神力,是留学者个体对所有的力量和信念态势的体悟、升华和释放,能够将留学软实力升华成更高层次的行为。但是精神力量的培育和释放是一个异常缓慢的逻辑和时间序列。从逻辑上看,精神力的养成需要主体对自我、对周遭和留学有强有力的价值观投射。这种投射来源于日常生活中所积累起来的一些信念或者信仰,在不断的奋斗中寻找到自己存在的位置和价值。从时间上看,由于精神力属于长期积累的结果,因此主体需要将大量时间放在自我精神力养成的思想和行为培育上,并随着时间的延续而不断强化对这种力量的感知。而这种力量也会在潜意识之中逐渐活跃,并回应着主体的这种感知。

　　精神力在每个留学者身上是不同的。但是它是所有人类社会活动中都急需的宝贵的精神力量。精神力是人类伟大的象征,也是塑造传奇的基础。精神力是人类从事实践活动以来形而上的产物。精神力量有主观性表征和客观性表征。客观性表征即是将自我和他者的成长和进步视为最伟大的发展源头,而毕生的奋斗动力和前景的目标就是围绕自我和他者展开。而主观性表征则是指将

精神力本身的释放与实现视为真正伟大的表征,如自由、公正、社会进步、革命等,通过自我的一系列的奋进来逐步实现观念的现实化。精神力有着如此伟大的传统以至于在人类任何文明和任何观念中都能够找到源头,它是崇高的实现形式,也是主体自我奋进的重要动力,更是文明所追求和维持的至高的价值目标。精神力在留学软实力这里非常受到关注。留学软实力一直将崇高的塑造和培养视为目的,而留学的过程是为了实现这一目的服务的。但由于精神力的培养是极其个体化的行为,它需要主体全面客观的参与和介入。精神力在留学软实力的范畴中主要包涵三个模块:灵性力、意志力和内省力。

1. 灵性力(Spirituality)

灵性的力量牵涉到广泛的内容。很多人将灵性力看作是一种灵修,一种将东西方的信仰获得的方式整合在一起,改变人的认知和思维机能,从而转变为成长的力量。但留学软实力中的灵性的力量并不是那么随意,与神秘主义的角度距离较远。在留学软实力中,灵性的力量主要与有信仰的个体密切相关,指的是个体在将自身的目标、发展情势与情感与信仰相结合的过程。信仰的过程即是灵性培养的过程,而主体通过信仰深化目标的过程也是灵性逐渐发挥力量的过程。灵性的力量的成长与自身所不期而遇的"信仰"有关系。这里所谓的信仰是一种将自我体认与更为崇高的力量相契合的过程。而通过阅读经卷典籍和启迪信仰的作品,在较为积极的方面培养自我的崇高的价值,思考更为纯粹和形而上的问题将更加促进心灵力量的培养和成熟。学生在逐渐培养灵性的力量之后,会释放更大的潜能,并诚实地面对自我的内在目的,积极面对人生中的各种境遇。

灵性力量最为重要的概念和工具就是"灵性场域"的培养,就是将自我发展和行动的每个过程视为场域中获得信仰支持和信念帮助的过程。场域自内向外投射,感知由弱到强,空间从小到大。灵性场域的培养主要侧重主体的自我代入意识和代出意识。代入意识包括增强社群意识和参与精神,并要求主体在任何有价值的参与中尽最大的努力发挥出自我的力量,而代出意识则强调从客观立场评估自我在参与中的行为,评判是否崇高、有价值。通过不断的代入和代出的锻炼,灵性力将会得到有效的锻炼和发展。灵性场域的形成将为留学的精神提升提供重要能量。在未来的留学软实力的核心竞争要素之中,灵性场域的强弱和大小将可能单独成为留学者内在竞争力的重要标准。

灵性力的培育是一个循序渐进的过程,它需要主体能够从更高的角度思考价值和意义的问题,也将留学本身视为不断改善灵性场域,实现提升的过程。留学软实力国际专家团从一开始注重灵性力的培训方式,通过阅读经典、与名人互动以及参与重要公益项目的实践等诸多内容为留学者和留学申请者创造灵性力量塑造和形成的良好心理场域,在主体能动的情形下逐步形成较为伟大的灵性精神。

2. 意志力(Perseverance)

灵性力是较为难以迅速把握的能力,而意志力却不同。按照沃勒的说法"最终解决问题的还是意识,而不是才智"。意志力是指一个人自觉确定目的,并根据自我设置的目的来支配、调节自我思考和行动并克服困难的精神力。有人将意志力视为自控力,一种控制自我的注意力、情绪和欲望的能力。意志力是成功的精神之源,是伟大事业坚持到底的重要动力,更是提升留学者和留学申请者的思想成熟度的重要精神力量。意志力是留学软实力在留学者和申请者的发展的核心要素。意志力锻造理性选择的能力,决策力和判断力,能够将留学者和申请者本身的身体和思维的自律机制建立起来;意志力锻造强有力的有目标生活的能力,将人的奋斗动力保持在良性循环的角度上。意志力本身需要强有力的决心训练,需要强有力的身体实践和心理实践,更需要在做事情中理解意志力本身。在实践中和困难中感知意志力的力量,在成就感中强化意志力。留学软实力培训组着重锻造和培养学生的意志力,通过配合留学过程中一系列标准化的考试和难度颇大的社会实践等项目要求学生自我制定计划,明确计划目标,并进行目标管理、资源支持和计划管理。

学生在实践具体的过程中,学会让意志力引导自己的身体和行为,引导计划制定和更改,学会从理性的角度感受到意志力指导行为。在不断的循序渐进的实践之中,意志力能够不断提高和成长。留学软实力国际专家团将美国心理学家普罗斯的四步转变计划融入课程之中:① 认识自我,从自我期望的差距到自我实践的事实上寻找自我抵制的理由,并着手改变这种抵制思维,谋求转变;② 思考自我,从谋求转变中思考自我存在的意义和价值,并尝试制定契合自我的目标,并为实现这些目标适时做一些计划;③ 行动,培养自己实践精神力,在不断的心理和资源积极支持的条件下,认真积极向上行动并不气馁,在整个实践的过程中实事求是,坚持到底,并对自己的暂时失利能够积极悦纳;④ 成就再评估。

在取得相应的成果之后,留学者会根据这些情况进行再评估,评估在整个事件中留学者的目标、计划和坚持之后精神发展。意志力在这些目标实现和目标制定过程中形成一系列的循环,在积极有效的实践中完成留学者和留学申请者的成长。而这些成长将最终有助于留学生涯的进行和留学软实力的提升,并最终使得留学者和申请者受益终身。

3. 内省力(Introspection)

内省对中国人来说并不陌生,早在春秋战国时代曾子就谈到"三省吾身",考察自己行为是否得体,在人际关系中是否尽心,在自我成长中是否听从老师的建议等。内省作为一种自我修养的方式在中国古代很早就显示出巨大的能量,也是个体成熟的标志。内省力是精神素质较为成熟的力量,它强调自我对内心的观照,是智慧的展示。它不仅是一种控制力,也是一种把握自身能量大小和发展的重要理念。在儒家的范畴中,内省的作用广泛,是提升道德修养的重要路径。留学软实力不仅将内省作为一种良好的反映自我心理状态的方法来看待,也将内省视为重要的精神力。作为方法的内省力,是内心自我关照的重要体现,留学软实力项目培训组将内省力作为心理优能的提高的重要保障来看待。内省通过自我观察和心理学试验的方法得出对自我心理特征和精神力状况的认识。内省建立在强大的信念的基础之上,通过对自我知觉认知,自我细节观察和自我心理评估得出结论,而这些方法和技巧需要一定程度的训练。同时打通内省与灵性力和意志力的联系,把内省作为行为实践的评估的重要内容来评判。内省力的提高能够为精神力的发展提供良好的落脚点,能够使得学生能够及时总结在思考和实践中的经验教训,在留学的过程中促进整个精神状态的改善和提升。

作为精神力的内省则更为强调内省的主动性和强大的干预力量。它有助于抑制留学者从事消极活动或者引起精神负能量的实践,并在其从事这样的活动时提供强大的心理反对力量。它是留学者的精神检察官,帮助留学者和申请者在留学过程中建立起完善的心理防护网络,并能够抵抗一些非正常途径的诱惑。强大的内省力是整个留学软实力在正常的土壤中取得前进和发展的重要体现,也是将留学进程发展到底的重要能量支持。

正是靠着这些因素的相互作用,留学软实力的塑造才会逐渐发展壮大。留学软实力作为一种综合竞争力的提升,也是这些能力不断提升的结果。而这些能力的提升本质上能够激发多层效应,这些效应能够激活心理素质、思维素质甚

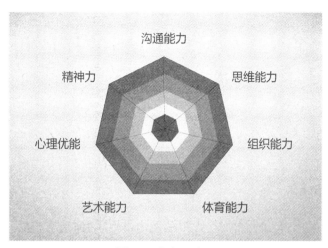

图 26　能力七边形

至是语言能力上的环节,从而逐渐引发留学者的系统的变化。留学软实力的提升本质上也是能力提升的结果,但不同于能力本身,留学软实力具有这些能力所不具备的系统效应,能够在运用能力相互作用中凸显出留学者与众不同的差异化优势、更具影响力的素质以及更具引力的人格魅力。这是各项能力培养到一定阶段的综合之果。

第四章　留学软实力的测量与评价
——能力七边形

留学软实的培养和发展需要大量的能力支撑,如何从客观的角度去理解留学软实力,又如何去衡量留学软实力?

留学软实力国际专家团在大量的案例实践中,研发出一套客观中立的衡量标准,使用能力七边形来衡量和分析个体的留学软实力的状况,并通过能力七边形对留学者能力进行综合客观的评价。

所谓留学软实力能力七边形是将留学软实力综合实力的七个部分,即多元模式沟通能力、思维能力、组织能力、体育能力、艺术能力、心理优能、精神力,分别占据一个正七边形的各个角落,每个角落到七边形中心的距离相等,并在此基础之上将其数量化、可衡量化。留学软实力项目培训组将留学者或留学申请者的七种与留学软实力密切相关的能力可操作化,分别将各个能力制作量表,根据量表对每个能力进行赋值。根据每种能力所赋值的大小的加成在留学软实力的七边形上标出,而最终根据量表的数值点连线,所连成的图形即是留学软实力综合实力的状况。

能力七边形能够反映出学生留学软实力的发展状况。准留学生们可以直接从留学软实力能力七边形上看到自己的差距,导师们更能够根据图形显现出来的差距提出有效的解决方案,促使同学们能够有的放矢地补充所需技能,规划清晰的学习路径。

第四部分
留学软实力的培养

第一章　留学软实力与潜能爆发

——变量培养与释放

很多人认为留学国外是一件光鲜亮丽的事情，但是鲜有人归纳整理过海归们的辛酸故事。早在 90 年代初，许多高学历的硕士、博士留学海外，想施展一技之长，但结果并不让人满意。有专业技能甚至拥有多重资格认证的硕士、博士学位的工程师们、会计师们、教授们来到国外，他们大多都做着离本职工作较远的"差役"。你经常可以看到黄种人的高级知识分子在端盘子、在擦桌子、在杂货铺里搬水果，在收银台上整理账目。这些人褪去了刚出国时候的兴奋、自豪甚至优越感，来到这里则是感到失落、怅惘和无精打采。这些人被称为"国际民工"。与国内民工不同的是，这些人大多都是在国外拿到了学位，或是在国内有着良好的工作经验。

这个事实同学们可以从《中国合伙人》的电影中感受到很多。浪漫的留学生活，庄园式的居住环境，高端大气的工作场景毕竟只在国人想象中而已，实际情况远没有我们想象的那么好。为什么他们会有这样的结果？

中国人去留学往往误判了其融入西方文化的能力，甚至对自我的评估也倾向于夸大。国内对留学热潮的追捧也造成了这种夸张式的情绪的传染。

现在的留学热潮在 2008 年金融危机之后不仅没有消退，反而有翻江倒海之势。而国外的就业竞争却是如此的惨烈，甚至复苏的欧美经济也很难消化掉这么多的中国留学生。如何选择或者是如何在激烈的竞争中脱颖而出，的确是需要思量的问题。

这就涉及到留学的辩证法。在留学软实力来看，留和学都牵涉到个人的成长和未来的发展。如果在国外仅仅是学习，那么在文化浸入和社交圈子甚至是个人经历上与国外相脱节，就很难在国外获得良好的发展。如果在国外荒疏了

学业,那么留学的价值更难以凸显。因此,留与学,在留学软实力来看,都具有重要的意义。但与留学硬实力不同的是,留学软实力更为强调在留学过程中学生的内在外在环境变迁与学业和未来职业发展的互动关系,关注的是个人如何在复杂多元的海外留学环境中脱颖而出,占据竞争上的优势。

留学软实力更为人性地将学生心理和环境本身作为探讨的主题提了出来,通过留学软实力的培养,将留学层面上以前不可言传的东西以一种较为细腻的知识互动和精神培养等方式提出,将留学层面上那些应该关注却没有被关注,甚至被普遍忽视的心理健康、自我成长和竞争成熟的个性等问题提了出来。与留学硬实力不同的是,留学软实力的培养更为侧重一种坚韧柔性的精神体系的塑造,不同于知识体系在面对人生困境时难有作为,这种精神体系能够最大限度地让学生从理性健康的思维状态和精神力量出发,磨砺自己,克服困难,获得成就。留学软实力本质上是一种人生成长所不可或缺的元素在留学过程中的强化,并指导学生们在更为艰辛的道路上通过自己的力量来应付各种人生挑战。

留学软实力的培养:信息、能力与精神传导

当前中国的留学中介及咨询市场良莠不齐,鱼龙混杂,其中有不少利用信息本身的不对称性、时效性和真伪性特征,筛选出有指向性的信息并将其提供给客户。在这里,有三个变量甚为重要,即是信息、能力与精神。对学生来说,他留学的过程即是获得信息,激发能力并完成精神转换的过程。中介公司提供信息以供其选择,咨询公司根据学生的特点指导学生实现自我提升并通过一系列的努力或技术上优势获取而实现目标。这些过程无疑是留学市场产业链条中的重要一环或者步骤。但结果我们会很遗憾地发现,鲜有留学市场在精神上或者在价值塑造上能够让学生满足的。

如果在精神上或者价值塑造上没有满足学生的心灵,那么这种结果可能是灾难性的。当今新留学浪潮时代,众多自费留学生和小留学生的涌现,无一不证明在留学之前我们需要做的不仅仅是让他们知道如何申请,如何去与各式各样的人打交道,如何去提高自己的学分和托福成绩,而且还有另外一个层面,即如何去奋斗,如何去思考自我,如何去感知他人的存在,如何应对留学中遇到的感情问题,甚至如何树立一个理性健康的留学观念……

　　尽管在留学的过程中,信息和能力一直被奉为留学成功的圭臬,但仔细分析我们就会发现,这些内容仅仅是留学申请所特别需要的部分,是留学生涯开始的时候留学生的起跑线位置。而终点的实现和留学过程顺利有效地完成以及未来的求职成功,靠的是个人在奔跑中努力的方向以及在奔跑中的心态和意志。可见,留学并不简单。

　　留学是一个过程,很多人说,留学申请成功就是成功了一半,但从留学的整体来看,申请只是一个过程节点。留学是一种坚持到底、不断奋斗和不断创新的过程。

　　留学软实力培养是将信息、能力和精神结合在一起。对许多中国学生来说,留学软实力培养即是将信息搜集、能力培养和精神锻造放在同一个有价值的培训体系之中。学生在这样的培训中不仅能够获得对留学本身的独特感悟,还能将这种感悟和知识上升为一种能力,并可以通过这些能力的获得锻造出一种精神,从而切实完成留学软实力的提升。留学软实力恰如其分地将这些内容整合在了一起,通过对学生的培训完成了多重信息、能力和精神的传导,也将整个留学过程可操作化、可控化。在尽量控制偶然因素的同时,留学生们通过自身的不断提升的留学生软实力逐步改善自我,实现留学成功。

　　留学软实力的塑造是一个潜能不断释放的过程,是潜能爆发并逐步转换为现实的过程。对学生来说,留学软实力提升有重要的价值:① 留学软实力能够结合留学硬实力,并能够将留学硬实力发挥到最大的效用;② 留学软实力能够提升学生的信息、能力和精神力量,并将这些力量有效整合为留学硬实力,提升学生的留学硬实力水平;③ 留学软实力的提升能够全面提升学生所缺少的软实力水平,能够将这些素质通过一系列内在的优良禀赋激发出来,促使学生对留学过程的认知、思维和行动的转变。

图 27

留学软实力的转变是通过三种转变实现的：① 思维方式的转变;② 行为习惯的转变;③ 信念的转变。这三个转变一环扣着一环,留学软实力培养则是开启这种转变的起点和契机,也为这种转变提供合理的路径和正确的方向。思维方式的转变是在留学软实力的培养中基于各种素质的培养从意识到自己需要改变的那一刻开始,学生开始不断思考"我"与"我"的家庭、社会和世界之意义和价值,进而产生改变的动力并化作努力的行为。在课程的培养中,这种行为会转化为习惯性力量,从而进化为更高级的行为方式。而思维亦随着行为方式的改变而再次发生变化,在学习中、沟通中和写作中逐步使用新的思维来代替旧的思维,最终量变产生质变,相互促进,螺旋上升。思维方式的转变为学生的蜕变提供充足的动力,学生能够在这种思维方式的转变中全新地认识到自我,并勇于超越自我,逐步规划着自己未来的理想和方向。留学的本质越来越清晰可见,在每个学生的思维中逐步转换成为一条清晰的路径,而这种路径则变得可以接触和获得,不再不可捉摸和模糊。这一清晰的脑中地图将进而造成信念的转变。学生在接受一系列的挑战的同时,也在逐步探索、思考并释放自我的思维能量和行动能力,在言行上会逐步划一,在大量的学习实践和社会感知中认识到留学的价值和意义,在培养中逐步规范自我行为,形成强有力的自省能力和强大的精神力

图 28

量,并逐步从小变大,从简单变得复杂,从单一思维元素变成为综合行动和理念的复杂性系统。信念的复杂性系统的形成将会对学生本身能力的提升提供有效的途径,并在大量的实践中巩固自身的力量,有助于学生在未来的奋斗中建立起自我的目标系统,并找准自我的奋斗方向。信念的转变是留学成功的重要标识,也是留学软实力给学生带来的更高层面的改变。

留学软实力的目标即是达到以上三个方面的转变并使之稳定下来,成为学生留学过程中的能量并不断发挥作用。留学软实力的培养就是通过信息、能力和精神的传导,促成学生能够尽快意识到自己在这三个方面的禀赋,并认真地实现留学过程中的能量集聚,实现留学的三个方面的转变。

留学软实力的培养并不是一朝一夕造就的。它首先来自学生本身对科学的留学软实力课程体系的耐心学习与细致揣摩。留学软实力的培养按照部分—整体—部分—整体的归纳演绎式的方案对学生进行培训,学生在系统的知识学习中,建立起一套有意识的有关软实力培养的路径,而正是外在的培训路径和学生内在的自我灵动的发展路径共同促成了学生的能力提升和思维实践能力的提高。

按照此逻辑,留学软实力的培养路径首先将会提供一套有效的知识方法和分解程序打破学生本身在思维和实践中固有的偏好和成见,解开学生对未来留学种种顾虑的同时也为其心灵的放开和提升打开通道。留学申请者将会有意识地考虑到环境和背景对留学本身的影响,也会思量自己未来留学的任务和目标,这种潜意识中提升自我留学水平的思维方式将会在留学软实力的塑造中逐步成型。

在此之上,留学软实力将系统地为学生提供完整的留学软实力要素培训,将学生的专业力、申请力和互动力等多方面潜能通过学习实践培育发展出来。而在这些软能力得到提升的同时,学生的留学硬实力也随着留学软实力的提升而逐渐得到改善,这部分改善的力量将会随着留学硬实力的增长而逐步内化为向学术力、适应力、创新力和沟通力发展的重要能量,成为留学软实力从意识到认知和培养的重要转折点。在这一阶段,系统地进行留学软实力的培养将会为留学学子提供对留学软实力的整体思维及清晰的自我更新和成长的路径,而这种路径将会为留学生未来的成功提供助力。

留学软实力在对学生进行系统的培训后即进入第三部分,对留学软实力部分知识培养通过实践测算的方式进行衡量和培训。这一部分主要侧重于观察留学主体的接受度以及障碍点。学生在进行系统的留学软实力教育之后在留学申

请或者留学过程中逐步有意识地培养自己的留学软实力,并与留学软实力国际专家团进行定期互动和交流,通过发挥出主观能动力和想象力,将自我的潜能在学习和实践中发挥出来。留学软实力国际专家团首先对学生本人进行阶段性总结和软实力评估,并通过各种途径对学生进行阶段性再培训,切实解决学生自我成长的过程中所遇到的各种障碍。

留学软实力的培养最后一部分:总结归纳。留学软实力国际专家团将根据学员在留学期间和留学发展期间的软实力提升的层次对其留学软实力的能力进行能力七边形绘制,并指出其发展禀赋以及未来还有哪些层面具备提升空间。

此外,留学软实力国际专家团在学生留学完成或是留学任务阶段性完成之时,仍会对其进行职业发展培训,在专业素养、判断力与洞察力、社交力、创造性等层面上进行个性化指导,为学生的留学软实力的提升提供前景性的评估。

这一整体性的培训和评估将视为留学生的阶段性总结,并为其下一步的规划奠定基础。

留学软实力与社会环境

留学软实力的提升首先即是进行偏见和固定思维分解,将大量的思维定势拆分为留学软实力成长所需要的土壤和养料,为留学软实力的提升提供重要的理念前提。

从中国留学生的数量逐年递增的情势来看,其繁荣背后是对西式教育的强烈渴望以及对另一套生活方式的强烈向往。因此,众多的大中小学生踏上了留学之路。在此背后的家长的期望、自我价值实现的期待和对留学中介与咨询机构的百般纠葛自然就成为当今留学市场的众生相。

虽是如此,但透过社会环境观察,学生期待自己的未来无外乎是根据自我的发展和特性进行评估而做出的选择。而留学软实力却不是如此,它根据学生对留学的期待首先提供的是一套有效的分析性技巧,将非理性的预期一步一步排除掉,提供给留学生(语言—专业—学校—城市—国家)理性的分析框架,融合批判性思维(判断性思维)和创新精神,让学生自主思考留学的意义和价值,突破留学热潮给学生带来的干扰。

与此同时,留学软实力还能够根据留学生的条件挖掘出其潜能,根据其留学软实力的能力七边形的评估,将留学生自我无法感知到的、具有潜在禀赋的优势挖掘出来,从而为其制订留学目标和计划,并通过一系列的培训不断修正和发展这套留学计划。

社会环境对学生的影响是非常关键的,对家庭的影响也颇大,甚至能够改变家长对学生未来命运的想法。在这个时代,大多数家长都希望自己的孩子能够获得名校的学位,在国外锻造出良好的语言与沟通技巧,学到更为专业的知识,甚至是躲避高考带来的繁重的压力。这一切的希望都是建立在留学成功的憧憬之上,但这些内容的实现却恰恰是最需要建立在理性与正确的认知基础之上。

留学软实力的培养和养成首先是重塑留学生对留学现状的认知,结合自我的特性在理解留学竞争残酷的同时,促使学生调整心态,以合乎发展的眼光对待自己和自己留学的未来。留学软实力培养学生的视角,将其切换到留学对象集的角度,重新审视自我和整个留学的过程,以果为始。在契合自身留学硬实力的同时,逐步改进和更新旧有认知,将留学的哲学思辨、现实考量和理想期望作为一套目标形态提出来,从而最大限度地为学生的成长做出理性的抉择。

没有思考过留学的意义和目的的学生出国后是盲目的,犹如一头扎进了陌生的水域中,不知深浅。对自我精神塑造的不重视带来的后果也是非常危险的,特别是在另外一个社会环境之中。留学软实力最大限度地让学生感受到异域文化和社会的利弊风险,从文化的角度来理解在欧美国家习以为常的社会环境,并逐步解构这些内容,促进学生的思维成长。

表2 留学软实力与社会环境适应

跨文化反应能力	独立思考能力	管理力	修复力、悦纳力	内省力、意志力
重新理解家庭关系、社会情境和文化模式,再塑造学生的社会适应力。	从新的角度思考人生和留学的意义和目标,提出自我的价值。	学习自我管理,以及时间管理、项目管理等方法。	有效预防异域文化的适应不良,并在新的社会竞争体系中磨砺自我,保持心理健康。	培养反省的习惯和优秀的个性,在努力获得异域社会认同中砥砺人格。

如表2所展示的那样,留学软实力基于社会环境的差异性找出解决方案,通过一系列的精神力量的指引和思维的自我管理,来保持行动上的自主而不是放纵,心理上的健康而不是失控,精神上的自由而不是压抑。在异域的社会环境中,我们常常可以看到没有强大的精神力量的支持,很容易走入极端的事例,下面就是几个较为典型的案例。

图 29

[案例 1]

史某出身于高级知识分子家庭。在国内接受的教育是成绩优先，去美国读高中后，她的数理化在班里名列前茅，但上课的时候她却不适应美国课堂。小史同学较为内向，不像别人那样积极发问，在课下也不与同学老师交流，导致课堂表现分数低下，自信心严重受挫。

[案例 2]

寄居在美国舅舅家庭的方某在国外与舅舅的沟通上遇到很多问题。他有很多奇思妙想，与小伙伴一起活动的很多建议都被舅舅拒绝了。舅舅对方某严格要求，为他确立名校的目标。但方某并不喜欢这些，时间一长，方某逐渐变得性格孤僻，出现诸多心理问题。

[案例 3]

小芳是家里的乖乖女，但是留学之后发现，这边的同学大部分比中国的同学"大胆多了",想干就干,什么也不怕。她被此深深吸引,经常参加"主题 Party",逐渐染上酗酒、抽烟等不良嗜好。不仅如此,在交友中也逐渐放纵,难以保持慎重,结果荒废了学业,出现多门不及格。家人知道实情后,感觉难以置信。

[案例 4]

<h1 style="text-align:center">夏 虫 不 眠</h1>
——我的留学软实力培养记

我从小在上海长大,很小的时候是由爷爷奶奶带的。两位老人曾经是中学老师,对我的教育非常重视。隐约记得小时候就在爷爷的带领下去上海自然博物馆看各种各样的动物标本,识记很多名字。家里的冰箱贴上有着很多字母表,壁挂上有很多汉字,我的识字生活就是这么开始的。小时候,我对很多事情都有着好奇心,老是想问十万个为什么,但很多情况下都不能得到答案,萦绕在心中不得其解。

随着时间的增长,我也像一般人一样上了小学、初中和高中。在学习阶段,虽然也有机会出去看看,但这时候爸爸妈妈总是管着我,从小学起就给我报各种补习班,虽然也获得很多奖励,甚至在物理、计算机和数学上还获得不错的成绩,但我对着这些东西还是没有什么感觉,觉得每天都是在与数字打交道,根本不喜欢。后来我见到从美国回来的舅舅,他同我说了很多有关美国教育的内容,让我对美国的教育向往得很,真想去美国自由自在地学习啊……

在高二,一个偶然的机会,接触到留学软实力培养项目,我的父母想让我上很好的高校,觉得很新鲜,就让我报了一个,先试一试。在这里,我感受到了美国式教育与中国教育有着极大不同,导师们引导我认真思考学习的意义和价值,并思考未来的留学生活。因此,我开始反思自我,逐步开始培养自己的软实力。我将自己的学习融入生活之中,逐渐反思自己学习的东西,并积极花费功夫看一些外文教材。在多元模式沟通的课程中,导师们鼓励我尝试和一些国外数学教授通邮件,沟通一些数学上的问题。结果令人兴奋的是,一位普林斯顿的老师对我的反馈赞赏有加,因此我感到信心倍增。

在逐渐的学习中,我开始明白,留学软实力的自我塑造仅仅靠学业成就是不行的,我在学习留学软实力课程的同时,在课外活动上也积极起来。导师们鼓励我参加跨文化的交流活动,在活动中我结识了一些美国朋友,我与他们一起交流学习的感受,一起打篮球,一起头脑风暴。从他们身上,我感受到他们勇于实践的精神。因此,我们一起设计了一些数学课题,并在上海图书馆花大量时间查资料、写作,最终写了好几份英文报告。并且,在此期间我的英文综合应用能力也得到大幅度提高,顺利通过了托福考试。

此外,导师鼓励我参加社会交际活动,参与志愿者活动,并指导我组织了慈善社团,招聘志愿者参与慈善宣传,获得当地学校和媒体的好评。此外,我们还到鲁迅公园开展了鲁迅宣传周的活动,组织同学们进行骑行旅游。在这些活动中我汲取到了来自不同文化、不同背景人们的力量,带给我很大的成长。

在后来的申请过程中,导师们为我量身定制了申请计划,并且制定了不同层次的申请策略。最终,我拿到了普林斯顿大学的 offer。回想过去为目标努力的时光,犹如不眠的夏虫一般,围绕着青春开心地叫着,叫着……

留学软实力的培养是一个长期持续的过程,而这一过程需要花费大量的精力和时间来思考留学软实力与自我成长的关系,并朝着软实力的方向不断提高。而留学软实力的培养目标首先在打破对固有的旧社会的偏见基础之上,超越社会偏见,带着文化通透的观点去看待世界和万物。在强大的跨文化反应能力的浸染下,发挥心理优能,进行独立思考,并利用批判性思维(判断性思维)、创意思维和多元模式沟通能力迅速适应现状,在新的社会文化环境下能够更有效地生活。留学软实力的提升是一个系统的过程,它讲求的是在灵活运用的条件下将所有的要件发挥到学生所期望的最大程度。这股力量最终会转化为精神力,透过强大的内省力、意识力和组织力等层面展现出来。

留学软实力与家庭环境

家庭环境是学生在留学前所难以回避的客观要件。家庭环境对学生个人的影响不仅在于机遇、平台和诸种能力的培育,也包括资金、资源和精神上的支持,更是关乎学生留学目标和未来决策的重要参考依据。一万个留学生就有一万种家庭情况,正是由于家庭环境的复杂性造就了留学生在留学道路上的多姿多彩,也正是这种多姿多彩才使得留学这一过程成为非常复杂的留学事件。

学生的性格形成和决策风格也受到家长的强烈影响,甚至精神力能否在学生意识中占据位置也与家庭密切相关。家庭不仅是留学软实力培养的最重要的参考变量之一,也是留学软实力培养需要关注的因子。这是因为:① 家庭决策本身带有较多的盲目因素和功利导向因素,致使留学非理性决策的概率较高。家庭给学生不仅提供动力,同时也是制造压力的最大场所。父母的殷切期望,祖父母等人的浓浓亲情,不仅影响到子女在国外的身心发展,也往往改变他们的成长轨迹。有的父母对孩子期望过高,造成心理优能难以在学生心中发生成长;有的父母投入太少或者对孩子的关爱不够,致使国外的子女们很少能及时解决一些心理障碍和情感问题;单亲家庭的孩子在留学的决策上更容易偏向一端,而多子女家庭的孩子在国外留学时难以自主、自立。这些中国式家庭的问题至少在相当长的时间内影响到学生的未来选择。② 家庭提供的经济支持是学生在决策的重要参考,却也是最大的障碍。很多家庭实际上并不富裕,在留学上也是精打细算,思量再三。留学本身就是耗时耗力的工程,在这些层面上父母耗尽心力,但却不知道哪些地方可以省,哪些地方是不能省的。这些因素往往造成家长在决策上犹豫不决,在花费上厚此薄彼,而学生的出国项目也会在这些因素上受到影响。我们也看到有另外的一些家庭,孩子从小就是"含着金钥匙"长大的,家长认为将孩子送到国外去就已经够了,却没有考虑到如何维护与孩子的情感。长此以往,孩子在国外独立生活惯了,形成了独特的价值观,反而很难听从父母的管教,由此酿成的家庭矛盾很难解决。③ 家长对孩子的未来规划而很少顾及学生的自我想法,往往会造成不好的后果。这些因素无疑都是造成留学生未来异域学习和生活不顺利的重要原因。

在中国,主要以研究生为出国留学对象的时代已经过去,当下中国进入小留学生时代。由于心智和思维并未健全,小留学生的身心健康更为值得关注。留学软实力注意到了这些年龄差异的问题,在整个培训的过程中对学生的各个方面的心理情况进行综合评估,特别关注这些小留学生的家庭关系以及他们对未来的愿望和憧憬。在进行留学力测评中,培训项目组将会为每个小留学生详细介绍异域文化的各种特点,并让其体会到与中国式的社会"场景"和"常识"不同的地方;通过强有力的英文课程教授,让其逐渐适应西方式的教学方法,逐步认识到自我的发展潜力与空间,为其不断成长的自我意识提供较为充分的素材,让其感受到留学意义和价值,并在这种文化氛围中感受和寻找到奋斗和努力的源头。通过一层一层的教学互动,剥开小留学生羞涩的心理外衣,灌以丰富的养料,让其得到自然成长,让其发现自身潜在的价值。

表3 留学软实力与家庭环境

心 理 优 能	决策力、管理力	多元模式沟通能力	独立思考能力与精神力
学会接纳父母,在复杂环境的变化中能够理解他人,培养自我坚强意识,同时悦纳家人的缺点。	在独立思考之上培养自我的决策力,能够根据情势处理人生中的重大决策;并能够谨慎处理家庭关系,在独立的同时维护好家庭关系。	在此基础上,学会与父母有效沟通,能够聆听家人意见,同时在行事上考虑家人感受。	学会独立处理家庭事务,实现自我在异域环境中的成长,为实现最终独立做好准备。

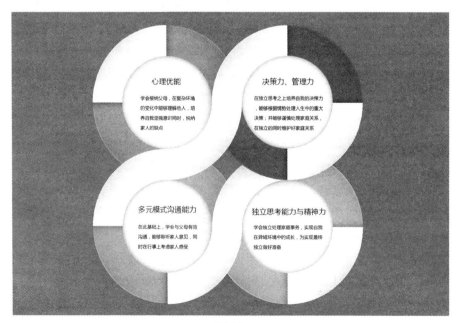

图30

正如表 3 所展示一样,留学软实力的培养对学生的成长非常重要。留学软实力让学生根据自身的潜力和发展状况独立思考,发挥创新思维,自主设定未来路径,并能够拥有充分的精神力与父母沟通。在实现与父母相互沟通,相互了解的基础之上,充分发挥着学生的心理优能。学生在合宜处理家庭关系的基础之上,留学过程中能够更为安心地发挥潜在的能力。留学软实力能够更为合理地让学生从一个新的角度来看待家庭关系和家庭气氛,也从新的思维来处理和应对家庭内部的诸多矛盾和问题。下面提供一些案例具体说明留学软实力在处理家庭关系上的重要作用。

[现象 1]

孩子在外,最难得到家庭管教。很多家长在国内辛辛苦苦赚钱,而子女在国外却自由做着自己想做的事情,孩子与父母仅仅靠着网络和电话联系。结果,父母并不能知道子女真实在做什么,孩子也不知道该如何和父母用心地沟通。父母与子女离得越来越远。

[现象 2]

有些孩子到国外去读书,并没有充分的准备。结果到了国外才知道,存在着语言上的障碍,沟通上的障碍,学业上的问题。父母干着急,却很难起到作用,结果折腾了半天,孩子又从国外回来了。

[现象 3]

目前留学生大致有三种类型:一类是"留学精品",这些同学在海外学习环境中完全适应,如鱼得水,很多潜在天赋完全发挥,获得各个方面的提升;第二类同学则是不光在学业上不思进取,而且在生活上糜烂腐化,甚至在留学当地触犯法律,成为害群之马,给国家丢脸,被媒体称之为"留学垃圾";第三类同学则是矛盾体,自身没有准备充分,不懂如何利用留学资源,且不太适应留学环境,成为留学"半成品",在国际竞争中并没有什么大的优势,在就业中呈现高不成低不就的状态。

157

[案例]

在外方知父母心

—— 留学蜕变记

我来自杭州，从小就在南方长大。我父母是生意人，经常在外出差。从小时候起，我就由我奶奶带着。我很不喜欢自己所在的生活环境，朋友虽有很多，他们也经常和我在一起玩，但我老觉得自己和他们有很多不一样。随着年龄的增长，我身上生出一股叛逆之气，我觉得自己能够做好一切事情，什么都不需要父母管。爸爸妈妈平时并不怎么关心我，只是在他们回来的时候经常给我带这个带那个，我很不喜欢。

上初中的时候，我开始寄宿制的生活，天天住在学校里，也很少回家了。我在学校里交了一些朋友，我们并不认为学习很有用处，因为觉得学得再好也就是那个样子，因此学会了抽烟，还经常逃课。在我们中间，这些都是习以为常的事情。但是中考却给我很大的打击，自以为成绩还可以的我竟然没有考到我想要的分数，我心里很是郁闷。长达三个月的时间我一直都在焦虑之中，不知道未来该怎么办。父母一直说我没有好好努力，让我仔细反省。我就萌生一个念头，想到国外去看看，且把这个事情和父母说了一下。一开始他们并不同意，并把我送到私立高中去读书，但是过了一年他们又说让我出国留学。由于我高中成绩也不是特别好，我想或许去国外读书也是个出路。因此，我在高中里就上了国际班，并且进行外语培训。

外语培训是需要下大工夫的。我基本上把所有的时间都安排在英文学习上，有的时候一天花费 10 个小时都在学习外语，但总觉得缺少了点什么，有点不得要领的感觉。后来我参加了留学软实力的培养课程，认识到仅仅学习外语是不够的，是片面的。在思维课程中，我开始从多个角度思考留学这件事，也开始深思父母为我付出，让我出国的苦心。因此，我开始着力培养自己的留学软实力，特别是心理优能和精神力量，并在实践上与自己以前的朋友们忙活着操办着一些活动。看到自己取得的成绩，父母很感到欣慰。

经过两年多的努力，我在导师们的指引下，居然申请到了 UCLA！

这个结果让我和我的家庭都非常高兴。我尝到了留学软实力对我巨大改变,尤其在思维和心理方面。

我那些在寄宿学校的同学也在考虑留学,但他们认为出国的主要目的是长长见识,拿个学历。而导师给我的教导是成为具有国际竞争力的人才,所以我在入学之前,就知道了留学竞争的现实与残酷。以前我爸爸只希望顺利学成归来跟着他一起管理家族的企业,但我觉得做科研更适合我的性格与特长。如今,我考虑在生物医学专业方向发展,且与家人深度沟通我的想法,最终父母表示支持我的选择。

随着思维方式的改变,我体会到父母无微不至的关心,学业、饮食、住宿等,无一不是他们的牵挂。他们有的时候会在深夜里给我打来电话嘘寒问暖,有的时候会突然寄一些礼物让我惊喜不已。每每想到小时候与父母经常离散,长大一些就与父母经常怄气,真是年少无知,内疚不已。

现在,我更珍惜每次与父母相见的时光,也更知道作为一个男人的责任。每天都过得充实而紧凑,我相信未来一定会更加美好。

留学软实力的培养令同学们在不知不觉中换一种更高级别的思维方式思考,在生活点滴中意识到父母与他人的艰辛和付出。一个拥有较高留学软实力素质的学生能够意识到留学和生命的意义,也更能够从留学生涯中感悟到一些人性本质的东西。而这种感悟是纯粹的知识性的学习和技能获得无法获取的。这种类似同理心、爱等崇高价值的理解和认同真是留学软实力培养的重要目的。

留学软实力与人格养成

由上文所说,留学软实力关注的不仅是外在的环境和家庭背景,而且也将人的内心系统关照在内。学生在海外求学的过程中不仅遇到各种学业上的挑战,更有如何面对异域社会的问题。在大多数的情况下,学生在处理问题时更多是从本性出发的,很多留学生带着较为功利的思想甚至盲目的想法出国留学,并被茫茫的物欲所淹没。

对留学生来说,人格养成是其人生成长的关键部分。也许很多人会认为人格养成是大学的事情,但留学这一过程对人的影响是全方位的,在人格上又会重新塑造另外一个适合新的社会环境的人格层次。对留学生来说,人格养成有主

动的实现,有积极的获得,也有惨痛的经历,甚至还有无奈的体验。一个健康的留学人格首先的表现就是对自己所做的每一件事负责,这种较为高尚的内涵并不是所有在异域生活的人都能够具备的。而对留学生来说,健康人格的实现也是促进人生向着正确的方向迈进,实现自我超越的重要前提。

表4 "病态"留学生状态扫描

	表 现	结 果
学业上	平时不努力,逃课,上课听不懂或不用功。	挂科、留级、劝退甚至被开除。
	花钱找枪手应付作业,交论文之前临时抱佛脚,学术抄袭、剽窃、造假等。	
	选课后不能坚持到底,考试作弊。	
生活上	与外界相隔离,长期整日窝在家里对着电脑看电影、电视剧,玩网游,网上聊天消磨光阴,成为宅男宅女。	学业上没有很大长进,养成过度消费理念和纵欲生活方式,耗费大量青春光阴。
	消费至上,物欲无度。	
	沉迷夜生活,结交不良朋友,生活习惯糜烂。	
情感上	同居和较为混乱的亲密关系时常发生。	感情上容易受到伤害,并难以恢复;有些引发心理疾病,更有甚者,出现自残、自杀等极端行为。
	文化不同难以融入国际学生群体。	
	与家人关系有隔膜,甚至冷淡、厌烦。	

津巴多的名著《路西法效应》讲述这样一个真理:"环境比先赋更能够决定人的性格。"国外的生活陌生而新鲜,有些留学生因为强大的精神力量和强有力的心理优能,能够适应并游刃有余;而相当一部分留学生因为各种困难与挫折逐渐偏离原先发展的轨道,最终与梦想南辕北辙。

健全的人格是留学软实力培育的重要目标,也是学生未来实现梦想所必不可少的。健全人格难以养成是诸种因素复杂作用的结果,但对留学生来说主要有三点:① 自律精神的缺乏以及学业上的怠惰;② 不良朋友和社交圈子的影响;③ 负面精神能量的影响,例如骄傲、虚荣或懒散等。这些因素是复杂社会和精神系统导致的结果,如资金上的匮乏、生活圈子的单一、社会支持系统不全、语言弱势等因素。这些因素通过心理环境作用于主体本身,让其变得更为自闭、孤独和自卑。在一系列的负面心理能量的作用下,主体很难感受到来自外界正能

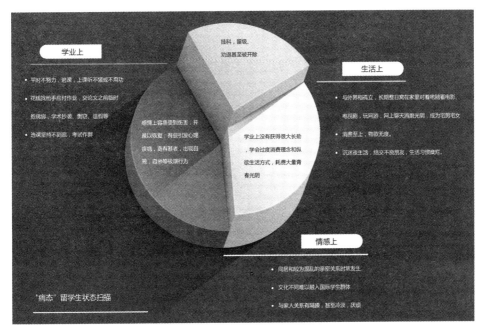

图 31

量的影响,大部分会越走越糟。

　　强大的精神力量是成功的留学精英身上共同具备的特质,这需要在很长的留学奋斗中获得和运用的。对大多数留学生来说,首先需要具备足够强大的自信和战胜自我的心理特质来面对进入新的社会环境的挑战。留学软实力国际专家团将影响学生的这些因素综合起来,为培养健全人格提供良好的场域和知识体系,并将这些因素结合学生个人的实践贯穿于整个留学申请和留学过程之中,进行及时的沟通和互动,为学生成长提供良好的条件。主要体现在以下方面:
① 提供先进的美国师资力量结合美式竞争性文化,从中美学生的成长的角度转换学生的角色。② 详细概述美国式教育体系所需要的重要的特质和想法,对学生进行深层次的思维训练,将这些内容通过一系列具有想象力的实践演绎出来。
③ 对留学生在海外留学的情况进行跟踪,依据留学七边形法则测量出学生人格的发展特质,并提供有效即时的建议,将这些内容贯穿于学生的留学生涯之中,即时解决他们所困惑的一些问题,为其提供长期有效的跟踪式培训,最终为其自我意识的觉醒、在西方社会获得成就打下坚实的基础。

[小资料 1]

在海外高校,学生的学业态度非常受到重视。留学生在出国前不仅要在学业上做好准备,同时还要关注当地的法律和学校的校规等重要内容,避免违反法律或者违规而被劝退、开除。部分学生来到海外学校之后有诸多的不适应,在学术上、学业上和生活上由着自己性子来,很容易造成恶性的后果。特别是由于文化不同而造成的理解障碍,打架斗殴、酗酒逃课、学业上怠惰以及学术剽窃等,这些都是容易导致留学生被劝退的缘由。

[小资料 2]

小留学生在国外要小心学术剽窃带来的恶性后果。所谓的学术剽窃,指的是一种欺骗形式:"虚假声称拥有著作权:即取用他人思想之产品,将其作为自己的产品拿出来的错误行为。"……在你自己的文章中使用他人的思想见解或语言表述,而没有申明其来源的,就是剽窃。(《美国语文学会研究论文写作指南》,第30页。)《美国语文学会研究论文写作指南》指出了学者(学生)一定要杜绝的八类剽窃:

(1) 在下列几种情况下对见解、资料、用语的来源出处"没有给予相应的承认"的行为:"复述他人行文或特别贴切的词语"、"变换措辞使用他人的论点和论证"、"呈示他人的思路"等。

(2) 总体的剽窃:整体立论、构思、框架等方面抄袭。

(3) 直接抄袭:直接从他人论著中寻章摘句,整段、整页地抄袭;为了隐蔽,同时照搬原著中的引文和注释。

(4) 在通篇照搬他人文字的情况下,只将极少数的文字做注,这对读者有严重的误导作用。

(5) 为改而改,略更动几个无关紧要的字或换一种句型。

(6) 错误理解综述的概念:"综述"的意义或许在于相同或相近的思想出自不同的论者,因而有必要将其归纳整合,形成一种更具有普遍意义的分析视角,而抄袭是将部分综述对象照单全收。

(7) 跳跃颠转式抄袭:从同一源文本中寻章摘句,并不完全遵循源文本的行文次第和论述逻辑。

（8）拼贴组合式抄袭：将来自不同源文本的语句拼凑起来，完全不顾这些语句在源文本中的文脉走向。

学术剽窃是非常严重的造假行为。世界各地的高校的校规中对学术剽窃行为都给予严厉的处罚，其程度不亚于对违法犯罪的处理。

[小资料3]

留学生群体本应拥有较为高尚的理想、较为明确的奋斗目标以及强大的精神力量，但在留学生群体中也存在这样一群人，他们进入发达国家之后，看到所学到的东西或者所研究的内容并不能给自己带来多大的价值，同时由于西方的人力成本很高，在当地赚钱又很方便，于是乎留学就成了一个幌子，而挣钱享受美好"生活"就成为留学的实质性内容。这样的一个群体在长期的发展过程中通常会发生分化：一部分人在混到大学文凭或者硕士文凭之后就离开了留学国家；另一些人，则留在了当地国继续进行着自己的"打工事业"，直到被遣返。这样的例子虽是辛酸，却也反映了当前留学生群体复杂的构成和留学的艰难与不易。

[小资料4]

小留学生出国往往纠结于西方教育多样性和差异性。例如美国的高中就存在教会办学、社会办学、私人办学和公立学校等多种学校，根据美国移民法规定，公立中学只接受国际交换的学生，并且学习年限不超过一年。小留学生对美国高中有两个选择：寄宿高中和走读高中。寄宿高中在美国属于精英学校，入学门槛很高，对外语有非常苛刻的要求而且学费非常昂贵；而走读制学校则普遍入学门槛较低且对语言要求不高。很多家长在对小留学生的安排上往往走两个极端，要么就是支持自己的子女申请难度数一数二的寄宿制学校，完成他们非常难以达到的要求，要么就是委托中介到走读制学校学习。走读制学校一般比较便宜，但是中介往往通过各种方式来赚取中间差价，这里头包括外地住宿和文化社区的选取等问题。这些走读制的学校与当地联系更为紧密，因此地域性非常强，文化体验较为单一。而住宿条件如果难以满

足小留学生的需求或者是社区文化并没有达到标准的话,小留学生在未来的生活和人生的发展中会遇到更大的困境。

美国的寄宿制学校虽然费用颇高,但对小留学生来说有一些优点值得关注:① 学校开设的课程较为高端,具有一定的挑战性,对学生的学术思维的培养和塑造大有裨益;② 寄宿制学校较多有百年以上的历史,大多强调精英教育,注重学生素质的提高,而非常优秀的学生能够在这里得到充分的发展;③ 导师的背景雄厚,大都是来自名校的毕业生,或与美国名校的毕业机构有着长期的合作关系,能够为学生提供申请指南;④ 私立中学往往与当地的关系并不密切,学校与外部小镇的差异较大,提供较为标准的精英教育,注重学生能力的培养和个人特长的发挥;⑤ 师生比较高,一般十几个人配备一个老师,甚至有的模仿英国的寄宿制的学校,每个学生有两个导师,一个负责品行,一个负责学业,这些对学生的道德培养和个人理想的塑造较为重视。

留学软实力与留学生活的规范化

曾经有则著名的故事,反映了中国人和西方人对规则的不同认识:

[案例1]

欧洲某些国家的公共交通系统的售票处是自助的,也就是你想到哪个地方,根据目的地自行买票,没有检票员,甚至连随机性的抽查都非常少。一位中国留学生发现了这个管理上的漏洞,或者说以他的思维方式看来是漏洞。他很乐意不用买票而坐车到处溜达,在留学的几年期间,他因逃票被抓三次。

他毕业后,试图在当地寻找工作。他向许多跨国大公司投了自己的资料,因为他知道这些公司都在积极地开发亚太市场,可都被拒绝了。一次次的失败使他愤怒,他认为一定是这些公司有种族歧视的倾向,排斥中国人。最后一次,他冲进了人力资源部经理的办公室,要求经理对于不予录用他给出一个合理的理由。

下面的一段对话很令人玩味。

"先生,我们并不是歧视你,相反,我们很重视你。因为我们公司一直在开发中国市场,我们需要一些优秀的本土人才来协助我们完成这个工作,所以你一来求职的时候,我们对你的教育背景和学术水平很感兴趣。老实说,从工作能力上,你就是我们所要找的人。"

"那为什么不收天下英才为贵公司所用?"

"因为我们查了你的信用记录,发现你有三次乘公车逃票被处罚的记录。"

"我不否认这个。但为了这点小事,你们就放弃了一个多次在学报上发表过论文的人才?"

"小事?我们并不认为这是小事。我们注意到,第一次逃票是在你来我们国家后的第一个星期,检查人员相信了你的解释,因为你说自己还不熟悉自助售票系统,只是给你补了票。但在这之后,你又两次逃票。"

"那时刚好我口袋中没有零钱。"

"不、不,先生。我不同意你这种解释,你在怀疑我的智商。我相信在被查获前,你可能有数百次逃票的经历。"

"那也罪不至死吧?干吗那么较真?以后改还不行?"

"不、不,先生。此事证明了两点:一、你不尊重规则,不仅如此,你善于发现规则中的漏洞并恶意使用;二、你不值得信任,而我们公司的许多工作的开展是需要依靠信任进行的。如果你负责了某个地区的市场开发,公司将赋予你许多职权。为了节约成本,我们没有办法设置复杂的监督机构,正如我们的公共交通系统一样。所以我们没有办法雇佣你,可以确切地说,在这个国家甚至整个欧盟,你可能找不到雇佣你的公司,因为没人会冒这个险的。"

另外一个例子也是比较令人感到寒心。

[案例2]

2012 年美国堪萨斯州安保利亚州立大学(Emporia State

University)MBA 一年级的杨明轩自杀身亡,其理由竟然是不想花父母的钱。

就在杨明轩自杀的当天上午,他在某社交网站上写下了这样一条简短的绝笔:

"如果,你,好奇,如果,你,想知道。那么,答案,就在……2011 年 12 月 13 日,中午 11 点的那条状态,如果你看懂了,你就明白了。"

他文中所指 12 月 13 日的那条状态,内容则是:"如果可以不再向家里要钱了,那该有多好。如果还能让父母花上我的钱,那该有多幸福。如果做不到后者,就争取做到前者吧。"

这个难以承受挫折和压力又对自己有很高期望的优秀少年,因为自己的经济问题长期没有得到缓解,却又没有一个固定的朋友圈子可以交流这些事情,而走上了不归路。

[案例 3]

数十名中国留学生因为涉嫌伪造留学申请文件,被英国纽卡斯尔大学开除。

据此间媒体十二日报道,共有五十名学生被开除,其中四十九人来自中国大陆、一人来自台湾,大部分人于今年九月入读纽卡斯尔大学商学院。

被开除的学生包括三十三名攻读硕士和十七名攻读本科的学生。校方表示已与他们一一谈话,通报开除决定,这些学生有权在十四天内提出上诉。

纽卡斯尔大学此前发表声明说,"这些学生的申请文件经过伪造或者成绩被篡改","伪造文件多是英语语言证书或其他大学颁发的文凭,伪造的质量很高,以至于招生部门无法通过常规的检查发现"。

据称,纽卡斯尔大学在对海外学生进行英语水平测试后发现他们成绩相当糟糕,无法跟上课程,引起怀疑后向文凭或证书颁发机构进行核实,结果发现大量申请材料是经过伪造的。

纽卡斯尔大学已将这一事件报告警方和内政部,并提醒英国其他大学对伪造留学申请材料提高警惕。纽卡斯尔大学新闻发言人米克·沃里克接受 BBC 采访时说,很多被辞退的学生受到弄虚作假的留学中介的欺骗,这些留学中介代他们提交了这些伪证,使这些学生成为"受害者"。

(来自中国新闻网)

许多中国留学生在留学期间由于不了解规则,或者无视规则,经常会出现这样那样的故事。而这个故事也反映了部分中国学生不遵守规则的习惯,甚至将聪明机智放在如何逃避规则或者"发现规则漏洞"之上。长此以往,留学生的留学生活会变得一团糟,从而丧失留学的正向的意义和价值。而留学软实力的要求之一就是尊重异国社会的伦理和操守,规范自己的生活,寻求正面的意义。

那么什么样的生活才是值得追求的留学生活?什么样的消费理念才是比较正常的消费理念?很多人认为答案是因人而异的,事实上却不是这样。留学软实力将留学生活分为学业—理财—实习—圈际交流—消费与休闲—情感生活六大部分。六大部分中,学业占据核心部分,如何安排好学习的时间和精力,将核心内容处理好是规划好留学生活的关键。六大部分每一个部分都是留学生活的重要组成部分,缺一不可。

学业——这是留学生活最关键的内容,也是占据留学生生活最大块的内容。学业要遵循效用最大化原则,即学习内容要达到自我感觉的最大化。这里的效用不仅仅是一种幸福感,更是一种成就感,因此需要强有力的意志力和精神力量作为支撑。

理财——对留学生活来说,金钱是最为重要的资源。没有一定量的货币,一切都寸步难行。留学生活需要学习的重要技能之一就是学会理财,达到收支平衡或略有盈余。在一般情况下留学生是没有收入的,但现实情况是很多留学生要么过度消费,要么过度渴望赚钱。财富的赚取以不耽误学业的发展为前提,因此强调的主题词不是最大化,而是一种"平衡",即达到收支平衡或是个人财政上的平衡。

实习——实习可分为两个部分:日常实习和毕业实习。一种是为了赚取生活费而不得不进行的一种实习(兼职),而另一种则是为了找到一份更好的工作或者是寻找更好的机遇而进行的实习。对这两种实习方式一定要在行为上区分开来,前一种需要付出辛苦的劳动,而后一种更多的是智慧的输出。前一种是交易行为,后一种则是投资行为。因此,在对待两种实习上,学生应该有清晰的区

分,并保证第一种实习在固定的时间获利最大,而第二种实习则要保证效率最大化。

圈际交流——圈际交流是放松身心,获取资源,开展社交活动的重要方式,也是留学生活的重要内容。任何条件下人都不可能脱离社会而独自前行,留学生活也是如此。留学软实力培养的主要内容在于分析各种可能遇到的"益友"和"损友",指导留学生采用理性的交友原则,以谨慎乐观、友好温润的处世原则结识更多友善和成功人士,并尝试构建以多元文化为核心的朋友圈和以积极进取为主的朋友文化,为自己的成长和发展提供助力。

消费与休闲——这是留学生在国外经常感到困惑的问题。由于各国国情不同,留学生在不同的地域消费水平也不同。在发达国家留学,留学生往往会碰到一系列的难题,例如教材和专著太贵,房屋的租金很高,蔬菜和水果的价格不便宜,理发看病等费用很高,因此出国前做好充足的准备是有必要的。留学软实力国际专家团提供多种小技巧和方法,对留学生进行理性的消费水平测试并分析留学生消费的倾向性,指导留学生如何应对未来的财务危机,从而帮助留学生规范自己的消费行为,做到合理消费。

与消费不同的是休闲,这里包括旅游度假、参观游览,甚至是参与一些较为奔放的主题类活动。中国学生应对国外的休闲方式往往没有经验,造成两种可能性的结果:一种可能性就是过度休闲,荒废学业,得不偿失;而另一种可能性即是从不休闲,造成视野狭隘,难以真切的感受到西方文化的各种层面。留学软实力国际专家团认为这两种极端都是不合理的。休闲受时间和金钱的制约,受学生的个性的影响也较大。留学软实力根据学生的能力七边形做出判断,理性地衡量学生的休闲倾向性,为留学生未来的生活提供理性的参考。

情感生活——情感生活是留学生活的一大块,也是最容易被忽视的内容。其价值在于留学生来到异域社会,往往有着孤独感和无助感,会很迫切地在感情上寻找安慰。而感情生活虽然较为普遍,但是谨慎地对待感情生活的留学生却不多,很多留学生因为情感生活的不顺畅或者受到伤害而影响留学生活的进行。留学软实力训练团队更多地将精力放在留学感情生活的危机处理和留学生的情感生活指南上,为留学生提供积极有效的心理课程和情感课程,从科学的角度帮助留学生理性地应对未来可能出现的情感问题和情感危机,将控制情绪和情感受挫心理疏导训练作为重要的技能和思维模块教授给留学生,并模拟示范多重可能性,以案例教学的方式对留学生的未来情感问题做一些分析和判断,规范留学生的情感思维,使之理性化和客观化,从而追寻有意义的情感生活。

小结

　　大部分海外留学的青年选择回来就业,回国就业成为继留学潮之后的第二个大潮。但是这些海归们真的能够适应国内的职场环境吗? 其结果不容乐观。除了少数家庭关系背景雄厚,甚至不以获取学历为就业敲门砖的学生外,大多数海归在找工作时候都会遇到较多的困难。这些人在国内找工作时候面对的是内外两个落差,难以获得满意的工作,时间长了就成了"海待"或"海囤"。

　　没有强有力的国际竞争能力,不仅在国外的职场竞争中难以获得优势,就是在国内的血拼中也很难取胜。许多学生在国外所学到的知识和技能在国内需要经过一次转换——本土化的过程才能够逐步被国内所接受。同时回到国内的海归如果不能重新面对这个新的环境再次转换自己的思维和身份,按照国内的各种规制和规则进行本土化适应的话,他们将很难在国内的就业中获得优势。留学软实力的国际专家团正是针对此问题,将留学培训的定位并不仅仅停留在留学申请成功而止,而将其拉长为整个留学过程以及随后的就业和事业腾飞的过程。留学软实力侧重的并不是即时能力的培养,它关注的更为宏观的是一种持续性的能量积累。留学软实力引导学生始终将留学视为人生的一个过程,看作是个人成长的重要动力,在其中丰富自我的硬实力的同时拓展个人的精神力量。以伟大的精神力量和崇高的价值追求作为留学生人生成长的落脚点,个人在逐步的奋斗和学习中领悟、升华思维和品性,并同留学软实力国际专家团在整个人生发展中共同成长。留学软实力完成的培训系统和与学生长时段的互动为学生未来在任何地方的成功奠定基础,并适时地给予在就业中的学生和海归以有效的帮助,让其能够获得充足的信息、有效的渠道,构建积极社交圈。

　　随着时间的推移,留学软实力并不会随着留学的结束而画上句号,而是将转变为职场软实力塑造的重要基础和资源而重获新生,并且留学软实力也会随着个人阅历的增加,精神力量的获取而作为新的软实力资源螺旋上升。

第二章 如何走出高分低录：
硬实力的深层次挖掘

> 校园的成功……承认有比智商更为重要的东西；学业上的成功需要众多的素质，包括意志、性格，例如易学性、习惯的养成、特别是持续性努力。即使是高智商的孩子，如果他不认真听课也会什么都学不到。
>
> **——比涅特和西蒙**
>
> 我们不在乎孩子的分数有多高，我们更看重他是不是一个诚实、有良知、有人类意识的人。
>
> **——哈佛与耶鲁的招生官**

2013 年 5 月，SAT 考试传出了"泄题风波"，泄题的地点一次是在韩国，而另一次据说是在中国香港。2014 年 10 月 11 日，SAT 考试再出"作弊风波"，美国教育考试服务中心再次将中国学生推向风口浪尖。这些事件，势必使美国高校重新考量中国学生的素质，并影响亚洲学生的录取率。与此同时，一些高中的 GPA 造假事件频发，亦引起美方高校的强烈不满。美国高校在东亚地区的中学投放的名额开始下降，这一冲击将带来"寒流"，且可以预见的是会在很长一段时间里持续下去。

但与寒流相对应的是中国学生对留学的热度。越来越多的学生期待到海外进行深造，并得到了社会的广泛的重视。能够申请上西方名校的留学生一定赚足了大家的眼球。的确，能够获得海外的 offer 本身就说明其潜力非同一般。但同时，我们也看到有一大批学子在考试分数上并不差劲，有的甚至在海外各国的类似"高考"的考试中获得了满分，可是却没有获得留学对象集的青睐。如今随着美国 SAT 改革率先开风气之先,将分数在整个录取中的比重和考试的难度进一步下调,加大了非应试成绩考核的比重。这就意味着很多高校对学生的考核将进入更为多元化、更为多样化的阶段。

如何理解这个阶段呢? 这是不是意味着留学硬实力就不重要了呢? 完全不是,事实上我们认真分析就可以看出西方名校对选拔体系的调整实质上是应对当前高等教育危机的重要表现。上文已经提及,高等教育在当前面临着多样化的挑战,其中最为直接的挑战在于其培养出来学生能否适应当前的全球化的大潮,能否在时代的弄潮中获得新的机会。如今社会分工高度发展,能够在这样的竞争中获得优势,需要强劲的硬实力和丰厚的软实力。最为重要的是,两者并不是互相矛盾,而是相互补充的。留学软实力是硬实力更深层次的发掘,激发更为强劲的提升硬实力的力量,而这些核心力量恰恰是留学硬实力本身所欠缺的。

正是由于留学软实力发挥的效应持久且更注重应用,所以在整个的留学软实力的发展过程中,学生内化软实力的过程也是逐渐感悟和成长的过程。留学软实力国际专家团注重将留学软实力的内容实体化、理论化、理念化、实践化,使学生主体更容易观照和参与,积极吸收留学软实力培养体系中的内容,在行动和思考中将其积极转化并发挥出来。在留学软实力培育初期,学生只能初步感受到硬实力发挥中有一些深刻的决策因子和观念在影响其直接释放,而无法直接意识到其丰富的延展;在留学申请或留学逐步深化的过程中,留学软实力将在各个层面表现出来,并结合留学硬实力展现出学生的健康新面貌以及蓬勃向上的精神力量。

目标的养成和留学硬实力的释放

留学软实力培养在初期的目标就是德尔菲神庙上的那句话:“认识你自己。”其提供的知识运用的第一个层次即是确定学生初期的目标。正如上文所提到,在解决社会环境问题、家庭背景问题,甚至是预警未来的留学生活之后,留学软实力培养进入主体部分,通过多元模式沟通能力、思维能力的综合运用,锁定留学目标。

留学目标在留学软实力中是一个动态的概念,它是一个不断修正的概念,其目标牵涉到:

1. 留学前景——为什么去留学,留学的价值和意义,以及是否一定要留学才能完成自己的愿望或者理想,这些牵涉到深层次价值观的问题,学生需要深入思考自我的意义和存在的价值,从形而上的角度更为深刻地剖析自己。留学前景是留学生涯开始的前提和基础,留学生能否构想出清晰完整的留学前景是其能否发挥自身实力,实现留学目标的基础要素。

2. 留学兴趣——自己的爱好是什么?兴趣是最好的老师,一个长期恒定的兴趣不仅能够塑造坚韧不拔的精神,也能够不断地积累起专业知识,将自身打造得更为完美。留学兴趣是在清晰描述留学前景的基础之上,根据思考和判断而做出选择,对异域文化和科学知识的兴趣最终转化为对学科投入和留学申请的热忱。这样不仅降低了留学成本,也更容易自我实现。

3. 留学成本——准备花多长时间出国留学,留学的经济成本(可变)的范围是多少。对于留学生来说,如果能够培养起对留学成本的整体感知,并能够在这种感知之上力所能及地通过自我的努力尝试缩减成本,这将极大地改变留学生的留学路径和发展方向。有些学生对留学成本存在误解,认为初期出国之前投入的成本+留学生涯的投入成本=留学成本。这种算法不仅没有看到留学的机会成本,也没有计算出国留学后回国的本地化成本和适应成本。留学成本的理性计算和预估不仅能够给留学生本人带来压力和学习动力,也会促使留学生在完成学业的同时思考更多的有关个人的人生与社会问题。

4. 留学方式——是直接考入国外的著名高校就读,还是在国外先读预科;是本科在国外留学,还是直接考入国外的研究生院,或者再工作几年再出去读书。留学方式的估计与留学前景息息相关,都是理想留学的一种现实操作。留学方式是人生规划的一种准备。不同性格、年龄和思维的学生对未来的留学生涯有着不同的规划,但这些规划是否理性、是否具有可行性,成本是否最低,则需要学生综合考量,并与学生的留学软实力水平息息相关。

5. 留学条件——是否具备留学资格,自身条件如何,当前的水平是否具备冲刺自己梦想的高校的条件?留学的对象集往年的招生情况如何?是否与留学生本人条件匹配?学生能否实现顺利留学,事实上是一个双向选择的过程,不仅牵涉到留学对象集对留学生条件和潜力的预判,也牵涉到学生的自我选择。以前往往有一些留学生将自己的目标定位在海外超级名校,不能客观地看到学校录取要求和自我水平之间的差距。但也有一些留学生将自我水平定位过低,难以看到自我潜力和真实的实力水平,以至于与名校错失交臂。对自我定位过高和过低都是一种非理性的表现,留学条件能否正确衡量的关键在于学生在长期的求学和成长过程中能否经常换位思考,吸收别人提供的意见和评价,并根据自我学业和兴趣情况作出评价。

6. 留学软实力评估——留学软实力项目评估是一个系统测评的过程,它不仅牵涉到对学生与软实力相关的各种素质和力量的衡量,也将这些内容划归为一种可供实践分析和操作的统计体系和概念框架。留学软实力国际专家团会对学生的留学软实力的发展情况进行评估,分析其潜能与优劣势。

图 32

留学目标的设定是一个过程,学生需要在申请初期进行大概的思考之后,按照留学软实力国际专家团的安排进行充分的培训,而在此之上留学目标随着留学硬实力的提升和留学软实力的增加而逐渐变化,最终确定下来。根据预估的情况和及时的留学软实力测评,学生将越来越明晰自己的留学方向和第一阶段即留学申请的目标,并在目标的追寻中不断努力。

追逐目标的过程也是实力不断提升的过程。留学目标的不断清晰化使得硬实力的发挥和潜力的爆发不断积聚起精神的力量,而留学软实力的培育则是及时补充了学生在发展自身能力时在精神上的不足。留学软实力培训将多种能力

融合在整体的教学之中,通过这些教学和互动,学生能够根据自身的优劣情况明白未来潜能发挥的方向,在这些方向上尽自己的力量,弥补自己在硬实力某些层面上的不足。随着留学软实力的提高,学生也越来越能够将自己的硬实力发挥出来,从而实现更大的进步。可以说,留学软实力使留学硬实力的发挥进入了一个新的平台,而正是这个平台让学生在同等竞争条件下脱颖而出,更能受到留学对象集的青睐。

[案例1]

　　杨某,某外国语中学的学生,其学业成绩并不非常优异,是中上水平,但却被哈佛大学录取。这位独特的女孩从很小的时候就不是一个"乖孩子"。由于父母给了她非常宽松的环境,她显得较为早熟,自我的成长完全凭着自己的爱好,并长期保持着惊人的中英文阅读量。杨某善于利用良好的沟通技能,培养自身的软实力。她所做的异国实践报告;为西藏盲童学校组织全班同学开展的"点子无疆界"活动,为藏族的盲童录制了大量的"中英文语音资料";将自己从小学至今所写的一系列小文编辑成为小书出版……这一系列的优势促成她获得了哈佛大学的入场券,并作为特别出众的学生被提前录取。

　　分析:杨同学被哈佛大学提前录取,证明两点:① 杨某有着坚韧执著的精神,在留学软实力培养上不遗余力,受到美国著名高校的重视;② 杨某虽然硬实力不甚拔尖,但在英文上非常优秀,弥补了她在学业成绩的不足。

[案例2]

　　某大学附中胥同学,从小学参与奥赛,他在高手如云的各项竞赛中崭露头角,数学、物理竞赛分数都达到了国家队的水平。他曾经说过自己取得奥赛成就一开始源于小时候的虚荣心,后来升华为求知欲和乐趣。他在挫折中,学会了坚持,相信"当我坚持下去,勇敢地面对数学中的难题,并且去热爱数学的时候,我感受到了一股推动我前进的力量"。这位智商超一流且精神力量异常强大的学神在 2014 年被普林斯顿大学录取,并获得了 4 万美元的助学金。

分析:胥同学与其说是被普林斯顿大学录取,不如说是选择了普林斯顿大学,因为还有 6 所著名高校给他伸出了橄榄枝。这位天才型选手用实力证明了"精神力量和专注力的重要性"。

［案例 3］

SAT 略低的某附中学生小李被美国乔治城大学录取。在接受采访中,他认为自己被录取的原因主要是:"长时间的参与志愿服务活动,高中期间曾赴美国著名高中西德维尔中学交流一年,以及在三个月内写出来的充满想象力和创新力量的好文章。"小李的 SAT 成绩并不是一级的棒,在遭遇美国高校录取寒流的中国高中,2 200 分的成绩并不能给他带来很大的优势。他之所以能够被美国乔治城大学录取的重要原因在于那篇被乔治城大学考官看好的分析世界环境问题的文章。

分析:从小李同学的经历中我们可以看到,招生官看中的是他的学术潜力和创新能力。小李同学虽然 SAT 并不是特别理想,但无法遮掩其留学软实力的光芒。由此可见留学目标的确立和认知来源于自己对该学校风格和自我能力的把握,提前在自己所感兴趣的学科上培养敏感性和想象力,不打无准备之仗,这样就更容易获得发展和录取的机会。

思维培养和留学硬实力的构建

一些留学中介和咨询公司往往将天才案例摆在家长面前,指出许多考上了牛津、剑桥和哈佛大学的留学生是经他们指导申请上了名校。但事实是,这些同学一方面是学业基础功底非常好,另一方面留学软实力也很强,他们很早就具备培养软实力方面的意识,并且在这些方面出类拔萃。但是留学中介或留学咨询公司侧重于突出其"申请水平",学校方面侧重突出其"教学水平",所以,导致家长和同学出现了一定的"信息差",大部分同学和家长并不完全了解其中真意。

就目前的中国留学市场而言,家喻户晓的培训无外乎就是两大方面:一个是语言考试,另一个是学业考试。很多情况下,学生在应付 A-LEVEL 和 SAT,

ACT 考试,面临很多困境,一是在语言上突然全方位应对英文,一是从西方的角度重塑知识体系。结果,在面临新的知识体系补充的时候,又要面对许多困难。

学生们在这个情况下一般采用两种策略:要么就是硬着头皮学下去,在提高自身英文水平的基础之上,花费大量时间认真补充这些内容;要么就是直接破罐子破摔,学多少是多少,将留学目标抛之脑后。结果,这些人往往到了国外还得进入预科学校或者语言培训学校再度进修,耽误了时间同时也培养出了不良的学习习惯。

如何去帮助大多数同学在清晰明了留学目标的前提下迅速提升他们的留学硬实力?关键性的任务即是依托留学软实力的思维能力。留学软实力的思维能力是提炼知识系统中的关键性的思维方式,通过一系列的强化的课程和训练来补充学生对知识本身的理解。留学软实力中的思维能力较好地契合了英文世界文化系统中的知识传统和教育传统,能够让学生很好地进入状态。而他们在逐渐的理解知识、自我与科学的关系之后,尝试从西方的思维角度来看待所学习的内容,并在此基础之上与自身已经学过的中学或大学的知识相契合。从这个角度来看,留学软实力的培养能够极大改进留学生的思维方式,大力提升学生的潜能,促进他们的心理态势的转换。

如果说留学目标的选定促使留学硬实力和软实力的潜能得到开发,那么思维的培养即上文中提到的独立思考能力、创意思维和批判性思维(判断性思维)的培养则是转变硬实力发展轨迹,重建硬实力发展系统的重要步骤。留学硬实力在大多数条件下被理解为考试能力,同样也指的是在各种指标中能够取得好成绩的能力。这种能力是基于先天的学习禀赋与后天的学习习惯综合发展的结果。硬实力可以拆分为几大要素:① 对目标的管控和预见性强,并能够通过努力获得自己想要的分数;② 专注认真,长时间聚焦在一件事情上,注意力集中;③ 能够及时将自己状态调整到最佳,完成繁杂的课业。在中国情境下的硬实力的培养,需要将大量的精力和光阴投入到学习中去,并能够在长时间内保持高昂的学习状态。这些内容除了需要硬实力的基础和思维之外,还需要强有力的多元模式沟通能力、思维能力、心理优能和精神力。

留学软实力强调的是以学术为主的发展潜能,不同于应试教育中以知识识记为主的增长潜能。多元模式沟通能力即是在学业的基础之上重新认识学术的价值,将中国式的学习方法与西式的研究方法结合起来,将学生学习潜力提升起来。思维能力是培养学生的独立思考能力,创造性地改变学生的思维方法,将创新思维融入学业之中,将批判性思维(判断性思维)融入学业之中,思维能力提升后对知识体系本身进行再塑造。而心理优能则是将学业成长和心理发展较好地融合在一起,通过学业成绩的成长起落来锻造学生本身的心理素质,透过心理优能来提升留学硬实力的层次。精神力则是将留学硬实力发挥到最大程度,并将这些硬实力和软实力互动和发展。

留学软实力与外语能力的提升

　　谈及留学,很多人提到了头疼的外语。英语、法语、日语、西班牙语、俄语,不管是什么语种,都够让人眼花缭乱的。外语能力的培养不仅牵涉到天赋和语言感知度,更牵涉到兴趣和投入的信念,还与自己的勤奋和努力有关系。正是这三个因素缺一不可,造成外语成为留学的重要机遇和门槛。真是成也外语,败也外语。

　　外语真的难吗? 很难,特别对刚接触外语的初学者来说,那些字母文字毫无意义。确实,外语学习是一个世界性难题。但是越是这样越不能惧怕,而最重要的就是"贵在坚持"。鲁迅先生谈及初学外语时说:"学外国语每日不放下,记生字和文法是不够的,要硬看。比如一本书,拿来硬看,一面翻生字,记文法;到看完,自然不大懂,便放下,再看别的。数月或者半年之后,再看前一本,一定比第一次懂得多,这就是小儿学语的方法。"鲁迅谈及外语学习的时候,忘了表达一种心态——毫无畏惧的心态。外语学习本身就是一个循序渐进的过程,很难速成,但长此以往就产生了一种心理障碍——害怕,害怕见到自己不会的东西,害怕说自己不熟悉的单词,害怕使用新的语言与别人交流,害怕学习较为复杂的语法和单词……这种害怕心理时间长了就会形成一种"软约束",约束学生潜能的发挥,并影响他们在未来的语言提升中潜能发挥。

　　中国的国学大师季羡林先生谈到学外语的时候也号召大家硬碰硬。他引用德国 19 世纪一位语言学家的话,将学外语比作学游泳,如果淹不死,就学会游泳了。如何操作呢? 就是让学生尽量自己阅读全文,语法由学生自己去钻,不依赖老师,自己解决问题,时间长了接触的文献材料多了,就自然而然对外语有着新一层的体悟。

当然这种功夫首先下在阅读上,著名语言学家李相崇教授将"阅读"作为学好外语的唯一妙法。苦功夫虽说非常辛苦,甚至很累,但却很有效果。只有阅读能将单词和语法连接在一起,而正是这种苦功夫能够将学习本事全用上,从而取得更好的成绩。

但问题是,这是学好英文的方法? 可是我们需要考试啊。

很多留学生苦恼的地方在两个方面:① 外语考试准备很困难,往往不知道从哪里入手;② 外语考试有着固定的学习模式,但是按照这种固定的学习模式却很难在短时间将自己的成绩提升,从而获得留学对象集的青睐;③ 就算在外语考试中取得了很好的成绩,但是孤身到国外,还是很难在短时间内适应当地的学习节奏,很多内容听不太懂,

因此,很多同学就选择外语培训机构,希望能够在那里取到真经,借助这些培训机构的力量将自己的成绩提高上去。但这种做法并没有直面一个问题:如何准备并尽快提高外语考试能力? 事实上,外语考试能力的提高同样也离不开勤奋,特别是对词汇量和语法的掌握程度,以及对口语和写作的输入能力要求:① 循序渐进、按照遗忘曲线记忆单词是提高外语考试能力的重要步骤;② 系统的学习和掌握语法并在阅读中不断熟练对外语语法的感知度;③ 不断记诵名篇,及时做听写练习,大声将自己所学的内容说出来;④ 能够看一些英文原版书籍,在熟练的基础上尝试用外语写作,写摘要、笔记等。最后一点,也是对应试来时最为重要的就是做"题",阅读题、语法题、听力题,将真题反复练习,彻底弄懂,学会,并能够做到举一反三。如果能够做到以上几点,英文的能力相信可以在较短的时间里得到很大提高。

如果说能够在各种国外考试中取得好成绩就等于是进入了门槛,那当然是一件好事情。但是进入异域社会,又有一个问题出来了,就是如何迅速融入当地的语言环境,释放自己的语言潜能,同时改变自己应试英语的毛病,真正学会外语。而这个时候,师长的话就会起到很大的作用。学习外语首先就是要吃苦,将自己抛出去,在外语表达上不怕犯错误,在阅读上要啃下专业书籍和期刊杂志,在听力上不仅与老师积极互动交流,也要创造各种条件将自己置身于异域的语言环境中锻造自己;在写作上学习不仅要进行专业的写作训练,同时也要模仿专业学者和大家的作品,甚至有机会的话可以做一些翻译,提升自己对外语的感知度,提升语感。虽然对这些内容初期会觉得很痛苦,但在数月或者半年之后,外

语的成绩是非凡的,而且可能会得到意想不到的学习成就。

总结来看,留学生的外语学习可以分为两个部分:纸上谈兵的应试学习主导和渗透内里的专业学习主导。在应对留学门槛考试时,毫无疑问,应试能力是英语学习最主要的部分,特别是那些外语成绩并不理想的同学,将应试作为提升信心和发展的重要目标是非常有用的,而这就需要强大的留学软实力的支持。没有对异域文化的喜欢和感知,没有对自身留学目标和留学硬实力的深刻理解,应试外语的动力是很难充足的。而在留学语言考试取得成功,进入新的语言环境后,最为重要的是认识留学对象国的历史、传统和文化,通过转变自己的思维方式感知对象国的一切,谋求融入对象国,并努力克服学业上的阅读障碍、交流障碍和写作障碍,在循序渐进的学习中不断提升自己的英文水平。而当自己的英文能力得到提高之后,则会更为热忱地学习外语,这就会形成良性循环,从而促使留学生更好地学习和生活。

[案例1]

2012年山东省某一中的曾同学成为哈佛女孩,并获得4年全额奖学金约120万元人民币。曾同学更令人惊诧的成就是英语托福成绩差一分就是满分。这位在英文上天资聪慧的中学生在解释英文成绩为何如此卓越时回答非常淡定,她认为自己爱上英语是因为阅读,特别是初中时培养出来的阅读兴趣。当《哈利·波特》英文版刚出来,曾同学并没见到市场上有卖这本书中文翻译版的,"作为一个彻头彻尾的哈迷,我怎能等一个月呢?当时英语词汇量只有三四千个单词,我就去书店买了一本英文原版,一心一意看起来。当时每句话里都有不认识的单词,每一页里都有看不懂的句型。但想要读到伏地魔最终倒台的强烈渴望支撑着我边查字典边猜测地读下去"。一本砖头厚的英文书,她在不到一个月的时间里就啃掉了。"读完这本书以后,我的英语词汇、语感都有了一个质的飞跃。"曾同学将英语学习方法总结为:"忘掉你要学英语,英语自然就学好了。"与此同时,曾同学还喜欢看新闻,浏览西方的杂志等,并在面试中与考官们侃侃而谈。曾同学丰富的知识量得到了考官的欣赏,最终她顺利地被哈佛大学录取。

[案例2]

"我对未来没有太宏大的梦想和计划,我想成为自己想成为的人,过自己想过的生活。"这句话虽然朴素,却说出了龚某成功秘诀。这位湖南师范大学附中的青年才俊,在各专业包括外语学习上都有详尽的学习计划,并详细分配了时间。他对自己缺什么、需要什么非常清楚。学校里的课程如果是英文讨论课,他就会积极参加,而上的如果是语法、单词等基础课程,他就会拿出自己的托福书籍专心学习。一张一弛,再加上自己的英文底子好,龚某最终托福考得了118分的好成绩。在解释成功的秘诀时候他说:"其实也没有那么厉害,只是做事情较为专注而已。"

[案例3]

被剑桥大学录取的黄同学,同样被人们称之为学霸。但是这位学霸与上面两位不同的是,从小就培养出来独立自主的好习惯。外向的她英语能力非常突出,她喜欢英文,喜欢看动画片、看美剧,还经常上网同外国人聊天,看耶鲁大学公开课。久而久之,英文融进了她的血液,成为她整个学习和生活的重要组成部分。也正是如此,黄同学的英文为她被名校录取立下了汗马功劳。

从上面三个典型的成功案例,我们可以看出,仅仅靠硬着头皮学习英语是很难取得成功的。很多人英语能够取得优异的成绩不仅仅靠的是自己在语言方面的刻苦努力,更是将其作为一种兴趣、一种爱好,甚至是一种生活方式来对待。从观念上努力拉近英语与自己生活的距离,而也正是这一点使得很多聪明的学生能够从外语中汲取大量的营养。从曾同学的"忘掉英语",龚同学的"计划英语",再到黄同学的"兴趣外语",无一不闪耀着智慧学习英文的火花。总的来看,英文学习是一个循序渐进的过程,却又不是线性的过程,相信投入英文学习很长时间的人会有不同的两种感受:一类感受觉得自己英文质变了,认识和理解上了一个台阶,并且能够彻彻底底地理解英文的深意,并愿意主动去学习英文,为之奉献自己的力量;而另一种感受觉得没有什么进步,一直都是很难,而且望不到头,但却在一次又一次的困难中不断提高自己的成绩,提高自己的水平。这两种心态都是典型的质变心态,学语言的关键就是勤勤恳恳,不向困难的高峰低头。而如果这种软实力具备了,那么不仅是英语,其他的小语种当然也会不在话下。最后,再拿出一段季羡林先生的话语以作共勉:

> 我在德国,俄文课每周只有 4 个小时,共 20 个星期。老师开头就把字母讲了一讲,原以为可以慢慢来的,没想到第三堂课老师就拿了一本果戈里的短篇小说,让学生念! 结果一星期 4 个小时的课程,学生起码得花上 3 天时间来准备:查语法、查生词……生词还只能查到前半个,后半个至词尾部分查不着,苦得很。不过 20 个星期下来,学原文,弄语法,念完了整本小说。

小资料: 提升英文能力网上学

1. 英文课程网站

(1) 网易公开课: http://open. 163. com/

(2) MIT 公开课资源: http://ocw. mit. edu/

2. 英文新闻网站

(1) "经济学人": http://www. economist. com/

(2) "科学美国人": http://www. scientificamerican. com/

(3) "纽约时报": http://nytimes. com/

(4) "时代周刊": http://time. com/

文化与留学软实力——成功的杀手锏

> 由个人之努力而倍感幸福。一旦得知幸福之必需要素——简单的品位、些许的勇气、略微的自律、心爱的工作,以及清白的良心——于是幸福不再是一个迷茫虚幻的梦。每个人如果合理运用经验和思想,都能从自身发掘很多东西,再加上决心和耐心,就能实现健全的心智。所以啊,好好把握今日的生活,不要那么贪婪,不知满足。

——乔治·桑德

我首先要求诸君信任科学,相信理性,信任自己并相信自己。追求真理的勇气,相信精神的力量,乃是哲学研究的第一条件。人应尊敬他自己,并应自视能配得上最高尚的东西。精神的伟大和力量是不可以低估和小视的。那隐蔽着的宇宙本质自身并没有力量足以抗拒求知的勇气。对于勇敢的求知者,它只能得到它的秘密,将它的财富和奥妙公开给他,让他享受。

——黑格尔

留学软实力很强调文化的作用,认为不同文化之间的互动和熟识是取得知识系统的发展和加深理解的重要基础。许多学生突然接触以西方为背景的知识体系,一开始非常难以适应。究其原因在于,他们对其中的科学文化了解并不深入,而这些潜藏在学科知识背后的科学文化则是留学硬实力提升的重要基础,是学生实现超越的重要动力。

问题在于如何去衡量或者理解西方文化。西方文化到底是什么,它整合出了什么,这肯定不是三言两语所能说清楚的。留学软实力培养将会非常详细地介绍西方科学文化常识,将此与西方整个知识体系和学术体系进行对接,有助于学生更好适应西式教育和西式的研究方法与手段。

自西方文艺复兴以来,整个西方科学、社会科学和人文学科就有着浓厚的人文色彩,将人的力量放在重要的位置上。与中国强调的"尊天法祖"不同的是,西方人的价值观中有着浓厚的进取意识和发展情结,在不断的肯定—否定的演进中实现西方现代化的狂飙式发展。

进步的意义带来的是对成本核算的要求和对目标达成的概率统计。马克思·韦伯的《新教伦理与资本主义精神》中也明确地指出,新教伦理衍生出的勤奋节约、成本控制的理念直接促成了资本主义精神的孕育和发展。19 世纪美国历史学家特纳提出的边疆史观更是将整个美国定义为美国人不断开拓边疆而组建新国家的结果。西方思维在历史演进上具有开拓意识和冒险精神,并在不断的实践中拓殖出一块心灵圣地——真理家园。他们尊奉追求真理和理解世界意义的人,将这些人放在知识界的最顶端和文明的最高端。知识人在西方受到尊重,享有崇高的社会地位。西方社会的知识化程度是东方社会暂时无法企及的,也是东方社会努力学习的榜样。

正是如此,留学软实力将这种社会观感投射到学科学习上。留学软实力着力实现从西方到东方的转换。留学软实力培养团队在思维上、精神上和心理上将中国学生转变为能够明确理解西方文明,通过熟练的语言和思维发挥出自己的天赋。东方思维对勤奋和执著的强调的优点与西方式对创新的追求和冒险精神的优点可以通过留学软实力紧密地结合在一起,而正是这种结合才会创造出另外一种理解式的文化意境,促进留学硬实力大为提高。

东方思维在因果律上较多受到儒家思想的影响,在很多层面上揭示出真理和成功的简明核心的要理,需要人们在实践中和深入的阅读中才能够发现。这种东方式的含蓄造就了中国社会知识阐释的内敛式结构。西方文化中张扬的个性、外显的思考以及充满睿智将追求真理、探索世界的本质理解为更为热情、充满兴趣,甚至界定为人类最高智慧的行为。这种对学术和科学的赞颂是东方社会所无法企及的。也正是如此,西方社会对知识的理解上和演绎上比东方社会更为直接、有力和程序化。

留学硬实力的提升与语言和知识的习得颇有关系,但最重要的是了解语言和知识习得背后的文化,更高的境界是实现文化的交融和互通,在中外文化中能够游刃有余地使用其优点来学得更多的知识。硬实力科学中的诸种要素,无不与历史、哲学、科学方法和文化传统有着莫大的关系。西方文化中崇尚"实"学的传统和中华文化崇尚"道"的传统可以在修习西方视域下的文化共通中良好地融合,从而实现学业和学术上的飞跃。

[案例 1]

　　……梵文班原先只有我一个学生。大概从第三学期开始,来了两个德国学生:一个是历史系学生,一个是一位乡村牧师。……我最初对他真是肃然起敬,他是老学生了。然而,过了不久,我就发现,他学习颇为吃力。尽管他在中学学过希腊文和拉丁文,又懂英文和法文,但是对付这个语法规则繁琐到匪夷所思程度的梵文,他却束手无策。在课堂上,只要老师一问,他就眼睛发直、口发呆,嗫嗫嚅嚅,说不出话来。……他被征从军,始终没能征服梵文,用我的话来说,就是他没有跳过龙门。

我自己学习梵文,也并非一帆风顺。这一种在现在世界上已知的语言中语法最复杂的古代语言,形态变化之丰富,同汉语截然相反。我当然会感到困难。但是,既然已经下定决心要学习,就必然要把它征服。在这两年内,我曾多次暗表决心:一定要跳过这个龙门。

——季羡林《留德十年》

[案例 2]

中国著名的国学大师陈寅恪拥有阅读梵、巴利、波斯、突厥、西夏、英、法、德等语言的能力。他留学国外专为学术而学术,对什么硕士、博士学位并不在意。青春时光都拿来留学的陈寅恪并没有获得什么学位。他留学如天马行空,兴起而学,兴尽而歌,以掌握知识为目的,哪里有好大学,就去哪里旁听。正是这种学习方式让他很快在学术上如鱼得水,发展迅速,成为大师中的大师。

[案例 3]

牛津大学的总图书馆叫做 Bodleian Library(饱蠹楼),藏书 500 万册,手稿六万卷。钱钟书和杨绛先生在英国留学时经常待在牛津大学图书馆。钱钟书在课堂上经过严格训练,因此常年待在图书馆,做未经人道的新见解"论文",研究没人研究过的小作家;而杨绛先生则是占据一张桌子,作为旁听生的她,给自己订了一个英文的课程表,并从乔叟开始,按照文学史经典作家一部一部向下读,细读。两人在牛津大学度过了艰难的读书岁月,为两人的成为中国杰出的文学家和文学批评家奠定了基础。

留学软实力与分阶段学习思维的形成

在海外留学期间,合理地安排留学生活是最为关键的一环。值得注意的是:留学本身的目标并不仅仅只是"学习"。现代留学的"去国家化"和留学的大众化带来的冲击已经带来了中国人留学思维上的革命,也带来留学生活的重大变迁。留学本身成为学习在海外层面上的延伸,如何理性获得知识并在追求探索知识中获得最大的效用,则是需要严肃考虑的问题。

如果学生在海外申请高中就读,那么语言能力的提升是一切有序发展的前提和先导,而语言的提升离不开具体的语言环境和严格的语言训练。培训机构往往注重的是语言应试能力的培养,而对国外的学生的英文思维和语言的感知力培养不甚尽心。留学软实力国际专家团将高中生的这种思维称为"语言浸润式思维"。小留学生的学习的本质是习惯用一种完全陌生的语言指导自己的学业活动,并恰当地使用它们引导和改善自己的生活,探索生活和学习中的乐趣。留学软实力国际专家团认为,学习能力的提升和思维能力的飞跃是奔赴海外最为重要的指标,而围绕提升指标而进行的诸般精神和心理上的努力则是实现这种飞跃的重要工具和手段。留学软实力的培养系统则是将这种指标可程序化、可操作化,并根据学生在国外学习的情况进行对症下药,切实改变传统的学习方式,用创新思维来武装新一代的留学生。

如果在海外申请本科,则更为注重的是留学生的学术潜力的发展和良好的学习态度的形成。因此,留学生在国外更为注重的倒不是外界环境和思维训练,更多的是一种对专业的热忱和对知识的执著追求。第二阶段的努力是要认真听课、读书和做题,有时候需要经常参加实验和研讨会,积极参与与学科方向有关系的学术活动。随着时间的推移,留学生如果能够将学习作为一种持续不断进行的习惯和攀登高峰的重要基础的话,那么学习本身就成为一种习惯,变为另外一种软实力的象征。留学软实力国际专家团将本科生的学习思维称为"模范式思维",即学习仿效一切最为先进的知识,在基础上提出自己的创见,但总的来说,这种模仿是学习式的,创新的层次不高。在此期间,能否正确被引导到位,养成较好的学习习惯和勤奋的性格至关重要。留学软实力国际专家团本身含有大量的课程顾问和学习导师,并包含一个囊括多学科的专家人才库,能够有效地为留学生的学业顺利进行提供有价值的建议,并提供有关高学分养成计划的解决方案。而因着这种有效的学习方案进行的探索性、研究性学习则对学习精神和良好学习习惯的形成大有裨益。

如果留学生在海外申请攻读研究生(硕士、博士)学位,那么传统的学习思维又要发生一次大的变化,这种大的变化本质上是从学科浸润式样的广博思维逐渐转向学科探索式的专一思维。而这个时候,培养专注的习惯和自己的学术爱好就显得尤为重要。留学软实力项目培训团队将研究生的思维模式称为"发生

式思维"。这种思维要求更多的创新,并将这种创新精神延续到学习的各个方面,从长时间的实验操作、专业期刊研究、著作研读到最为重要的论文写作上,从观念的发生生成再到投射到一系列有组织的专业学习上。留学软实力培养团队认为这一阶段的学习是奠定未来职业软实力和高竞争力的重要基础。发生式学习是知识生产和创新之源,并将有效地指导整个精神力量的更新和进化。

不管是语言浸润式思维、模范式思维还是较为高级的发生式思维,留学生的学习阶段与适时的思维成长都应该保持一定阶段的同步。如果留学生的思维跟不上学术任务的要求,就会发生不适应的现象。例如高中生考入美国大学后仍然停留在语言浸润式思维的程度上,而大学生进入研究生阶段后仍然不习惯或者难以理解发生式思维,这种情势的发生将会阻碍留学生的学业适应,由此很可能会诱发其他不良反应。留学软实力项目培训组对这种思维转变非常敏感,在留学的节点上也适时使用高一级的学业思维来指导学生的申请和学习,并在思维转变上提供相应的课程和培训,提高学生抗打击的精神力量,将学生整个的思维转换得更为合适和容易。留学软实力的思维转换课程就是通过一系列的创新型学习和思维模块将未来的学业思维养成程序化地分为几个阶段,在这些阶段中获得更高级别的思维的养成和锻造,而在这些锻造中最终造就不凡的留学人生。

第三章　留学软实力：案例教学
与研究实践

　　古今之成大事业、大学问者，必经过三种之境界："昨夜西风凋碧
树。独上高楼，望尽天涯路。"此第一境也。"衣带渐宽终不悔，为伊消
得人憔悴。"此第二境也。"众里寻他千百度，蓦然回首，那人却在灯
火阑珊处。"此第三境也。

——王国维《人间词话》

　　前两章主要概述了留学软实力与潜能、硬实力的关系，初步探讨了留学软实
力在学生学习初期对其原先的硬实力提升和自我的认知有较大的功用。但留学
软实力对学生的作用远不止如此。留学软实力国际专家团在对学生进行培训
时，引进西方先进的教育教法，从教育文化和教学手段改变传统的知识传授和互
动的方式，让学生初步在一种新的教育环境中理解到教育的真谛。为了尽快让
学生培育对新的环境的适应力，将其留学实力培育和塑造出来，留学软实力国际
专家团提出了独特的四步法教育模式：第一步，留学软实力的评估和留学目标
养成计划的制定；第二步，案例教学和研究性实践；第三步，能力七边形的人格塑
造；第四步，留学场景面面学。这四步法环环紧扣，步步联系，将留学软实力通过
案例教学和研究的方式深入学生的内心，最终让学生对留学软实力有充分的自
觉意识，在这种自觉意识之中创造出独特的留学软实力思维和实践精神，实现实
力的提升和超越。

　　留学软实力的形成和塑造需要知识体系和思维体系始建。而这个始建的过
程则是需要对学生对西方文化和思维进行再认识，从中国传统思维出离，重新变
换新的角度来看待中外文化，这种中外文化的再塑造将在很大程度上影响到学

生未来留学实力的发展。而留学软实力的培养则是将这种再塑造以一种知识＋实践的方式表现出来,通过一些科学方法和思维的系统教育,提高留学生对留学软实力的意识,从而切实提高其留学软实力的水平和能力。

Step 1: 留学软实力评估和留学目标的养成

> 所谓的"幸运",通常在"有所准备"碰上"机遇"的那一刻才会出现的。
>
> ——羊皮卷

　　对学生的留学软实力评估并不是一劳永逸的事情,它是一个动态的过程。自学生意识到留学软实力之时,其留学综合实力一直处于变化之中。软实力和硬实力的互动是一个持续的过程,也是不断提升的过程。在进入培训周期之后,学生将首先会进行有关留学实力的一系列测试,以判断学生的潜力和软实力的发展方向。在进行过各项测试之后,学生会得到一份留学七边形的图标,以准确反映学生的实力状况。而在测试之后,留学软实力国际专家团将会为学生提出留学目标问题,这些问题将长期跟踪学生的成长。初步的留学问题得到解答之后,学生会获得一份详细的关于自身成长和发展的报告,报告内容涉及到学生的留学硬实力和留学软实力评估以及发展方略,未来精神力培养和留学计划等诸方面的内容。学生将此报告作为其阶段性的总结而开始留学软实力的培养。

　　明确的留学软实力评估和留学目标报告会给学生发挥能力带来强有力的动机,也会提供学生更多的奋斗欲望。如果一个确定性的成功未来固定在脑中,学生定会耗其精力,不断地努力发挥力量。留学软实力的评估和留学目标的确定不仅能够给学生一个清晰画面加强力量实现这些目标,还能够决定其心理优能可否得到恰当的发挥,在挫折和失败面前不会灰心丧气,更不会低头。因为强有力的生命意志受到清晰明确、充满力量的留学目标的感应,将会发挥出最大的能量,而任何伟大的成功都是来源于对内心熊熊热火的期望的反映。

　　虽然这是留学软实力培养的第一步,但却并不是只有一次。留学软实力培养计划将会根据学生的情况进行长期的留学软实力跟踪,并提出阶段性留学软实力评估报告。留学目标和留学软实力培养计划互动连接,随着学生留学实力的提升,留学目标和留学软实力的评估报告将会变换为培养学生自知和战略情怀。目标精神的引出自然将会提升学生的留学软实力的自主意识和发展意识,并突破自身发展的瓶颈,实现更多的提升。

Step 2: 案例教学、问题教学法与研究性实践

发现千千万,起点是一问。智者问得巧,愚者问得笨。

——陶行知

我们教书,是要引起学生的读书兴趣,做教员不可一句一句或一字一字的都讲给学生听,最好使学生自己去研究,教员不讲也可以,等到学生实在不能用自己的力量去了解功课时,才去帮助他。

——蔡元培

最精湛的教学艺术,遵循的最高准则就是让学生提问题。

——(美) 巴鲁巴克

这里涉及到的是留学软实力培养的核心环节。学生在经过留学软实力评估之后对自我有一个大略的感知,在综合理解自我的留学硬实力和软实力的基础之上,学生开始逐渐接受留学软实力系统培训。留学软实力国际专家团的学者将哈佛的"案例研究法"引入教学系统,将学生提前引入国际精英教育的授课体系。

以培养学生的创造性和创新精神为目标的"案例教学法",以精选案例、分析案例、案例的实践和案例发展创新运用而闻名于世。案例教学法将改变以往中国式教育较为注重"灌输"的传统,注重培养学生的思维能力、提问能力、表达能力,让学生能够在真实的案例学习中获得独立的视角与观点。

1. 精选案例

来自哈佛、斯坦福、牛津、复旦等高校的留学软实力国际专家团的学者在长期的教育教学中积攒了成百上千的真实案例,并根据留学软实力系统课程(多元模式沟通能力、组织能力、思维能力、艺术能力、体育能力、心理优能和精神力)进行融合,在互动教学中拓展学生的思维空间。这些案例覆盖留学不同阶段所需的各个部类,对留学生的人生发展有着重要的指导意义。

189

2. 案例组合

案例的分析比较与学生内心外在相对应,与学生实际情况和留学目标进行整合,并定期将案例进行乱序、无结构教授,在创新教学同时突破学生思维模式,培养学生对留学软实力的理解和思维。而在案例的交汇点将多种知识交汇,有助于说明复杂深奥的知识要理。案例从小到大,从易到难,综合涉及从单一元素和复杂系统、从单元到结构等多层内容。并且,留学软实力国际专家团将这些案例按照不同的主题进行排列组合,深入浅出,使之更容易被学生理解。

3. 实践案例

通过课堂上案例分析将关键性理论的关键性层面和要素让学生在实践中尝试应用,在实践之中运用留学软实力中的若干理论,并灵活地根据学生的不同阶段,提供各种模拟场景,充分调动学生的主动性和积极性。同时,根据导师所提供的案例进行头脑风暴,使学生在情景与互动中更为深切理解案例所展示的各种知识内涵,从而更为明确不同留学软实力的应用方式。

4. 案例发展与创新

简而言之,就是让学生在学习留学软实力基本理论知识的基础上,通过仔细观察现实生活,努力寻找反映理论原理的案例,并用所学过的理论对所观察到的事实现象进行分析,以进一步加深对所学理论及分析方法的理解。其目的有三:一是为了加深对理论的理解并为学习专业理论以及培养专业技能奠定基础;二是将这些内容内化,形成留学软实力发展的重要方向,构建出促进自我软实力提高的具体方式方法;三是将这些案例与未来的留学目标逐渐相契合,通过留学软实力的不断提升,学生的留学目标逐渐明晰,从而为更好的留学申请决策和行动,甚或以后的留学职业规划奠定基础。

留学软实力国际专家团提倡的留学软实力案例分析和教学对留学软实力的提升有诸多帮助,特别是打破传统的思维模式,促进创新性思维能力的培养。第一,学生的多元模式沟通能力得到大幅度提升,跨文化反应能力、大规模阅读能力、公众演讲能力、批判性写作能力、学术沟通、文献搜索和挖掘能力在案例教学中都得到充分的训练。学生在吸收接受大量的英文材料的同时,在检索、整理、快速阅读和记录文献方面的能力会得到大幅度提高,为将来的选拔性外语考试和专业化考试以及学术研究打下一定的基础。第二,学生的思维能力得到释放和发展,理论和实践相结合的能力得到锻炼。案例分析法虽然是来源于实践,但

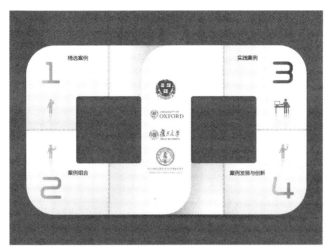

图 33

有一定的理论高度和内涵。留学软实力国际专家团在课堂讲授知识的过程中，积极倡导学生培养独立思考能力、批判性思维（判断性思维）能力和创意思维，在现实生活中积极实践，逐步使自我得到迅速成长。案例分析法提供的理论案例和实践案例在学生能力的逐步提升中得到消化，而学生运用理论知识解决实际问题，运用留学软实力思考自我的处境，以及积极运用学术方法处理理论问题等能力将得到提高。第三，精神力发展较为迅速，有助于培养健全的人格和健康的生活习惯。留学软实力国际专家团大量的实践内容不仅锻造了学生的意志力，也将提高其内省力和灵性力，建立起认真谨慎、勤恳务实的良好作风，提高自身的综合素质。

此外，与"案例教学法"相对应的是对"问题式教学法"的重视。问题式教学法是培养创新精神在教育上的必经之路，它的实施需要提供宽松有利的教学氛围，因为创新精神的养成需要有宽松的教学氛围。心理学研究表明，人在轻松、自由的心理状态下才可能有丰富、自由的想象。创新思维的灵感往往是在紧张探索以后的松弛状态下才会出现。相反，人在压抑、紧张、恐惧心理状态下很难有所创新。留学软实力国际专家团提供给学生一个宽松、民主、自由的氛围，容忍乃至鼓励学生"试错"，用来培养学生的想象力和创造力。在这样一个氛围下，通过启发学生思考问题，不仅是抽象的学科理论问题，而且也是关乎实际的实践

问题,通过问答式(课上课下提问随时提起,并有相应的作业要求)、讨论式(紧跟问答之后的课下讨论)、实验式(创新理论的使用方式,对理论的真实性给予证明)和问题解决式(鼓励学生的竞争意识和求异思维)等方式引导理论和思想,将留学软实力的重要内容导入学生内心深处。

另外,"研究性实践"也是培养留学软实力的有效方法之一。它首先通过问题在课堂上抛出,在进行理论介绍之后,导师启发学生,鼓励学生思维的多样性、新颖性、独创性,引导学生为完成任务进行独立思考,使用创新思维并发挥精神力进行实践。导师应当鼓励学生不模仿、不抄袭、不与人雷同,努力做出独创性的成果。根据导师设定的场景,激发学生独立提出有一定数量和质量的问题,启发学生根据不同条件、不同角度和不同方法,引发不同思路,解决同一个问题;鼓励学生根据一定需要,依据必然规律,灵活多变地组合相关因素,独立提出新的设想;问题的答案可能不是单一的,而是多样的,甚至是开放的,然后让学生去讨论和争论。在这一过程中,学生进行了发散、求异、逆向、知识迁移、联想和想象、分析、综合等思维训练。在这些思维实践中提升学生的灵动性和综合能力,将学术研究与思维能力和实践力结合在一起,有力地提升留学生的留学实力。

"案例分析法"、"问题式教学法"和"研究型实践"是留学软实力国际专家团教学模式的三种路径。这三种路径环环相扣,缺一不可,同时每一步骤又都能够

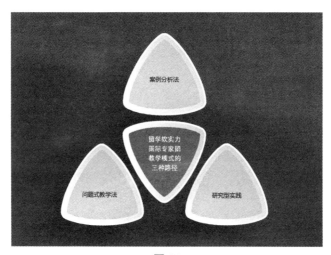

图34

对学生的留学硬实力和留学软实力进行充分的锻炼。随着留学软实力培养的进行,学生将会在传统的知识学习中逐渐领悟到留学软实力教学的切实功用,并结合中西两种文化的获得而逐渐提升各项素质,逐步明晰留学目标,实现在不同发展阶段(尤其是学业与职业阶段)的重要能力提升。

Step 3：能力七边形的"竞争性人格"塑造

> 我的朋友,你错了,我只不过是个普通人,没有过人的特殊能力。在大多数事情上,我仅仅略高于一般水平,有些地方我还不如一般人。我当然是受到我的身体情况的限制:我没法跑,只能走,我也肯定不擅长游泳。要说有什么还可以的话,是我的骑马的技术还不错,但也不是什么了不起的骑手。我的枪也打得不怎么好,原因是视力太差,需要离猎物很近才能瞄准目标。所以你看,从身体条件来说,我只不过是普通人。从文字水平来看,我也没有优秀的写作能力。我这辈子写的东西倒不少,可是我总是像奴隶一样苦干才能写出点东西来。
>
> ——西奥多·罗斯福

上文已经提到留学软实力对人格塑造的重要作用,其作用主要针对于留学生涯中不可或缺的"竞争性人格"。作为健康人格的一部分,"竞争性人格"对留学申请和职业发展必不可少。但在传统的学校教育中,竞争成为一个事实,也只是一种状态,却没有变成一种健全有力的人格类型,这对未来在竞争中要求获得成功的学子来说无疑是一个遗憾。

"竞争性人格"的特性是留学软实力取得一定的成就之后所必然形成一种人格特质。"竞争性人格"的特性是:意识力强,思维敏捷具有洞察力,看破时局,能够及时对外界环境的变化做出反应;自控力强,对自我的行为有着较好的理解力,能够承担失败带来的风险;成熟个性,心理健康,不以成败论英雄。其实质上就是人格魅力的大发展,能够获得大量的支持者和拥护者。

从大量的真实案例来看,"竞争性人格"有着出众的成功性特征。在其相应的专业中将留学软实力系统中的七个方面恰当分配,并能够根据其留学目标将其各部分调适到最适宜状态。

学生可以根据能力七边形进一步认识到自己擅长的方向,并可以做到努力调试与自己的喜好相契合。与只为求得高分的留学硬实力相比,学生在整体学习西方知识体系中,如果热爱某个学科或者是某项内容,就会付出更多,效果也会更好。因此,留学软实力能力七边形将学生的方向迅速寻找出来,这对留学生的未来进步至关重要,也对整体健康人格的养成有着重大影响。

对准留学生而言,留学的热情将随着能力七边形的不断改善而逐步增加,留学中所带来的快乐会让学生获得巨大的收益,因为,专注梦想而奋斗和创造的影响是巨大的。学生获得留学目标作为动力,从事自己所喜爱的学科研究作为路径,同时将自我的奋斗始终设定在一个高标准上,实际获得的成长比预期的要多很多。且在长期的培养中日积月累,由爱好带来的竞争性成就感将会逐步提升,逐步演变成为一种更为明确的崇高感。而同时,留学软实力的提升反作用于留学硬实力,在专业考试上也将呈现出显著提升。如同森林中高大结实的橡树,不是远离暴风摧残和阳光暴晒的那一棵,而是在风雨中和烈日下茁壮成长的那一棵。

"竞争性人格"亦是学生自我发展,体会成就感的结果。将每一次的成功视为一个阶段的过程,而不是自满与骄傲,在目标挑战中不断丰富、不断成长。在这种训练中,学生形成无畏困难的思维习惯和行为模式。

Step 4:留学场景面面学

> 感觉良好时,人们从不想改变;感到厌倦时,人们才会改变。顺利时,我们总想锦上添花,不会想到去改变自己的做法。是痛苦把我们推到至关重要的转折点——我们受伤了,最终做出选择。"最终"是副词,只要能改变,就已经足够了。

——汤姆·鲁斯克和兰迪·瑞德

在留学软实力国际专家团的学者中,有些人担任过美国高校的招生官,他们将亲身经验与同学们分享,通过真实的案例分析,使同学们更加明白该如何准备留学中的各个环节。

同时,留学生活发展最为关键的地方在于同学们在留学场景中取得相应的成就。事实上，在整个留学生涯中，很多人都安于承担"留学生"的角色，这种心态往往使得学生胆小谨慎，无法完全利用留学资源。这种心态将会导致学生过于依赖家长和学校，需要准留学生尽早发生转变。

可以看到，这种角色的认同是一种隐藏自我的方式。留学软实力国际专家团在场景转换中，教导学生在更大程度上释放自己，转换角色，促使学生更为清晰明确地认识到自我在未来所要承担的角色和可能发生的变化。留学场景的设置就是这样一种形式，通过一系列的场景塑造，将学生从身处异地的弱势角色中脱离出来，进入一种主动积极的状态，熟悉在未来可能预见的挑战，提升应对挑战的熟悉度，将能力提升到更高层次。

留学软实力国际专家团设定整个角色转变过程为申请者—学生—求职者三个部分。从申请者角度来看，主要任务是完善留学硬实力与软实力，并通过申请文书和个人自述的写作展示出来。申请者关注事情较多，投入的精力较为分散，如何整合时间精力将申请所需步步攻克是发展的关键步骤，也是提升自我能力和价值的重要方式，而此刻留学软实力尚处于萌芽和释放初期，因此留学软实力意识更为重要；准留学生在第一阶段准备蜕变，开始向西方学问求索，完成自我从思维和智识的转变。

通过海外高校的申请和面试并不意味着结束，角色由申请者成长为学生还得接受很多层面上的挑战，诸如如何融入海外社会的生活，如何顺利建立起与导师或者外国朋友良好的交往关系，如何开发出自我的能力，如何认识到我们与他们的差异，这些都需要长期与异邦社会建立起持续有效的联系才能达到。留学软实力国际专家团提供多层次的讲座和交流，在课堂上和课堂下，在生活中提供大量的丰富鲜活的案例演示和外语沟通培训，让学生能够在顺利适应海外高校的学习和生活的同时又能够在发展中顺利感受到自己努力的方向和路径，释放自我提升留学软实力。这里的留学场景包含两个部分：第一部分是在留学前，通过留学软实力的培养，学生在训练之中找到自我努力的方向，并记下在各种场景中所需要发展的能力和其他重要部分；第二部分则是在留学后，在留学中根据留学软实力国际专家团所提出的重要理论和启示进行合理而有效的行动，提升留学软实力层次，上到一个新的台阶。

当学生离开本国的土地之后，其角色就立马发生了转变，从申请者到学生的转变是明显的、迅速的，也是瞬间的。这一转变过程是那么迅速，甚至很多学生

都无法意识到这种变化,由此带来的思想和社会的不适应症可想而知。学生不仅要完全适应西式的教育理念和体制,同时还需要要求自己适应西方的文化、思维、生活方式和社会体制。在这一系列的适应过程中,自我培育自信心和进取心非常重要,留学软实力培养小组在此阶段将提供丰富的心理疏导以及信心建立服务,将学生在海外的情况与学生的家长进行沟通和互动,并着力引导和鼓励学生从更为宏观的视角和理念来看待自我在留学生活中的挑战与发展。留学软实力国际专家团将动态的留学目标和留学软实力成长指标以及发展指南与学生进行互动,在着力培养其精神力的同时,着力改变学生封闭孤立的生活状态,以一个更为自信、更为沉着的角色展现出来。同时,留学软实力国际专家团将动态七边形培训模型提供给学生,指出其优长和不足之处。这些因素无疑将加强学生对自我和西方社会的心理认知,对他们的学业和适应能力发挥更多更大的作用。

最后一个角色转变就是从学生到求职者的转变。留学软实力培养团队有很多来自世界五百强公司的高级管理精英,通晓高级人力资源主管的选才经验,且了解多家公司的录用规则和要求。因此,在留学软实力国际专家团中,留学场景面面学就包括简历写作培训、职业规划和发展培训、求职面试培训以及社会化方面的培训。与国内的培训不同的是,留学软实力的培养团队将更为强调培训的专业性、差异性与适应性。同时,留学软实力国际专家团更为强调不同种族或不同族群对求职就业的影响,因此在求职就业上更为侧重让亚裔经理来教授求职方法和技巧,提升求职者本身的能力,让其实现更大的发展。最后一点,就是留学软实力培养团队将适应性放在更为突出的位置上,指出学生以适应国际教育体系的方式留学,再到适应国际社会与适应国际职场的方向上努力,提前做好准备,使学生能够在自身的国际化发展中获得更为切实有效的结果。

值得一提的是,在求职方面,中国学生需要补充较多的组织能力和沟通能力。因为国际公司将此视为非常宝贵的软实力,而中国留学生恰恰在这方面丢分太多。因此留学软实力国际专家团在培训期间特别注重对组织能力(包含领导力)的培养,将这些方面合拢一处。从实现个性发展和自我完善的多元模式沟通能力和思维能力、心理优能的方面,再到进行团队合作,巧妙实现团队共赢,发挥管理和决策能力、组织能力的方面,留学软实力国际专家团要求学生按照指标进行实践并逐步完成这些内容,在长时间的培训—实践—发展—提升的过程中,学生的团队合作技巧和领导能力将会得到大幅度提升,而团队沟通和领导力的提升将极大促进学生本人的人格魅力的培养。随着精神力的提高和人格魅力的逐步养成,学生在未来的学术发展之路和职业生涯中将会创造出更大的成绩。

第四章 留学软实力培养个案：能力七边形的实践应用

插上梦想腾飞的翅膀

背景介绍：曾琪琪，人大附中，高中毕业后进入杜克大学（Duke University）。TOEFL：105；SAT I：2 200；SAT II 数学满分。

曾琪琪同学来自北京，是一个典型的"好学生"，在学校的成绩非常不错，而且多次获得英语竞赛奖项。但是在沟通留学的目标时，我们发现她表现出非常迷茫的心理状态。她知道自己将会留学，要尽量争取排名靠前的学校，其他基本不了解。父母已经给她规划好了一切，即使连未来工作也已经安排完毕。她对自己要求很高，但对学习的兴趣无多，认为学业就是满足自己家长交代的任务；她参加过新闻报道活动，当过小记者，这种体验令她很有兴趣，但因为准备考试而放弃掉采访活动。

Step 1：留学软实力评估和留学目标的养成

"我想上一所美国好的大学，但不知道去哪一所？"

"我想学习新闻，但是爸爸妈妈不允许，想让我学习教育或者法律！"

"我很讨厌物理，可是我需要学好，因为我不想让自己的成绩下滑。"

逐步熟识之后，曾琪琪已经可以对导师们敞开心扉，把自己内心的想法表达出来。导师们发现，曾琪琪对留学方面的信息了解甚少，几乎不清楚留学可以带给自己哪些方面的价值，以及需要面对哪些方面的挑战。

在给曾琪琪同学做留学软实力评估的时候,导师们发现她的自主倾向很强,但很多时候都是处在压抑的状态;对从事社交活动有很大的渴望,却又没有空间和平台,整个思维都在一种应激—反应的状态中,这造成了自我伸张的困难,最终造成今天这种很张扬却又很胆怯的性格。尽管她的学习成绩很好,在英文上也取得优异的成绩,但这种个性难以从学习中获得成就感,这种学习方式造成她对某些学科的厌恶。留学软实力国际专家团最后得出评估结论:曾琪琪属于精神—组织能力高型,多元模式沟通能力—思维能力中型,体育—艺术能力低型,心理控制力低型的小留学生。对她未来的留学软实力的塑造主要集中在培养沟通能力和心理控制力,并着力开发她的独特禀赋,观察她是否具有体育—艺术潜能。留学软实力项目给出的策略是:① 参与欧美文化交流活动,与外教和外国朋友建立长期有效的联系,敞开自己的心扉;② 改变自身的学习方式,在认识到学习的重要性的同时,培养更为专注的能力;③ 转变家庭关系,从一种叛逆却服从的家庭关系变为自主服从的家庭关系,培养理性友爱的家庭生活;④ 发挥自身的语言特长,尝试进行跨文化组织活动,提升自己的活动水平;⑤ 学会控制自己的情绪,通过一系列的讲座和课程学会积极心理暗示,改变思维习惯,改变传统的学习方式,变换学习风格,从大量资源中获取更多的学习机会与条件。

此外,留学软实力国际专家团认为曾琪琪同学应该充分发挥自己的英文特长,并将目标定在适合学生综合能力发展的综合性美国大学。

Step 2:案例教学、问题教学法与研究性实践

第一个暑假:

留学软实力国际专家团安排第一个暑假的时间提升曾琪琪同学的多元模式沟通能力,其中,学术沟通能力、文献搜索和发掘能力、海量阅读能力为重中之重,并在最大程度上考虑到曾琪琪的接受能力,布置3—4本,每本不多于300页的英文原版书,主要包括《世界文明史》、《美国历史》以及《卓越思想演进史》等,并帮助曾琪琪进行在线学习。同时,留学软实力国际专家团创造机会让曾琪琪参与到志愿活动中去,让其承担社会责任,感受责任的力量,在实践中提升她的组织能力(领导力、决策力、管理力)。此外,还建议她将小学时期没有坚持下来的小提琴重新学习起来。

第一个寒假:

导师们在寒假期间为曾琪琪开设思维能力(创意思维、批判性思维、独立思

考)课程,帮助她学会更加多元,立体的思维方式。导师们采用互动的方式,与曾琪琪共同列出寒假实践计划,并对其志愿活动和创意活动进行打分,对组织能力提升提供建议。此外,导师要求曾琪琪积极争取一些使领馆活动的采访机会,使其进一步开拓眼界,与更多的国际友人交流。

功夫不负有心人。在这个寒假,曾琪琪收获巨大,完成了好几个实践项目,并组织访谈,写出了《关于雾霾治理国际专家学者的若干建议》报道,且组织同学发起"英文寒假特刊季"活动。

第二个暑假:

曾琪琪继续进行着自己的研究性实践,并参加大学生英语能力竞赛。导师们为曾琪琪开设了跨文化反应能力和公共演讲这两门课程,对琪琪的研究性的实践提出了更高的要求。在此过程中,令导师们感到可喜的是,曾琪琪的国际沟通潜能也在逐步释放,英文表达(听说读写)能力有了飞跃性的进展。在这一年的过程中,琪琪的留学方向也在导师的启发中愈发明晰,她希望去美国高校进行人文学科的学习,并积极参与到文理学院的申请中去。

Step 3:能力七边形的"竞争性人格"塑造

经过一年的培养,琪琪自发燃起了对学业及申请的信心,逐渐找到适合自己的学习方法和学习节奏,整个过程进入快速发展阶段,SAT与托福的考试也取得了 2 200 分与 105 分的好成绩。曾琪琪的整体实力呈现出良性循环的积极态势。经过能力七边形的动态测评后发现,原来压抑的状态已经在充分的社交活动中得到释放,心理控制能力也在各种挫折考验中得到提升,体育艺术能力在培养小提琴爱好之中得到进一步发展,能力七边形变得更加饱满,并显示出活泼的生命力。

Step 4:留学场景面面学

在申请的过程中,导师们为曾琪琪制定了"双保险"申请策略,与她共同制定目标学校,共同研究各个学校的特色与招生政策,并帮助她完成每一篇申请文书的架构与修改,最终她被杜克大学(Duke University)录取。在她写给导师们的邮件中,有一句话特别值得回味:"回首导师们带我走过这段留学准备之路,我觉得我学的不是知识,而是思想和技能,知识是可以被更新和淘汰的,思想和技能却将伴随并影响我的一生。"

案例二

我让世界更精彩

背景介绍：姚思宇，青岛一中学生，高中毕业后进入美国加州大学洛杉矶分校（UCLA）深造。TOEFL：101；SAT：2 100；SAT II 物理满分。

文艺范儿男生姚思宇，一笑之间就将自己的小酒窝展露无遗，看起来有点像艺术院校的学生。他在自我介绍的时候，迫不及待地把肩上的书包打开，物理省级奥赛奖、学业成绩优秀奖、英语水平证书，甚至英文个人申述初稿都拿了过来。

导师们看到这个男生积极的态度与精心的准备，感觉他是一个学业优秀的好苗子，就开始着重了解他在成长经历上是否也同样具备可以深挖的过人之处。

通过深入的沟通了解到，他的父母都是公务员，爷爷是大学教授，且爱好藏书，思宇从小就在知识丰厚的爷爷的教导下逐渐培养起对文化的爱好，阅读过很多国内外经典著作。由于从小在这种环境下长大，思宇的思维比同龄人较为深刻，分析更为全面。不仅如此，他的发展也较为全面，在学科的学习中，虽然不是年级中的数一数二，也是常常名列前茅，而且各科发展比较均衡，特别是物理和英文较为出众。他的家庭非常理性，明白美国大学的多样性，希望申请到适合孩子特长与个性的大学。

Step 1：留学软实力评估和留学目标的养成

导师们首先对思宇的留学目标和留学思维进行了分析和讨论，并给他做了详尽的留学软实力-能力七边形的系统评估。在评估结果中，思宇较为客观地看到了自己的优劣势，导师们也帮助他思考自己的目标与实际水平之间的差距，并启发他思考过度重视学校排名可能导致的弊端，以及如何正确地选择适合自己的美国大学。

经过与导师们的讨论以及导师展示出的美国招生官对国际学生的要求，思宇更加深刻地意识到，申请名校不能一厢情愿，而是客观因素与主观努力共同达成的结果。在建立了正确的留学思维之后，导师们对思宇同学制定了个性化的方向性指导策略：在自然科学上狠下工夫，争取能够在竞赛中取得更大的成绩；

201

同时在英文论文写作和英文交流上双管齐下,在社会实践上发挥自己的家庭资源的优势,争取做出较有社会影响力的实践项目。

蜕变的开始,始于思宇对自身能力的审视。从测评结果来看:思宇同学属于多元沟通能力-思维强型、心理-精神中型、组织能力弱型结构,而体育与艺术能力则属于潜能层次,尚待开发。整个能力七边形属于花骨朵状结构,属于典型的有潜能的学术型人格。留学软实力国际专家团给出的教学方案是:① 通过一些科研经典理论案例进行案例教学,提升他对专业的兴趣;② 训练研究性实践,指导他如何寻找有挑战性的问题,进行探索和研究;③ 英文思维窗口打开,提升思宇学习英文的眼界和层次;④ 突出组织能力和沟通能力在整个交际中的重要性,为思宇组织活动或者管理团队完成大型的项目提供一些经验;⑤ 改变思维惯性和激情不够的情势,培养对生活的积极热忱,将精神上的使命感和崇高感在一系列的课程教学中提炼出来。

Step 2:案例教学、问题教学法与研究性实践

第一个暑假:

姚思宇同学表现出了强烈的学习积极性,导师们根据他的需求为其制定了三门课程:① 学术沟通能力,用英文形式将物理原理再次诠释与推演,并提供新的网络学习方案和研究方案,满足其进一步学习和研究的需要;② 积极心理学导论,一门提升自身心理优能的实践课程,为思宇提供更多的心理支持和帮助,为其进一步发展奠定好良好的心理优势;③ 批判性写作能力,提供输入方面的支持。尽管每周都会有很多节课,且每门课程都有较多的作业要处理,但思宇同学的韧性很高,不断调适自己的作息以适应教学需求,并以学术为目的开始阅读大量的英文原版书籍和专业期刊。同时他的写作能力和语言能力也得到了很大提高,逻辑更加清晰,表达更加严谨。

并且,在这段时间里,他初步了解到了如何提出一个"有价值的好问题",如何利用网络去搜索自己想要的问题答案,如何初步使用英文来表达自己的专业思想,如何使用积极的心理暗示维持自己的乐观稳定的情绪。经过这段时间艰苦的训练,思宇身上的竞争性思维也闪耀了出来,他开始明白自己努力的意义和价值,从关注知识变成了关注自我成长和使用知识的价值理性和工具理性,并能分辨其中的不同。

在暑期培训结束的时候,思宇同学的进步超出导师们的想象,于是给思宇提

供了较多的研究性实践项目,如从专业的角度如何去设计一些课题来解决生活上的困难,能不能用所学的知识来探索未知的领域等相关应用性问题。并鼓励思宇同学尝试去做志愿者,在其中发现并满足需要帮助者的显性与隐性需要。

第一个寒假:

经过一个学期的琢磨和揣摩研究性实践,思宇同学对科研有了进一步的体会,同时一系列的志愿活动也让他收获很多。导师们在寒假中为思宇同学进一步强化专业能力,并提供大量有关美国大学生学习和生活的信息,以及不同大学对学生的期待和要求。

导师们考虑到这个寒假是将思宇同学的英文应用能力再次提高一个台阶的好时机,于是增加两门留学软实力系列课程训练,其一是创新型思维课程,为思宇提供更为丰富的思维工具和方法论体系;另一门则是文献搜索和发掘能力课程,布置一些主题性文献搜索,为其对整个西方文明的了解提供进一步的知识支撑。

第二个暑假:

这个暑假不仅对思宇来说是一个挑战,其家长也关注万分,一方面是因为在长期的出国实践过程中,家长认识到了出国培育孩子,获得更好的教育的重要性,而另一个方面则是担心孩子如何没有达成自己的愿望是否会受到很大的伤害。在这种情况下家长往往会有两个选择,要么非常支持孩子所做出的选择,并全力以赴帮助孩子顺利地申请下去,要么就比较保守,一定要坚持孩子以高考为中心,这样孩子一开始努力的东西就前功尽弃。思宇的父母就属于前一种家庭,支持思宇的目标选择。因此,思宇在暑假有足够的时间准备美国 SAT 考试和英文托福考试,结果一开始所积累起来的英文基础逐渐发挥了作用,能够较为自由阅读文献的思宇同学迅速地进入了状态,在短短的两个月的时间里,他就攻克了这方面的难关。思宇在暑假期间几乎将所有的心思扑在了学习上,心理压力也逐渐增大。但长时间的积极心理学的学习已经培育出他的心理优能,使他更为突出地了解到自己的价值和意义,并逐渐完善修订自己的目标,使之更为突出。

Step 3:能力七边形的"竞争性人格"塑造

思宇在暑假期间完成了多种 SAT 课程的复习,并顺利参加了托福考试,考出了 101 分的成绩。但是他清晰地认识到,这些标准化考试,在招生官眼中只有大概 50%的比重,申请的过程中还需要展示出自己在留学软实力方面的素质。

在留学软实力国际专家团所提供的精神力培养的课程上,思宇学会了如何用坚强的精神力量为自己的未来谋取动力和助力。经过一年的锤炼,花骨朵般的能力七边形转变为拥有更多的特长,活泼乐观、充满自信、一专多能的思宇出现在导师们的面前。同时,他的组织能力和管理能力也随着他多次参与到学习中和创造中而不断变强。

Step 4:留学场景面面学

在面试阶段,导师们根据思宇同学的性格特性敲定了"探索求真,潜能展现"的面试风格,并制定了相应的面试策略。由于思宇已经培育养成的竞争性的人格以及综合知识架构,对面试所涉及到的问题驾轻就熟,以高质量的应对通过了招生官挑剔的眼光,顺利拿到 UCLA 的 offer。

思宇的案例表明,将一个优秀的学生塑造为个性鲜明,具有国际竞争能力,以及对生活和未来充满渴望,为梦想不断奋斗的少年,是一项系统的培养工作,并且,这项工作不是暂时的、短期的,而是将内化成一种优良的习惯,不仅点亮他的留学之路,并持续影响着他未来的人生。

案例三

适合自己的路最精彩

背景介绍:张航,江西省临川二中的学生,最终被浙江大学录取。TOEFL:90;SAT:2 000。

导师们最初接触到的不是张航,而是张航的家长。他们打算提升儿子的综合能力,让他可以顺利进入美国大学,不一定要排名很高,主要希望孩子可以顺利毕业。

在后续的沟通中,导师们发现,张航家长朋友的孩子,由于被不负责任的中介欺骗造假,盲目追求排名把孩子送出去,结果孩子无法跟上学业而被退学,导致整个家庭陷入了巨大的矛盾之中。所以他们痛定思痛,不要求排名,只要求孩子通过努力可以顺利毕业。

导师们非常理解此类家长的心声,因为由无良留学中介导致失败的留学案例在海外已经是非常普遍的现象,只是大部分国内家长还不太了解。所以,张航家长看似"理性"的留学观念,实则有如惊弓之鸟,过度焦虑。

不过,当与张航直接沟通了几次之后,导师们发现,张航始终对外语提不起兴趣。当导师们测评张航同学是否对留学有着很强烈的向往时,他的回答是含糊且不坚定的:"我觉得在哪里都一样,都一样要学习,都要生活,都要找工作。"当我们提出留学可能提供更好的平台和更多的机会的时候,他的回答是不完全认同的,并举出很多周围不成功留学的案例。

与张航沟通之后,导师们将这些内容如实反馈给了家长,家长的回答也是有些目标含糊的,主要是认为出国留学是一个不错的选择,周围的朋友家的子女已经出国了,那么如果张航没有出国,在面子上有点说不过去。

对于这种情况,留学软实力国际专家团的导师们与张航的家长及张航分别做了一次长时间的交流,在交流会上谈到了出国留学的意义和价值,也谈到了当前留学的错误思潮,使得张航的家长明白:出国留学是不是父母意愿,而是应当尊重留学主体的选择,选择权最终是张航本人决定。

而张航也更加明白了,出国的大门可以为他打开,但并不是唯一选择。无论是在国内还是国外,每种选择都充满了风险和挑战,他所要做的,是尽量补充和学习所需技能,补充实力,以便在未来任何环境中,都可以直面挑战。

Step 1:留学软实力评估和留学目标的养成

在对张航进行留学软实力测量的时候,我们发现他有很强的心理素质,并能够宽容接纳别人的选择,精神力也在潜在发展着,但在多元模式的沟通上很弱势。很少说话的张航在生活上也缺乏可信赖的朋友和伙伴,在漫长的中学生涯中,他的生活就是两点一线,回家和上学。他很少与别人说话,经常将自己的想法憋在心里。

经过测评,张航的留学软实力-能力七边形评估总结为"半心型结构"。这种结构的学生在留学软实力上的思维能力和心理素质完全到位,但在组织能力上较为一般,而多元模式沟通能力和精神力尤其弱,特别是对自己的未来的方向感有一种习得性无助的特性。他们很难突破自己的这一关,在心理素质很强而精神力弱势的条件下,任何的成就都没有办法带来内心实质上的满足。而这也就是为什么许多同样优秀的人出去了,有的人适应得很好,慢慢走上正轨;而有些人很难适应生活,一直躲避现实的压力的重要原因。

针对张航同学的情况,留学软实力采用了"综合发展,步步为营"的策略,将

其个人的精神力—多元模式沟通能力的提升作为留学软实力提升的重要方面，而同时将他本人的组织能力和对社会的感悟能力作为重要发展方向，开拓他对社会观察的视野，丰富他对社会、教育等方面的理解，并帮助他提升自我的价值品位，树立更为崇高的理想和观念。

Step 2：案例教学、问题教学法与研究性实践

鉴于张航同学的特殊情况，留学软实力项目组将培训的内容调整为，以平时辅导为主，假期支持为辅。在张航的高一时期，为其提供能够增强精神力与表达力的训练。

张航在第一年暑假来到了留学软实力国际专家团，在这里主要为他开设了多元模式沟通能力的系列课程，主要包括公众演讲能力、批判性写作能力、学术沟通能力、文献搜索和发掘能力。

起初，张航的英文水平不太适应这些纯英文课程的教授，但随着课程的进行，他慢慢地通过自己的努力逐渐适应了，学会了如何提问，用英文表述观点，查阅资料，在不断的互动和实践中写下了很多读书笔记。英语能力循序渐进的提升给张航带来了很多信心，并在留学软实力培养中心开始主动参与一系列的学生研讨会和头脑风暴等活动，主动发挥自己的思维特长撰写一系列的报告和倡议书。

多元模式沟通能力不仅是一种语言习得的表现，更是一种心态的开放和思维的创新。张航同学很好地领略到多元模式沟通对自己的个性健康塑造和全面发展的意义，通过自己身边的朋友逐渐地结交外国的同学和留学生。通过在上海短暂的两个多月，张航同学就组织了几个项目，一个是利用留学软实力国际专家团提供的平台展开社会学的调研，收集了中国留学生的心态访谈资料，综合整理后发表在报刊上；另一个则是在学校里组织一系列的英文沙龙，在暑假中帮助一些弱势的同学学习英文。通过课程的学习和研究性的实践，张航同学的软实力水平得到明显的增强，精神力和组织能力也明显提高。

张航的寒假以志愿服务为主要内容。留学软实力国际专家团着重培养他的组织能力（领导力、决策力、管理力），支持张航在寒假期间在火车站广场开展引导服务，并组织人员策划、设计、分发一些反对扒手的小册子。这些行动不仅培养了他的组织能力，且大大刺激了他加深对人性层面的理解，从一个少不更事、享受生活而不自知的男生，变成了知冷暖、会助人的公益先锋。张航在火车站的志愿服务得到了报纸的关注，他组织建立起来的"Yong 春好运"青少年志愿者团

队得到当地媒体报道和表扬,而张航同学的能力也在这些实践活动中得到了综合提升。

Step 3:能力七边形的"竞争性人格"塑造

在长达一年的沟通互动中,张航同学已经完全认识到留学的意义和价值,以及对自己未来的定位。他认为虽然自己很想出去看看,但不是在本科阶段出去,他希望在本科期间继续通过留学软实力系统课程的个性化培养,使他在本科之后可以以更成熟的姿态面对具有挑战性的留学生涯。

导师们观察到,虽然张航放弃在高中结束之后出国深造的计划,但这背后的原因并不是逃避,也不是叛逆,而是他独立思考之后做出的理性判断,并且,也表达出更加积极的欲望和提升综合素质的想法,对未来充满希望和信心,精神力与组织能力也在他不断的发展和前进中逐渐增强,能力七边形动态测量为"平均状略微凸显",表明张航同学已经呈现出良性循环的能力增长态势。

最后,张航同学勇敢走进了高考的战场,顺利考取浙江大学。

看似努力之后依然回到原点,但背后却是与众不同的成熟与综合能力的提升。导师们坚信,他将会在未来的岁月中,凸显出更加稳健的实力,在挑战中不断成长完善,铺就属于自己的人生之路。

案例四

拥有平常心,一切都可以

背景介绍:刘康之,上海交通大学硕士,硕士毕业后到美国西北大学(Northwestern University)攻读电子和计算机工程专业博士。TOEFL:101;GRE:2 300;GPA:3.6。

与小留学生不同的是,那些已经在中国接受过高等教育的同学在思维和人格上已经近乎成熟了,特别是他们在申请到美国高校攻读博士学位的时候,基本上都是 DIY,大多都是靠着自己的实力进行申请。但越是如此,留学软实力的展现也越显得重要。因为留学软实力能够将学生的留学硬实力更巧妙地彰显出来,从而更容易被录取。

刘康之同学本科和硕士都是在上海交通大学获得的,他学的是电子计算机

专业。刘康之对自己的留学目标非常清晰,找到美国排名前 50 的高校攻读计算机工程方面的博士,实现自己的科研梦想。但同时他对自己评估也不客观,一味追求地方和排名,特别是城市,因此造成了申请上的误区。

留学软实力国际专家团首先对其进行能力七边形系统评估,结果得出的结论就是刘康之同学的外语成绩并不特别拔尖,同时科研能力也不强,并缺乏对未来发展的理性前景和职业规划的内容。由此,我们制定的规划就是"锁定有限,抓其重点",将无限拔高起来的要求放回理性,同时积极联系美国专家库人才对其进行专业申请指导。

Step 1:留学软实力评估和留学目标的养成

对刘康之的留学软实力的养成,留学软实力国际专家团强调精细化测量,通过对其实践水平、多元模式沟通水平和思维能力和精神力等方面进行单独测试。结果发现,他的很多层面上的表现很难支撑他在短期内申请一流的著名高校。为了满足他的心中那份梦想,留学软实力项目团队提出了"多元沟通,深度发展,学术当头"的理念:① 提升刘康之的跨文化反应能力,鼓励其参加多层次与专业相关的学术交流活动,将英文的口语和交际水平提升到一定的程度;② 深度发展创意思维与批判性思维,并能够在此之上尽量做出一些亮点成果,以获取专家教授的青睐;③ 在实践活动上强调多维度多层次的实践,在有限的一年时间里尽可能多的参与到一些社会实践中来,提升组织能力,并尽量发挥自己的专业优势和学校优势,参与到一些专业性强的实习或者科研工作中去。

刘康之虽然在学业水平上比较优秀,但是他对未来的打算非常简单,就是到美国名校读个博士。而留学软实力国际专家团对刘康之的提醒是:让其知道原来自己申请更好的学校是需要在留学软实力上狠下工夫的,他也逐步改变了原先比较浮躁的心态,逐渐谦虚稳重起来。

Step 2:能力七边形的"竞争性人格"塑造

与此同时,导师们策略性地选择给这位即将从中国顶尖名校毕业的学生"泼冷水",将当今美国 IT 产业竞争实情,通过各种数据告诉他,他逐渐了解到了"去美国拿个博士学位也不一定是绝对可以找到好工作的敲门砖"。在此之后,刘康之逐渐踏实下来,在留学软实力学习和专业实习上更加尽力,在长达一年的与英文和专业赛跑的过程中,刘康之将自己的时间安排精确到天,完成了很多在常人看来难以想象的科研任务。这表明,导师们的"压力沟通法"已然奏效。在不到一年的时间里,刘康之在国际核心期刊发表了两篇论文,这些内容当然也得到了留学软实力国际专家团中美人才专家库团队中的高度认可。

正是这种踏实肯干的精神和业绩与申请学校挂钩的申请观念,改变了刘康之的思维,从一开始漫无目的到后来的以终为始,强调自己的超越和创新,再到由专业培养出来浓厚的兴趣,不断攀登科研高峰,刘康之的思维逐渐从拿个博士向获得更好的资源和平台开展科研发展。

这些观念的形成对刘康之的 PS 写作和提升自己的特色有着很大的影响。留学软实力国际专家团对其 PS 的特色下了很大工夫,从一年的研究性实践到英文实际能力的提高,再到学术水平的提升,每一项内容都伴着一种痛苦和挣扎,但又都饱含着一份成熟和希望。最终,刘康之被美国著名高校西北大学(Northwestern University)所录取。刘康之感动之余,感慨地表示:"在导师们的指导下,我个人认为平常心与空杯的姿态很重要,如果守住原来的观念不放,今天我是不可能取得这个 offer 的。"

案例五

华丽丽的转身,华丽丽的蜕变

背景介绍:谢峰力,花旗银行部门经理,成功申请到杜克大学(Duke University)MBA。TOEFL:102;GMAT:740;GPA:3.6。

谢峰力是一位典型的白领精英,温文尔雅,干练有度,全身上下都透着一股精干的气质。作为部门经理,谢峰力在花旗银行取得了骄人的业绩,也获得了领导的器重。现在他正踌躇满志与留学软实力国际专家团沟通,很自信地展示自己的能力和业绩,并相信经过自己的一番努力一定也可以在留学申请中获得成功。

留学软实力国际专家团了解了谢峰力的情况,对其进行留学软实力-能力七边形系统层次的分析,判断结果是:多元模式沟通能力-思维-组织能力高型,心理优能-精神力中型,艺术能力-体育能力低型。当谢峰力看到留学软实力-能力七边形的系统报告的时候,他吓了一跳,并喃喃道:"怎么会这么不均衡?"谢峰力的反应恰恰证明了他对未来的成功较为急迫,难以接受对他的客观能力的综合判断。也正是如此,谢峰力矛盾了很长一段时间,并对这种定论的结果很难确信。

一段时间过后,他再次来到留学软实力国际专家团,告诉我们留学的需求和对未来生活的愿景,并表示愿意为自己的留学生活而付出代价,甚至不惜任何代价。鉴于谢峰力的情况,留学软实力国际专家团向他详细解释了能力七边形的重要内容,并再认真做一次能力七边形系统评估。

Step 1:留学软实力评估和留学目标的养成

谢峰力在花旗银行沟通能力极强,与客户和合作伙伴关系很好,与上下级关系也较为密切。留学软实力看到了谢峰力极强的沟通能力,以及他在思维能力上的创新型和卓越个性,制定出了"理性克制、谨慎前行、实践当前、学术至上"的策略,将谢峰力的留学软实力的塑造分为三个阶段:第一阶段即精神力养成阶段,确立较为理性的留学观和方向,完全提升英文能力和优势;第二阶段即心理优能和学术培养阶段,从多方面的实践中提升自己的心理控制力,尽量减少消极情绪和极端情绪对自己的留学生涯带来的恶性影响,同时丰富自己的专业素养,在阅读专业书籍和期刊的同时,尽量多参加一些有关的学术会议,并尝试用英文写作专业文章,坚持到底;最后即是冲刺阶段,在这个阶段,以学术写作和与教授的沟通和 PS 为主,并完成托福和 GMAT 考试,进行申请,等待结果。

尽管一开始谢峰力过于相信自己的实力,但是理性的评估结果和策略还是很快让他沉静了下来。留学软实力国际专家团为谢峰力配备了来自哈佛商学院的导师,用实际经历为谢峰力的留学申请进行有效的辅导。

在导师们的帮助下,谢峰力很快就进入了状态,不仅开始反思自己的不足和缺点,而且对自己一向很专长的英文也逐渐查漏补缺。导师们不仅帮助谢峰力思考自己的银行工作实践与学术理论的契合点,更帮助他迅速地进入角色,从专业的角度思考自己的实践如何更进一步发挥创造力和创意思维。谢峰力在导师们的支持下,积极实践,在衍生金融产品销售方面取得突破性业绩,获得客户与管理层的好评。

Step 2:案例教学、问题教学法与研究性实践

留学软实力国际专家团给谢峰力同学开了三门课程:文献搜索和发掘能力、大规模阅读能力、跨文化反应能力,并布置其钻研《管理学理论》、《货币银行管理学》和《金融学》。同时,在课堂之中,穿插创新思维的应用,提出很多在学业和实践上的开放性问题。在导师的帮助下,谢峰力很快就进入角色,逐渐找到了自己的方向,慢慢探索理性世界和现实的真理,并顺利地将自己在工作中积累的

实践精神带入学术研究和专业英文学习中。在导师的帮助下,他很快就突破了英语学术能力脆弱的瓶颈,在短短的半年内阅读了大量的经济学商科的期刊著作,对其专业也有了更深层次的了解。

Step 3:能力七边形的"竞争性人格"塑造

认识的深化带来思想的飞跃,经过长时间与留学软实力国际专家团的互动和交流,谢峰力认识到竞争的实质是自我提升和超越,而不是一种向外界证明的虚幻的面子,也不是一种成功学意义上的急切展示。谢峰力的"竞争性人格"从形成转向成熟,也将其思维从一种单线的进化论式的逻辑思维转变为拥有更多的角度、多元化的多线性的思维,相对主义立场在他的整个绝对主义世界观中逐渐上升,开始以一种开放的精神来对待自己的得与失。

因此,谢峰力的思想将思维动能、创新型力量构建与自己的实践经验结合在了一起。多元沟通能力和精神力量随着他对专业执著度的增加而顺利上升,而强有力的热情也将他自觉去寻找解决开放性问题最好的方法。在短短的一年学习和发展中,谢峰力顺利掌握了很多开拓思维、创新发展的小技巧和小策略,也因为表现突出顺利得到了花旗银行高管的赏识,得到了有分量的推荐信。最为重要的是,谢峰力将专业学习和实践工作以及英语能力的提升通过精神力的锻造和时间的有序分工创造性地联系在一起,通过日日勤奋的表现将谢峰力的精神力量锻造出来,而这种锻造则改变了谢峰力的人生轨迹和价值观特性,也树立了他勇于发现自己错误,勇于攀登理想的高峰而不畏艰难的品质,甚至锻造了他将自己的得失和成功看淡而专注于研究和创造的理想型高效人格。

在导师们的帮助与谢峰力的努力下,他最终拿到了杜克大学 (Duke University) 福卡商学院(The Fuqua School of Business)的 offer,并且表示要用自己的经历提醒更多的同学:"不要盲目自信,找准靠谱的导师,抓紧有限的时间,才能成为更优秀的自己。"

案例六

大一到大四,不惧困难的成长

背景介绍:方晓,上海大学本科生,在就读本科期间,接受留学软实力团队

专家组的课程培训,并长期进行学业生涯发展咨询,最终顺利考研成功,成为明尼苏达大学(University of Minnesota)研究生。

如果说留学是场较量赛,那么从一开始很多人就不是站在同一条起跑线上。不少人靠着自己雄厚的家庭背景、丰富的社会资源,以及充沛的经济资源获得名校的入场券。而却又另外一批学生,由于各种因素和禀赋的缺乏,在发展初期由于错失了机遇,没有得到很好的机会进入海外名校深造,但是心里却有着一种急切改变自己发展并得到认可的力量,这种力量让他们与自己所在的环境中格格不入。

在中国,似乎很多故事都在讲述着这种改变自我命运而辛苦奋斗的学子。方晓,就是留学软实力国际专家团所见到的典型。方晓同学是上海人,由于高中生了一场大病,导致很多本应该实现的计划如考托福、出国留学等都没有一一实践。于是在不开心的高考中,方晓考得了一个很一般的成绩,进入一所不那么心仪的高校。在他人来看,这个故事可能就会这样走下去:读本科,工作,建立家庭;或者读完本科,攻读研究生,再工作。但方晓却觉得自己是走错了方向的小兔子,焦急万分却不知所措……

她希望借助留学软实力国际专家团的力量,成为她在大学生涯发展的课程和学术生涯的灯塔,通过培养和实践的力量改变自我。

在进行能力七边形的有效评估后,留学软实力国际专家团制定了学术生涯发展与大学四年时间序列对接的方案,对方晓进行全方位的个性化潜能提升,强化其各项特质的培养和训练,启发与帮助方晓发现更多元的自我价值。

Step 1:留学软实力评估和留学目标的养成

在留学软实力的测评中,专家组发现方晓同学有着较强的沟通能力、组织能力、阅读能力,但其选择的专业却较少用到这些强项特质。因此,在与方晓家长和方晓本人沟通的时候,就问到这个问题,即一个擅长交流和阅读的学生是否在某种程度上更适合在人文学科上具有可塑性。方晓也承认当时在选择专业的时候欠缺考虑,盲从于某些"易就业"观点,其实自己对化学专业并没有过多的学习激情,内心倾向于历史、哲学等专业,且有着强烈的钻研学术的热情。因此,导师们对她的学术职业规划是:利用学校的资源,建立起自己的知识体系,抓紧时间学习多元模式沟通能力(大一);换至文科专业,课程力求做得最好,继续强化英文学习,争取"游学"机会(名校听课)(大二);进行知识系统的构建,塑造自我的知识体系,参与出国英文考试(GRE,TOEFL),多参与社会实践,研究文科和社会科学的外文专业期刊,从其中发现规律和独特性,训练英文写作能力,尝试在专业类期刊上发表文章(大三);选定学校,并在专业领域上与教授进行沟通和互动,在此之上创造性地学习和实践,利用自己所掌握的知识尝试做研究,提升自我的研究能力(大四)。

而在此构建基础之上的留学目标则具有挑战性。导师们根据方晓同学的发展情况进行动态评估,建议如果发展较为优秀和成功,则申请海外名校,否则建议报考国内的大学。留学软实力的目标也将在此过程中实现渐进式达成。

尽管这些大体内容要求不甚苛刻,可还是令方晓同学有些惊讶,但她对未来的坚定信念和决心让她没有自我怀疑,反而在导师们的鼓励下着眼于以上计划如何有效地实施。

Step 2:案例教学、问题教学法与研究性实践

如果说大一是学生进入社会的启蒙期,那么在这无忧无虑的生活中少了方晓的身影。方晓同学在大学第一年级就坚定了未来四年的目标,坚持阅读大量的文史哲类的书籍以及进行英文的不断学习。在每个月定期的学术生涯评估上,方晓同学总是能够给导师们带来很多惊喜,她对问题的理解从感性逐渐趋于理性,在知识结构上不断扩展和深化,在学术上也逐渐有了自己的兴趣点,也愿意更加深入地去钻研。

在寒暑假,方晓同学根据导师们的建议,参加一系列有关人文社会科学的讲座和研讨班,与许多有着不同学校背景的学生进行密切互动,汲取营养知识。导师们也为方晓同学准备三门课程批判性写作能力、学术沟通能力、文献搜索和发掘能力,此外,还布置了关于《世界文明史》的英文书籍以及《社会学》的原版书籍。方晓在抱着极大的兴趣学习这些课程,并购买了一些她所喜爱的英文原版书籍加强学习,充实且快乐地与导师进行学术互动。

在大二的时候,方晓同学通过努力将自己的专业换到了社会学,她对社会学极大的兴趣引起了任课老师的注意,她的丰富的知识储备和思想力得到了老师的赞扬,并邀请方晓同学参与到一系列的学术活动中。而方晓同学在改换专业后如鱼得水,GPA 成绩变得非常优异。她同时把自己一年所学到的知识继续深化,完成一系列的经典著作的研读,对马克思·韦伯、涂尔干和卡尔·马克思的思想有着独特的见解。留学软实力国际专家团为了让方晓进一步提升自我,为

其准备了一门英文课程：社会学理论与方法，提前对其科研能力进行训练。课程的英文难度、庞杂的阅读量和方法的难度并没有令方晓退却。通过一年的学习和英文提升，方晓能够初步阅读一些英文社会学类专业期刊，阅读一些英文社会学理论书籍，而这些提升则是追求更大的学术发展的基础。

大三则是发展的季节，方晓顺利地在第一学期结束了自己 GRE 考试，由于自己的专业基础夯实，学业没有受到很大的影响，继续保持高水平。而 GRE 由于方晓长期接触英文课程和西方文化的缘故，加之自己持续不断的努力，取得了好成绩；托福也由于她过硬的沟通和阅读能力取得较好的水平。由于方晓对社会学理解不断深化，导师们建议方晓去复旦大学旁听一些更有针对性的课程，由此展开了她大三年级的游学生活。与此同时，组织能力（领导力、决策力、管理力）的系列课程，也在导师的帮助下逐渐开展。她带领大家开展读书会活动，创办社会学系的班刊，说服学院相关老师划拨资源，顺利到全国二三线城市进行调研，并多次参与学院老师的科研项目。在社会实践中，方晓认识到中国社会学界的发展状况和沿革，形成一套对中国社会学的发展和研究路径的独特感悟。（而这些亲身调研的真实内容无疑为将来美国名校申请的文书中增加了异彩纷呈的一笔。）

Step 3：能力七边形的"竞争性人格"塑造

在长期的留学软实力培养和东西方学术文化浸淫的基础上，方晓的学术水平有了很大的提高，甚至以第二作者的名义发表了若干学术论文。

顺理成章，导师们帮助她申请美国大学的材料亦是水到渠成。方晓凭借良好的 GPA 成绩，GRE 和 TOEFL 高分数，以及学术上的成果，她将目标锁定在教育社会学专业比较优秀的高校。

而另外一个国际竞争优势则是长期持续的社会活动。方晓拥有助教、志愿者生涯，偏远地区支教，号召上海有心人士捐款等经历。这一系列的社会实践内容丰富了方晓所学的专业，锻炼了方晓的意志，也鼓舞着她追求更为先进的学术以改变中国一些区域的落后状况的愿望。

方晓最终被明尼苏达大学（University of Minnesota）社会学系录取。回顾这四年的努力，她非常感慨，从一个迷茫的大一学生，到拥有留学软实力的国际学生，这中间点点滴滴的积累与不断突破自我的心路历程，是她未来用之不竭的财富。她也继续邀请留学软实力国际专家团的导师们与她共同前行，帮助她成为更优秀的自己，获取更美丽的人生。

案例七

梦想成真常春藤

背景介绍：Sara，毕业于加拿大某寄宿高中。托福成绩：108；SAT 成绩：2 230。现就读于哥伦比亚大学。

Sara 出生于上海，高一时进入加拿大读寄宿高中。她出身于书香门第，家庭条件相对比较优越，一方面学习成绩较好，另一方面在才艺与体育方面也游刃有余，如声乐、长号、滑雪等。也正是基于此，她的家庭对其未来寄予厚望，希望可以借助留学软实力专家团的实力，助力她实现更高的飞跃。而她本身也是目标非常清晰的学生，愿意为梦想而努力，激发潜能，实现名校之梦。但是，现实的情况是，虽然 Sara 在国内是一名比较优秀的学生，但毕竟只是一名小留学生，异域的环境、语言的应用、教育体系的差异等都是她不得不面对的问题。

在这种情况之下，留学软实力专家团首先对 Sara 首先进行了留学软实力的综合测评，在测评指标中，她各项指标相对表现得比较均衡，这说明她在当前的情况下，综合素质的发展是比较均衡的。这种均衡的结果在数据库中是比较少见的，导师们也备感欣慰。但是，在此种较为乐观情形之下，导师们的考量更加深远："如何稳固现阶段的平衡，并且不断实现突破，成长为一种更高阶段的新平衡？"毕竟，如果是以名校为目标，是一场面对世界学子的竞争，需要做好更加充分的准备。

所以，在评估之后，留学软实力国际专家团决定在 Sara 的基础上进行全方位的综合提升，即留学硬实力与留学软实力的扩张性整合提升，强化各项特质的培养与训练，实现突破性增长。

Step 1：留学软实力评估和留学目标的养成

导师们在学术方面对她的规划是：将英文的应用水平提升至"母语"程度，且在完成校内功课的同时，兼顾托福与 SAT 的考试准备，扩大专业书籍阅读量，提升学术写作水平。此外，导师们在课外活动方面结合她的优势以及创意，提出在课余活动时间创办"中加文化交流网络平台"项目，以及创建传承世界非物质文化遗产古琴艺术的"古琴文化艺术基金"项目等，打造具有国际影响力的差异

化竞争亮点。此外,在寒暑期的安排中,导师们建议她申请常春藤的夏令营项目,使得 Sara 提前了解美国名校的环境与教学氛围,尽量多与国际同学以及名校老师建立友谊,以便更多适应美国教育体系与授课风格。

在与导师们共同制定以上目标之后,Sara 一开始非常兴奋,她认为这些目标看起来新奇有趣,而且步骤清晰,使他不再迷茫。但是在执行了大概几个月之后,她感受到了前所未有的压力,甚至有点信心不足。导师们敏锐地观察到了这一点,及时对她进行心理疏导,传授面对压力的调整方式等,最终 Sara 在实践中适应了这个节奏,表示愿意与导师们共同按照此目标。

Step 2:案例教学、问题教学法与研究性实践

达成了统一的目标之后,Sara 的生活更多的是充实与努力,她逐渐开始变得更加成熟理性,向导师们提出的问题也越来越具有实践意义。同时,在导师的指导下,她的创意思维也得到更进一步的发挥,她利用自己中英文写作能力都比较强的优势,自己编写剧本,将中国与加拿大文化中的趣事做成幽默短片,放在 Youtube 上展示,并且也课外活动时间策划制作《古琴古韵古都路》的纪录片,用以展示保护世界非物质文化遗产的项目历程。

在暑期,导师们成功地帮助她申请了多所名校的夏令营,最终她选择了哥伦比亚大学的夏令营。在夏令营中,她尽可能多地与老师互动,在小组活动中主动承担各项任务,获取很多同学和老师的信任,并多次邀请她担任 Team Lead。在暑期夏令营之后,时间也没有浪费,导师们安排 Sara 飞回上海,接受封闭式的托福与 SAT 培训以及多元模式沟通能力系列课程,夯实她的学术基础。同时,利用课余休息时间,进行古琴艺术的研究以及古琴艺术家的走访,并用文字与影像的方式记录下来,为纪录片剧本的持续创作积累素材。

Step 3:能力七边形的"竞争性人格"塑造

在四年的加拿大高中求学之路中,Sara 逐渐凸显出更多自己原先所不知道的潜能,她的英语应用能力已经与本地学生旗鼓相当,课业成绩也由起初的 B-逐步提升至 A-到 A 之间,托福和 SAT 成绩也表现不俗。在课外活动方面,她的表现更显得丰富多彩,她多次组织学校合唱团进行主题表演,且担任滑雪部部长,并按照导师的规划建立了"中加文化交流网络平台",举办了多期不同主题的文化分享活动。在"古琴文化艺术基金"项目上,她专门举办了基金启动发布会,吸引了近 30 家媒体进行报道,且拜访了多位相关艺术家进行访谈,记

录、整理、汇编成 20 万字的文集《古琴风吟》并制作成电子书,呼吁更多的人关注和保护这项世界非物质文化遗产。

持之以恒的努力使得 Sara 从一名不太适应异域文化的小留学生,成为一名具有国际竞争力的人才,她申请的学校几乎都向她伸出了橄榄枝。申请的 10 所学校中,有 2 所常春藤盟校给了她录取 offer,最终她选择了哥伦比亚大学。

在进入哥伦比亚大学之后,她继续邀请导师们与她并肩前行。她经常与后来的师弟师妹开玩笑说:"梦想其实并不遥远,只需要一个找到好导师的距离,而我的梦想触手可及,因为我找到了一群人生导师。"

案例八

变形记:从"英文小哑巴"变成"英文演说家"

背景介绍:Lucy,15 岁,初二,现就读于上海某中学。

Lucy 是一个典型的中国式好学生,她的成绩在班里不错,人缘也好,但是个性害羞,不善表达,英文水平属于"哑巴英语"。家长希望通过留学软实力课程的训练,使她可以在英文的应用上有更多的提升。

初次见到 Lucy 的时候,导师们的印象深刻。她穿着粉红色的外套,头上戴着粉红色的发卡,静静地坐在沙发上,家长和我们沟通的时候,她基本一言不发,只有听父母提到说"给老师讲一下你在学校的情况"时她才怯生生地告诉我们一些她的基本信息。

在经过对 Lucy 的测评之后,导师们一致认为:她虽然看起来非常害羞,但是内心其实是很丰富的学生,如果可以将沟通能力培养出来,对她的成长将是一个质的飞跃。基于此,导师们对 Lucy 的课程步骤是,第一阶段:培养她的多元模式沟通能力(公共演讲与美式写作课);第二阶段:培养她的思维能力(判断性思维与创意思想课)。

在第一个阶段中,导师们首先布置给 Lucy 一篇主题演讲稿(约 5 分钟左右),让她学习围绕主题进行创作,然后老师进行有针对性的修改。在这个过程中,Lucy 发现了很多未曾了解的问题,比如:① 文章只有论点没有论据支持,这

样的文章给人的感觉是自说自话式的,是无力的;② 文章的结构没有逻辑性,只是罗列一些词句,为了写作而写作;③ 语法错误频出,显得文章很不专业。

在这个过程中,Lucy 逐渐学会了表达观点需要用论据来支持。起初,她会找一些网络微博微信上的论据来支持论点,后来,逐步开始懂得去查找权威资料,比如政府报告中的数据、某某著作中的观点等。

随着学习的深入,她的写作时间也开始压缩,从最早需要 5—6 周才能从写作到修改到完善一篇讲稿(5 分钟左右),逐步发展到只需要 2—3 周完成一篇讲稿(10 分钟左右),她只用了 50 个课时。这对于一个初中的同学来说,这个进步是质变的。

与此同时,她的演讲能力也在飞速的提升。当第一次她面对导师进行演讲时,基本上说不出一个完整的长句,然而在不断的练习中,她掌握了演讲的技巧,从身势语的应用,到声音的顿挫,再到服饰的搭配,以及演讲道具的配合,每一个环节都在有声无声地与演讲者的观点相呼应。以至于她进行汇报演讲的时候,她的父母感到大吃一惊:原来那个怯生生的小姑娘变身成了一个身着职业套装,声音坚定有力,眼睛炯炯有神的"演说家"!他们非常兴奋地录下了女儿的演讲,并由衷地向导师们献上感谢。

在第一阶段的学习取得飞跃性的进步之后,Lucy 的自信心得到空前的发展,她在学校的表现也发生了翻天覆地的变化。原来她总是一个紧随人后的"追随者",现在变成了侃侃而谈,思维敏锐的"组织者",老师和同学也越来越喜欢她,她的性格也得到了很好的塑造,变得日益阳光、开朗起来。

第二个阶段,思维能力培养。在判断性思维与创意思想课程的阶段中,Lucy 逐渐明白了:原来人的思维方式有这么多类型!原先自己都是想到什么说什么,听到什么是什么,现在逐渐明白这些信息获取之后,当事人应当如何进行判断、如何求证,解决方式有哪些,如果常规方式无法解决,那么怎么打破惯性思维,如何用创意性的思维方式来解决……

导师们的课程如同一把钥匙,开启了 Lucy 固有的思维枷锁,她开始像小鸟一样,无拘无束地翱翔在广阔的天空。在课堂的发言中,她是最积极的,在课后的作业中,她也总是让导师眼前一亮。比如,在一次创意思维课中,导师提出:如果你来研制一个书包,你希望可以解决同学们的哪些问题?她一下子想到了十几条改善当前学生书包问题的方案,其中有一条居然考虑到未来的交通一定更加拥挤,同学们上学是交通高峰时期,家长和学生都很头疼,她希望书包可以有导航系统兼具飞行器功能,可以让同学们避开早高峰的拥堵,直接航行到学校……

她的这种敢于打破传统思维,并赋予其创新功能的奇思妙想还有很多,其学习成绩也有了大跨度的进步,令学校老师刮目相看。但是对于留学软实力项目的导师们来说,更为欣慰的是:Lucy 在这么小的年纪,就找到了学习的乐趣,掌握了诸多思维的方法,这对于她的一生都是意义重大的,因为在日后的成长中,她的软实力运用将会更加得心应手,与日俱增,这是无法估量的财富。

现在,Lucy 依然快乐地在导师们的关怀中学习着,从"英文小哑巴"变成"英文演说家",老师与家长们都见证了她进步的足迹。导师们相信,这只是开始,后面的 Lucy,将创造更多的奇迹。

案例九

从名校学子到名企精英的蜕变

背景介绍: 李峰,同济大学经济学硕士毕业,现就职于苹果公司。

李峰的同学王杰,在接受留学软实力培养之后,不仅在学业上获取了令同学艳羡的成绩,更以面试第一名的身份进入了宝洁公司。李峰亲眼看到王杰身上发生的变化,希望可以接受到全方位的软实力培养。

在导师们的第一印象中,李峰属于乍看起来非常精神,有来自名校的毕业生的气质的学生。但是稍作沟通之后却很容易发现,他有很多与职场要求不符的特质。

留学软实力国际专家团对于这样的学生并不感到稀奇,很多大学生经过相对千篇一律的"大学制造厂"走向社会,而这些学生的理论学习与社会实践往往严重脱节,在这种脱节之下,如果学生主体没有意识到由学生到职业人的客体需求能力要求的转化,结果往往是处于竞争不利的地位。

李峰同学正是工厂流水线上的产品。他毕业于二类本科,对自己所毕业的院校不甚满意,找工作也处处碰壁,于是只好寻求考研出路。幸运的是,通过勤奋的努力,他被同济研究生院所录取,攻读经济学专业。按照他对自己的设想,

名校毕业之后,被名企录用,获取高薪工作。但在研究生毕业这一年,李峰花尽力气去寻找工作,但他理想的企业终究没有选择他。经历艰辛而又痛苦的求职受挫,没有获得工作机会的李峰饱尝了无助的滋味,甚至有些放弃自我,怀疑自我价值。

留学软实力国际专家团导师首先对他进行了一个综合评估,评估结果是:李峰属于多元模式沟通能力—组织能力低型,而思维能力—精神力属于高型。李峰的能力七边形属于强烈不对称型。李峰也认同并总结出自己的各项不足:如表达欠缺、不太喜欢说话,喜欢独自静静地思考,自我中心感很强而又比较内向,欠缺感知沟通对象情绪的能力……这些弱项折射出李峰同学在沟通能力发展上需要着重加强,这样才能将其强有力的精神力和思维能力背景凸显并发挥出来。

Step 1:案例教学、问题教学法与研究性实践

留学软实力专家团队为李峰提供的发展计划是:首先通过培养多元模式沟通能力提升自信与沟通,再进行多场景交流模拟学习(如面试模拟训练、工作汇报模拟训练、演讲模拟训练),提升自己的沟通行为习惯与自我形象。并在模拟学习中进行录像,使得李峰每次对自己的行为和表达进行反思,思考哪些问题需要改进,摒弃掉一些不好的固有习惯。

经过半年的努力,李峰的软实力有了显著提升,在研究性的实践中日趋完善,克服了各种场景交流的恐惧。能力提升的同时也使得他变得更为积极自信,开朗健谈。

Step 2:能力七边形的"竞争性人格"塑造

留学软实力国际专家团实时观察和记录了李峰的成长。在 6 个月的时间里,李峰进行了 30 次的模拟操作与实践。这种付出提升了他对外界社会接触的自信和能力,逐步帮助他完善了"竞争性人格",激发了精神力与思维能力的发挥,令他产生了更多的竞争优势。

值得一提的是,留学软实力国际专家团为了培养李峰实战能力,设置了多个求职体验活动,从旁观者的角度和与 HR 对谈的角度来理解求职的发展本质上是一个竞争的过程,而竞争主体的条件和禀赋恰恰是需要在较短时间内彰显的。李峰从一系列的求职观察中认识到求职本身的竞争特质的重要性,恢复自信的他也不断地摸索着、尝试着,建立起自己的风格和特性,而这些步骤就是蜕变的

过程。

　　在后来的求职过程中，从简历的构思到面试环节的应答，以及专业形象的展示，导师们都对他进行了模拟辅导，他也逐渐在此过程中变得越来越有职场精英的风范。最终，李峰选择了苹果公司，并且继续完成他的"学习多元模式沟通课程"与"思维能力"课程。他说："我不是不愿意努力，而是我看不见有问题的自己，更无法分辨什么是问题，现在导师们让我知道了问题的所在，指明了正确的方向。并且我也在实践中拿到了未曾想到的结果。老实说，如果没有经过培训，听到来自苹果的面试电话，我都会紧张得不知所措，更别说去参加面试了。"

案例十

<h3 style="text-align:center">"不拘一格降人才"：格外不同的人生</h3>

　　背景介绍：李同学，北京四中学生，现在就读美国 Minerva 大学。

　　她是北京四中道元实验班学生，多次组织、主持校内外大型活动，并赴欧美、日本和中国台湾、香港地区交流。

　　她也是不拘一格活动的领导者，是北京四中模拟联合国协会秘书长、第八届国际顾拜旦青年论坛活动总策划、志愿者队队长；曾任北京四中团支书、首师大附中班长、中关村三小少先队大队长、舞蹈团团长。

　　她又是别具一格栏目的主持人，承担校内外重要活动的主持工作已 10 年，曾与朱军、鞠萍、郎永淳等共同主持节目。

　　她还是自成一格的小作家，获全国"春蕾杯"一等奖、"少年作家杯"一等奖、北京四中"流石文学奖"。她的故事丰富、动人，她的体验比年龄更大气、更宽怀。她 8 岁到 10 岁写成近 30 万字的《格格日记》，并且在 2013 年在中国人民大学逸夫会堂发布其著新书《格外》。

　　在这样一份闪亮的履历中，我们可以看到这个与众不同的女孩，如同她的名字一样别具一格。同样，在申请大学的道路之中，她依然选择了一条与众不同之路。虽然她硬实力非常不错（学校成绩与标准化考试成绩），但是她却选择了只关注硬实力分数的 Minerva 大学，这所大学有一套独特的评估系统，申请者无需提供托福与 SAT 成绩，但需要在这套系统中脱颖而出，才可以申请成功，而这套

系统的难度比托福与 SAT 考试更难。李同学却选择了挑战这种超越传统的考试,最终,她凭借超常的认知技能与非认知技能的评估成绩,进入了招生官的视野。而这一年,Minerva 共收到了来自 96 个国家的 2 464 名申请者的申请,最终只录取 68 名学生,录取比例率仅 2.8%。值得一提的是,2014 年美国名校录取率,在八大常春藤名校中,哈佛大学的录取率最低,为5.9%,也就是说,在录取率比哈佛还低一倍以上的竞争中,李同学幸运地成为了其中的一员。

她将在这所创新型大学中度过 8 个学期,但与传统大学不同的是,Minerva 大学的校园概念是"四年时间,7 个城市"——除了第一年,学生会在学校总部旧金山学习,其余三年的 6 个学期将在全球其他 6 个城市度过。(美国的旧金山、阿根廷的布宜诺斯艾利斯、德国的柏林、印度的孟买、中国的香港、英国的伦敦和美国的纽约,这些就是 Minerva 大学"先锋班"32 名同学将在大学四年间所要生活的城市。)在这些城市的学习生活中,学生们主要经历体验式的教育,在大量的社会实践中,完成学业。

在问到 Minerva 招生官对录取学生的要求时,他说:Minerva 的招生对象是"最聪明且最有进取心的"学生,"我们的目标是培养领导人及创造性人才,所以招生的时候很注重学生已取得的成就。我们招收的学生有些已经出版过书,有些拥有发明专利,还有的创办过国际组织等,总之都有不凡的经历与成就。"

或许,这就是为什么李同学与 Minerva 大学如此匹配的原因吧。未来的路已在眼前,无论别人如何评判,适合自己的,就是最好的选择。

第五章　留学软实力的未来：
　　　　　我们的努力

　　留学软实力的培养对学生来说具有至关重要的意义，而对留学软实力国际专家团来说也具有重要的教学和实践意义。面对中国未来的求学大潮，留学是未来获得最为先进的科技文化知识的最重要的渠道之一，而留学软实力的培养必将在日后成为中国学生出国培养的重要课程。留学软实力国际专家团也将留学软实力培养从学生延伸到期待在国外生活和工作的其他人员。因此，留学软实力的培养和发展标志着中国留学史进入到了一个新的阶段，而留学软实力的未来依靠的是认真勤奋的学生和我们的共同努力。

简单人到多彩人：青少年成长为国际人才的目标

　　留学软实力的提升是留学阶段将学生本人的潜能转化为有利于留学现实的重要能力。学生发展和开拓留学软实力的本质目标是尽速实现从学生到留学生的转变。实质上，留学软实力是个人软实力的一个重要方面，留学软实力所体现出来的重要能力也是个人软实力重要组成部分。而未来的竞争层次的展开也是围绕着硬实力和软实力相互结合层次的多彩人的展开。

　　在这里面要提到所谓的简单人的概念。简单人指的是生活经历简单，成长背景简单，思维方式简单以及应对挑战程度简单的人。简单人是基于社会分工更为精细、专业发展更为深入的产物。简单人是众多职业发展和学业发展专业化的集合，其主要问题是难以摆脱的工作、事业和学业带来的综合困扰。简单人有以下几大特征：① 阅历简单。除了直接面对的事业、工作和思维之外，其他经历非常少，圈子非常有限，而且难以改变。② 思维简单。思维模式较为单一，在

工作和学习上较少接触过思维训练。③ 环境简单。生活、学习与工作环境较为简单，只应对过有限的挑战，难以遇到或者应对较高难度的挑战。

多彩人则是与简单人相对应，指的是社会生活广泛，阅历丰富，社交网络优质，在工作中和学业中不断突破进取，有过应对重大压力和突发性事件的训练与经历的人。多彩人是当前社会全球化对国际人才要求的重要体现，具有这些能力的人才真正影响着社会的进步与革新。

有些人认为复杂产生劳累，劳累则不利于体验幸福。但事实上，这种思维与感受是人固有的惰性所产生的，诚然，简单人到多彩人是一个需要付出努力与创造力的过程，但是一旦这个过程取得阶段性的成果，并且由量变到质变的时候，其幸福感将渗入到人生的各个层面。

从简单人转变为多彩人需要多种因素共同培养塑造，而最为重要的就是个人软实力的培养和塑造。软实力作为多彩人整体素质的重要表现，不仅体现在留学软实力、职业软实力等多个亚层次，也包括多种不同于硬实力的软力量的深化与发展。多彩人的软实力包含于留学软实力，它更为强调对社会的适应性和个人魅力的培养，对组织管理能力以及精神力量的追求。

一个人软实力培养结果，主要体现在以下 5 个方面：

1. 责任感（Conscientiousness）——有责任心、有组织的以及勤勉工作的心理趋向。责任感包括竞争感（高效率表现）、秩序（有组织）、义务导向、目标驱动、自律和思维上较为沉稳深刻，它要求专注一致、持续性的努力并能够控制自我、压力控制、延迟满足并坚持到底，有活跃感。

2. 经验（力）的开放性（Openness to Experience）——对新的审美、文化和智识上的经验（力）保持开放的心理趋向。这种开放心态包括想象力丰富、美之敏感、热情的心动、兴趣广泛、思维活跃且充满新奇性、价值导向性。开放性要求心理触觉具有高度的敏感性，能够抓住每一个新奇的想法，情绪至少能在枯燥的活动中活跃起来，高度的好奇心态，用于发展缓和创造新思维和新事物的冒险精神。

3. 外向性（Extraversion）——即兴趣和经历投射在外部世界的人和事之中而不是内心世界和主观情感，以此为导向，具有更多的社会性并积极从社会中获取经验，发挥积极作用，更为主动地释放心灵。外向型表现为热情（友好）、合群（善于交际）、充满自信和活跃性（精力充沛）、兴趣导向性（冒险精神），并且充满积极情感(充满正能量)。由此外向性要求以社会性为核心思考和梳理事务,勇于挑战自我,敢于表现和显露自身的积极情感,并能够为自己的好奇付出代价。

4. 宜人性(Agreeableness)——一种合作性的、利他无私的心理态势。宜人性较为广泛,包括信任、坦诚(非目标导向)、利他主义的、依从特征(并不顽固)、谦虚而不炫耀、充满同情心。宜人性要求学生共情能力强,具备同理心,同情心强,且充满对已知世界的敬畏和尊重。

5. 情绪稳定性(Emotional Stability)——情感活动中情绪可以预见并且较为稳定,不存在急剧的情绪变化。情绪稳定性包括内心和外部世界的平衡性、可控性,自尊、自重和自爱,乐观主义和消极情绪控制。情绪稳定性要求行为和思维具有相当的一致性,抗压能力强,阅历丰富和多层面乐观思维的培养。

五大健全人格理论将人的发展的思维、经历、情感、适应性和同情心密切地联系在了一起。具有社会适应能力倾向的外向型更符合全球化时代对自我外向性发展的要求;而有爱心和同情心,尊重他人,不以自我为中心的宜人性则更有助于人的合群性,使其在社交活动中游刃有余,更有助于树立远大的目标和崇高的使命感;责任心强,要求人格和品行的一致性则更为强调"知行合一",用精神控制行为,使其行动有所担当;控制情绪,使用理性而又不错失感性的稳定性情绪将情绪控制提出来,将思维发展到更深层次的地步;最后,创造性地面对社会,勇于应对世界的挑战则开放人的各项禀赋,将各项条件都展现出来,显示出强大的开放性。五个方面相互联系,每一层都与上一层紧密相连系,各层层层累积,递进式蔓延,呈现出鱼鳞式结构,互依互存,互相促进。

这五个方面也是检验青少年软实力培养的重要发展指标。个人软实力的培养将人的性格中的思维和情感和实践力等因素剥离出来,关注其发展的特殊性和优越性。同时,针对当前中国提出独特的优先性,如在情感控制和宜人性方面中国人一向得分较高,但在外向性和开放性上则需要付出更多的努力。

在针对准留学生的留学软实力培养中,由于留学目标对学生的要求,需要更为精微细致的层次,将多元沟通能力、思维能力、体育和艺术能力、组织能力、心理优能和精神力通过与社会和自我的不断互动而得到提高。这些能力的培养将青少年的情绪力量和思维力量很好地结合在了一起,创造性发展出独特的精神力,并通过在实践过程中不断试错来提升人的综合素质,可以说为将来成为具有国际竞争力的多彩人才夯实了很好的基础。

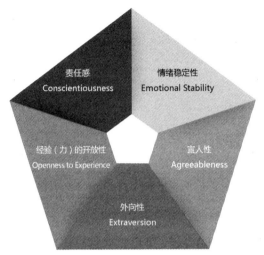

图35　软实力人格魅力五大方面

　　总而言之,个人软实力的培养将会改变简单人不均衡的发展态势,将人的潜能激发出来,有意识地培养成一种层层递进式的鱼鳞状结构,像鱼儿畅游在变化无常的大海之中,使天赋得到充分释放。

构建和谐互利的人际关系:软实力的关系性

　　与其他技能培训如成功学培训和思维培训不同的是,个人软实力培养从本质上来看并不是讲解个体化技巧的阶段。个人软实力的一个核心特性即是关系性,即从主体间性的角度去理解人的潜能和现实的关系。个人软实力培养所改变的不仅仅是主体本身的变化,更是一种主体间性关系的重塑和发展。换句话说,个人软实力的另外一个重要目标是构建出和谐互利的人际关系。

　　个人软实力培养所谋求的不仅是主体自身在智识上和洞察力上的长进,而更是谋求一种智慧互动行为。因此,它提供主体三个方面的智识上的准备:第一,如何站在第三方的角度去理解主体与客体的互动,如何去评估这些互动的意义和价值。第二,怎样在互动中建立起稳定有效的互动关系,并使得主体与互动对象之间获得更多默契和价值。第三,如何在互动过程中建立起有效的人格吸引力,在关系的建立和维系中如何展现出主体本人的价值和力量,构建丰富有效的社会网络。软实力培养同意人离不开社会,关系性是人的本质属性的说法,将互动行为投射在更为客观理性的角度下去探究。

按照马基雅维利式的思维来看:"你如何并不重要,重要的是你要显得如何。"如果你是一个吝啬的人,但是在对待朋友上又显示出慷慨大方,相信谁也不会传播关于你吝啬的笑话;如果你是一个有洁癖的人,但是在待人接物上落落大方,那么谁也不会介意你这种毛病。但是,如果在这种苦苦经营之下成为所谓的"人际高手",那么其幸福指数必定降低,因为每天活在扭曲的价值矛盾之中,并没有真正习得健康人际互动的软实力。

个人软实力的培养目标并不是让主体成为更为高深的人际关系交际大师,也不是让主体一味通过交际获取更多的社会资源,而是随着时间的增加和训练量的提升,将主体在价值性(利他倾向、积极倾向、坦诚倾向)方面更为明显。其本质如同《少年派的奇幻之旅》所隐喻的,将派心中的老虎释放出来,走向更为广阔的森林。

从多彩人到构建和谐互利的人际关系特性,软实力对主体的影响并不仅限于精神方面,在其对外交往和方向上可以将主体的潜力发挥出来。软实力的关系特性不同于影响力或者是魅力这种专注于主体间性特质的培养,专攻于技术和能力上的改善,而软实力则崇尚的是"内圣而外王",强调更为系统地培养主体与客体和谐互利的过程与结果。

软实力的提升对主体的关系文化也有很大的改善,更为注重这些内容的提升和发展,也更为注重其对主体的相互影响。软实力将关系性的特征放入人整体发展的素养之中,给予互动以真切的内涵。而真切意识到互动内涵的人也更为看重互动的实质和价值,将互动作为人的全面发展的方向而进行发展。人的潜能也在软实力指导下的互动中得到全面释放,从而将多彩人的理念发挥得更为彻底。

从有实力的人到有影响力的人:实力配置及其释放

除此之外,个人软实力的培养还将主体内心开拓至另一个新领域——精神领域,并且除了对人本身的思维提升和实力增加以外,更增添了互动内涵,将多彩人提升为有影响力的人,进而获得资源的最佳配置和实力的最大程度发挥,这也是人的软实力全面发展之后的重要表现。

多彩人的理想实力配置体现在多元条件下的均衡发展。一个人的内在价值

不仅需要了解其在专业性上的竞争力水平,更需要了解其在整个团队中和价值传导中的角色和作用,而这些内容则牵涉到一个人的软实力问题。个人软实力对主体来说首先就是培育优秀的思维习惯和做事风格,这种力量在达到一定程度之后就会逐步转变为一种更为深层次的对事物本质性理解并在这种理解的基础之上改变事物进程的能力。

实力配置的改变对实力指向的内容和方向有着重大影响。简单人的实力指向较为单一,比如科技是科技,艺术是艺术,两者似乎没有太大联系,这主要是因为社会分层没有铺展开来以及社会媒体欠发达。但是在多元化时代,各种信息的融合不断地改变着人类的思维与行为方式。因此,简单人的实力配置往往在其他层面变得非常渺小,例如获得社会赞誉有加的知识人在处理复杂的社会事务上明显缺乏经验。

与此同时,互联网社会和全球市民社会也与全球化市场共同到来,网络空间极大地释放了人的选择权利,更改变了人们对传统的认识和看法。网络上提供的知识和资源极大地丰富了普通人的视野,同时也带来了价值观的革命。这种价值观的革命伴随着全球化侵袭而来的市场精神,改变了整个社会对实力对象和实力本身的要求和看法。实力本身不再被视为一种决定性的力量,而实力所能提供或者孕育的影响力则成为整个社会所急切关注的主题。实力本身的价值褪色,而实力所彰显的影响力和人格魅力则成为社会关注的主要内容。普遍理性对简单人的要求逐步提高,要求简单人具有复杂思想,拥有多种工作阅历和经验,掌握较为高深的技巧和手段,甚至在人际关系上也要求他们能够在为人处世上不被人讨厌。一系列的标准开始复合添加在简单人的身上,而有些简单人意识到自我如果不能接受这种革新性的变化将会失去更多,因此就在不断的学习和成长中成为了多彩人。多彩人的产生不仅是实力配置以及实力所对应内容和方向发生变化的结果,也是社会普遍理性达到一定阶段的产物。

由于社会普遍理性比社会政治经济情势要有一定的超越性和先占性,因此社会政治经济情势对实力配置变化的要求展现并不明显。但是,从政治上对官员的选拔,到学术界对科研人才的选拔以及公司对应聘人员的选拔可以简单地归纳出一个结果,那些一专多能,具有人格魅力的人很快就能够崭露头角。而这些人也逐渐崛起,成为社会发展的中坚,也是他们将整个社会支撑起来,并改变着社会选拔系统和政治经济发展系统,甚至是社会观念系统。多彩人在社会高端站稳脚跟之后,往往对人的实力要求更为苛刻,软实力则成为其社会衡量的重要标准,而社会高层则成为高端软实力集聚的新态势。

当前社会新态势对高端软实力拥有高端影响力,高影响力者也是在软实力的理解和塑造上取得重要成就,而正是这样的成就也会改变权力的"新态势",软实力将会发展成为当前重要的价值理念,被社会普遍认可,成为新式权力标准。

留学软实力与人类关怀：塑造世界精英的崇高价值

如果说留学软实力的指向是个人,并没有问题;但如果认为留学软实力的指向仅仅是个人,则有些狭窄。因为留学软实力对人类终极价值和崇高的关怀始终是其运作的基础。如果没有对人类的关怀和对世界未来美好理想的追求,那么留学软实力的发展就没有任何值得保留的价值。留学软实力的基础就是能够将我们从个人和小圈子文化的狭小境界提升到更高层次,从相对主义、多元主义和更为宽容、更为崇高的角度来看待当前发生的事情和状况。

在当今全球化时代,价值也开始普遍弥散,世界很多价值观也逐步趋同。对于什么是正义的和邪恶的,一旦上升至与人类有关的和平、安全和发展的层面,则大家的表述就有很多相同的意味。价值本身就是一种选择的过程,而能否做出更高层面的带有道德使命和崇高意味的选择,则是与每个人的软实力息息相关,或者可以认为是一种普遍的崇高的价值从多彩人身上不断扩散的过程。

而正是全球变革带来的价值观的弥散,使得世界不同地区的人民和思维差异显得如此明显,文明与文明之间的交往变得更为突出、更为深化,而文明之间的"冲突"也变得更为强烈、更为尖锐,文明内部的正统之辨也显得如此强烈。文明的价值观和崇高感在此之间进行碰撞,正是这种治乱兴衰的时代,对人才软实力的强调才更为重要。

如今,软实力作为一种理念已经深入人心,价值被大多数人所知晓,并正在潜移默化地变成一种价值体系,塑造人们对万事万物的看法。其在人内心中潜移默化的发展和演进,就像社会变迁一样,必将在世界价值观贡献榜上占有一席之地。

第五部分
软实力之展望：从国家到国人

少年智则国智，少年富则国富；少年强则国强，少年独立则国独立；少年自由则国自由，少年进步则国进步；少年胜于欧洲则国胜于欧洲，少年雄于地球则国雄于地球。红日初升，其道大光。河出伏流，一泻汪洋。潜龙腾渊，鳞爪飞扬。乳虎啸谷，百兽震惶。鹰隼试翼，风尘吸张。奇花初胎，矞矞皇皇。干将发硎，有作其芒。天戴其苍，地履其黄。纵有千古，横有八荒。前途似海，来日方长。美哉我少年中国，与天不老！壮哉我中国少年，与国无疆。

——梁启超《少年中国说》

公元 1900 年，梁启超先生在戊戌变法失败后深感中国需振兴力量，将少年中国作为一个群体提了出来。百年沧桑，中国的发展令人瞩目，其 GDP 如今居世界第二，仅次于美国，科技和军事力量迅猛发展。改革开放的浪潮也使市场经济涌入大陆，激发中国社会的活力。而互联网时代的到来更是为落后的中国尽快赶上提供了平台和支撑。

2014 年底 APEC 会议在北京召开，中国在多边外交层面的领导地位由此可见一斑。北京 APEC 主题是"共建面向未来的亚太伙伴关系"，中国在外交领域的能量和实力在构建"亚太共同体"中展现无余。随着日本经济情势的恶化、安倍经济学的破产以及美国在中东和乌克兰问题上的外交颓势，中国在国际上的地位明显随着大国权力的消长而走强，权力转移也逐渐从太平洋的东岸延展到西岸地区。中国在国际体系中的位置的上升逐渐刺激了中国对外认知的热情以及要求进一步发展的渴望。中国的迅速崛起使得我们迫切需要越来越多的国际精英和掌握外国情况信息的高水平的人才。

教育部国家留学基金委员会在这种背景下提供大量的机会和资源让更多的学生享受到国家进步带来的便利。但另一个情况却是，很多学生拿到了国家的奖学金之后来到国外，但因为适应不足和准备不足，很难从国外取到洋经，官方留学也不尽然是成功与优秀的平台。

与官方留学相得益彰的是大规模的民间留学的崛起。这股力量已经到了改变中国人力资本培养态势的程度。中国的民间留学大潮随着中国国门的打开而集聚翻腾，中国成为对外输出的留学生源的大国。人力资本的提升将中国推向前台。新留学时代和中国崛起的时代同时到来，意味着中国将面临前所未有的

机遇和发展。

在硬实力和人力资本迅速提高的同时,中国的发展也面临着一些深层次的危机,如改革如何继续进行下去,发展能否创造更好的社会,社会能否通过市场经济的挑战,国际上能否接受中国式大国的存在。

应对这些挑战需要做仔细的分析和调查,但有一个观念是确定的,即中国的实力构成需要重新塑造。从强调硬实力优先要逐渐转换为强调以软实力为主的国家战略,未来的中国不再是一个不具备吸引力的大国,而是能够有效履行国际社会责任,帮助他国解决治理危机和经济危机,能够输出我们的文化产品,甚至能够以自己独特的观念和思维赢得世界的掌声,以自己对社会、世界独特贡献而矗立于人类之林。

与国家一样,中国的留学浪潮也将当前的留学人员推向高峰,留学生群体已不再是稀缺物种。留学生的硬实力竞争已成红海,如何用软实力的蓝海来吸引和影响社会资源,是一个摆在留学生面前重要的课题。推而广之,即如何将软实力深入人心,构成人们对软实力的切身体会和明确认识,并以软实力为指导提升个人素养和能力,为个人的幸福努力奋斗,成为当前中国社会和中国人的课题。

为了解决这些问题,首先必须得认清软实力和留学软实力在当前世界发展的态势,并对其未来的功用和价值作出合理的预判。当前的情势已经深刻证明一个国家的综合国力或一个人的综合实力的竞争决定着国家和个人在国际社会和社会中的位置、声誉和发展情势。而软实力,不论是对国家还是个人而言,在整个全球化时代影响日益增强,成为争相塑造和加强的对象。约瑟夫·奈最早定义的软实力被视为国家的特性,即通过吸引而非强迫或者收买的手段达到自己想法和愿望的能力,包括国家的文化、政治观念和政策吸引力。软实力在个人身上体现为人格吸引力、精神力和系统性的强大适应力,而留学软实力则是参与国际竞争的青少年(其绝大多数是准备留学人群)所必备的软实力特性。对很多人来说,软实力从概念的诞生到应用都含有很新的意味,它是应对仅凭硬实力难以取得竞争上的胜利而应运而生的。虽然软实力与硬实力息息相关,但两者"行为的性质和资源的运用程度不同"。软实力倾向于通过实力配置发挥出吸引和影响的力量;而硬实力则倾向于实力释放展现出一种强制和胁迫的力量。硬实力的展现在国家和个人身上都很明显。硬实力倾向于以一种强硬的力量展现主体意志和能力,而软实力则通过强有力的智识力量和精神力将主体的水平展露而出。软实力作为看不到，却能够时刻发挥影响的重要力量，已经被国家和个人所重视，成为国家进步和社会发展的重要动力，也成为新时代竞争条件下的重要比较项和内容。

国家竞争力效应与个人软实力

哈佛大学教授约瑟夫·奈提出软实力概念之后，软实力很快就得到认可成为一种国家战略。美国在软实力的塑造上"得天独厚"，且在软实力的传播和扩散上也有其相应的优势。与美国不同，欧洲国家和中国在软实力塑造和传播上虽没有劣势，但也没有显现出较强的特点。软实力成为当前国际社会争夺话语权的重要概念，而也正是由于软实力思维的传播，中国社会正逐步以一种理性的状态来对待自己的实力和软实力的配置，并上升至国家观念采用更为积极的态度来应对未来的挑战。

国家竞争在软实力上非常明显地表现出来，各国对软实力的重视已经愈演愈烈。中国已经明确将软实力视为国家战略发展的重要角度，提升软实力在国家能力中的层次，重视软实力的作用，研究如何塑造和发展中国的软实力成为当前中国战略进步的重要话题。在这样的大环境下，中国政府对文化、政治价值观和对外政策上的投入大幅度增加。而中国也在软实力的建设中提升了综合国力，实现了中国式崛起。

作为当今最大的发展中国家，中国对软实力的重视不亚于美国。但是美国却是软实力最为丰富，展现软实力最为精妙的国家。美国的科研和高校实力一直吸引着大批的海外优秀学子，美国多元式文化依然对很多移民具备吸引力，创新型的市场经济以及良好的政府治理吸引了大批游客前往美国旅游、度假。美国人执著创新，不畏艰难的精神气质以及发达的经济体和政治体不仅给美国带来重要的人才资源和经济投资，也给美国社会内部不断增添活力。美国的软实力资源将在很长时间内将弥补美国硬实力上的不足，并维持美国的国际地位；而美国的软实力特性也被世界各国所效仿，成为各国发展的重要动力和方式方法。

软实力从理论和实践上似乎都没有被各国明确点破，但在很早的时候就发挥着影响力。软实力到底是什么？国家竞争力上最终指向的都是"文化和制度"，而这些内容有着路径依赖的传统，毕竟文化和制度是长时间形成的产物。

因此，一个国家竞争力层面的软实力难以通过开发出一种有效的方式被所有国家运用，而在软实力的发挥上各国也自有见地。美国长期以来的"冒险精神"与中国新近建设的"软实力"并不能在一个层面上进行类比。也正是因为如此，软实力在传播上并没有获得如潜意识、心理素质、科技生产力等具有明确的意识形态和社会支持下产生的观念影响力，而在很长的时间里保持静默的状态。

虽然国家竞争中各国明确通晓软实力的价值和作用，但由于经济、文化、教育水平的地域性差异，大部分人群对此概念的理解相对浅薄。反思过来，大部分个人的软实力成长似乎为同一路径，在软实力发展之初期，其沟通能力、思维能力和意识力增长并不明显，软实力开发处于初期，个人在很多时候难以觉察，并无法感知到软实力成长的轨迹。但是如果主体有意识培养软实力，在此着重培养，软实力的发展将会得到飞速的成长，并在经历和事件中逐步显现出来。软实力在个人发展力量上逐步得到强化、密集性提升，最终形成重要的指标"软实力思维"，即自我开始主动意识到软实力的重要性，不断提升自我软实力力量，使其在实力的重要性不断增加，进而增强影响力，提升人格魅力。

留学软实力与未来留学浪潮

作为软实力在留学层面的升华和发展，留学软实力在留学者出国留学时发挥着重大的影响，承担着重要的作用。通过留学软实力的思维塑造和创造性实践，留学软实力将迅速转变当前留学者既定的思维模式，并开始进行创造性的改变。这些力量从内心喷涌而出，从潜能转变为现实，最终成为留学者发展和前进的重要路径，并长期影响着留学者心理环境和远大理想。留学软实力的诞生并不是空穴来风，它有着重要的时代背景，是新一轮留学大浪潮的肇始。

未来中国留学浪潮与中国的国际竞争力和国家背景息息相关。经过几十年的快速发展，中国的综合国力已经上了很多台阶，改革开放政策更为深入人心，对外界的知识和文化的吸收已经进入更深层次。留学浪潮的关键词开始逐渐从"出国"转变为"出国留学"。"学"代替"出"已经成为当前留学大浪潮的主题。留学本身不再是一种可有可无的选择，而是转变为一种更深层次提升个人竞争力，实现事业前进和职业转变的重要机会窗口。留学逐渐成为最优秀的学子的第一选择，承担着培养中国化的"国际精英"的重要责任。

当然,看到留学给中国培养第一流的国际精英的"精英留学",也要看到留学"大军"。由于留学窗口的开放,中国在世界的觉醒,对很多职业化、专业化的稀缺人才需求更大。出国留学更成为一种职业发展的重要选择,是人才梯队更上一层楼的重要保障。留学本身不再是一种长期的规划和长时段的安排,而变成了一种"商品"。留学产品时间系数变化频繁,分为短期、中期和长期,留学内容也更为复杂多元,充满变数。留学本身不再是一种长期的耐用的人生经历,而成为一种人才发展的必备的学业历程,成为在中国竞争可靠的依托力量。

这种思潮塑造了大批的自费留学生。他们很多人花了大量工夫,吃了很大的苦楚,有的是前往西方社会寻找梦想,有的是寻求国外的另类的生活方式,有的则是获取更多的高精尖的知识,实现自我超越。自费留学已经成为当前中国主要留学方式,许多家长也苦心孤诣将自己的子女送到国外,目的就是上海外名校,获得更好的职业发展机会。

自费留学大潮不仅没有随着西方经济危机和国际关系走势变化而受到影响,反而却愈加强势,与此相呼应的是国人对留学的普遍关注和与西方的交流逐渐增多。放眼看世界不仅仅是中国年轻人的特征,就连老年人和幼儿们也些许知道国外和留学的若干事。留学从遥不可及的天边逐渐拉回到中国人的现实生活中来,并已成为中国人的重要的生活方式和消费方式。

大批中国人涌出国门,追寻自我的梦想,海外名校的中国生源在这几十年间突然大批涌进,自然会有本土保护意识。美国、加拿大和英国等国的著名高校所在地对中国生源可谓"又爱又恨",爱的是中国学生刻苦上进,以及留学生涌入带来的消费收入和经济增长,恨的是素质参差不齐,造假频频,有些学生的行为真是有辱国门,这些人对当地居民构成了一股恐惧感,让人感觉到近在咫尺的危险。因此在对中国生源的选拔上,西方也形成了具有特色的评估方式。中国生源的留学硬实力(考试分数)普遍高于西方,所以西方高校将更加偏向录取那些留学软实力出众(潜力巨大,且更多文化多元意识)的学生。

因此,留学软实力的培养在申请海外高校,获得自主的发展变得更为重要。留学软实力对留学主体来说,意味着在不同的文化视域下进行浸透式理解,从更具有世界广度的立场来理解整个知识体系,站在更为宽泛的全球立场去理解各种文明的差异和不同,并能够在不断的思考和实践中获得前进的动力和支持。留学软实力在培养学生的自我成长、发展和修复能力上具有更为卓越的价值,它

能够从心理层面、情感层面和精神层面完成学生的自我释放,将释放出来的能量为自己发展服务。

对于在传统的中式教育培养下的中国人来说,留学软实力的培养和发展是重要的,它能够引导中国学生在传统环境下走出新的路径,从另外一个角度去理解自己所学所思所实践的意义。留学软实力强调的内涵无疑对学生在高校期间的正向成长和成熟有着至关重要的价值,并能够引导学生从社会的角度思考个人前进和发展的问题,进而突破和发展。

可以预见的是,未来的留学浪潮将随着中国经济能力的不断改善而越发出现喷涌之势,而自费留学生和小留学生比重的不断增加将会对中国传统教育系统和教育理念造成严重的冲击,也影响到未来中国的教育大变革。作为留学软实力观念与培训体系,其对中国未来留学培训层面和教育的影响至今难以准确探知,但至少可以肯定地说,将会加速中国留学教育大潮的转型和发展。留学软实力观念将会随着人们对留学认识的深入发展和留学意识的改善而将逐步深入人心,并潜移默化地改变中国家庭的留学观和成功观。留学软实力将会成为中国学子对外留学发展的动力和方式方法,对整体提升中国学子的素质,提升他们的国际视野,培养出众的价值观和高尚的情操有着至关重要的帮助。

软实力:寻求人生梦想的阶梯

从软实力到留学软实力,再从留学软实力到软实力,是一个递进的过程。从认识到软实力再努力追寻,理解探寻软实力的实用价值,并拓展到留学软实力,是一种路径;以留学为起点,从留学中追寻塑造和培养留学软实力,进而认识到软实力对职业发展和多元化成功的价值,也是一种发展路径。两种路径相互通融,相互汇合,最终构成了软实力对不同人生道路产生不同影响的多元化景观。

软实力的成长和发展对教育变革具有积极的意义。从理论上说教育实践如果拥有了软实力指导,则将更有宗旨和多元性,而软实力的价值则在这种教育实践和教学中对青少年产生积极的影响。与此类似的是,软实力在当前的教育变革中将逐渐影响到教育的主流,成为变革发展式教育理念的重要基础。软实力渗透人的内心的思维以及以人为本的价值判断将极大地冲击应试教育和分数教育,并对当前的教育理念构成重要的挑战。

　　较于当前的教育理念而言，软实力的塑造和培训已经成为改变学生思维方式和成长发展最为迫切的任务。相较于西方少年而言，中国学生更为内敛，在思维上更为集聚，更难以将知识运用实践，动手能力和社会阅历不高。同时，中国学生受到长达两千年的传统思想的影响，创新力度不强，在应试教育的影响下难以接受新兴事物，对知识的变革和发展的认识没有西方少年敏锐。这一点在全球化时代的背景下给中国学生融入世界带来更多的不利因素。而留学软实力旨在以留学为目的的成长要素，就像给留学加了维生素，使得人格和学业成长发展更为健康有效，也将学生的单一的学业成长评价指标转变为七边形式样的多元评价指标。留学软实力发展的本质即是提升学生思考和实践的动能和耐力，以及崇高的目标感和强大的精神力量，这些力量将随着学生留学的进行而不断散发着光芒，将会不断发挥着力量。

　　作为含义更为广泛的软实力，其命运也不简单。如今，在中国迅猛发展的大潮下，软实力的重要性不仅体现在学生身上，且从发展的眼光看，亦对职场人士的竞争力提升有着重要作用，可以说是人生梦想的阶梯。在实力配置和看重实力的方向已经发生悄然转变的今天，紧紧抓住软实力并按照软实力的发展方向进行奋斗，才有助于把握未来的时代脉搏，获得正确的方向，最终取得更大的成就。

　　在当今时代，生活方式的多种选择和多元化成功已经成为当前重要潮流，并得到普遍的认可。对自我潜能的探求以及对梦想的追寻已经成为新时代的主流价值观，并被视为一种勇气，激励着当前的新一代青年人。新一代青年人往往在各行各业怀揣着理想，用自己的热血追求具有多面人特征的软实力概念中的完美人格。留学出国成就梦想已经成为他们的必备选项之一，受到极大的重视。留学软实力通过一系列科学的培训体系，释放新时代青年的能量，希望他们在有限的时间内及时适应未来的留学生活，并希求通过文化浸透式的理解和精神力的提升尽快能够在异域社会中闯出一番业绩，而中国梦也浸润着中国人的留学梦。

　　中国对外留学人员逐年增加使得留学软实力在青年人心中显得很有必要。留学软实力支撑起学生留洋的梦想，而软实力却能够帮助青年人进一步认识到自己的价值和潜能。当今软实力则作为支撑多元化成功的重要体系和路径，已经同硬实力一道作为新时代的人生成长必备的关键性素质。竞争社会中的软实

图 36

力成长机制正是促进青年人为梦想而奋斗的最大动能,也是展现青年人青春风貌的重要载体。软实力是成就梦想的阶梯,也是未来中国社会前进发展实现"中国式梦想"的重要观念工具和精神力量。改革开放的 30 年使中国发生了翻天覆地的变化,而中国能否在未来的三十年获得更大发展和进步,从本质上来看与社会中坚力量的成长息息相关。青少年软实力的培养,更是中国梦实现的重要生力军,是大国崛起的源动力。

少年智,则国智;少年强,则国强!

在环球同此凉热的今天,梦想,已经起航!

图书在版编目(CIP)数据

留学软实力 / Kenn Ross,孙超著.—上海:文汇出版社,
2015.8
ISBN 978-7-5496-1556-8

Ⅰ.①留… Ⅱ.①罗… Ⅲ.①留学教育—教育研究
Ⅳ.①G648.9

中国版本图书馆 CIP 数据核字(2015)第 177354 号

留学软实力

[美] Kenn Ross /著
孙　超

策　　划 / 陈　博
责任编辑 / 竺振榕
特约编辑 / 谢海阳
封面装帧 / 张　晋
插图设计 / 周　浩

出版发行 / **文汇**出版社
　　　　　　上海市威海路 755 号
　　　　　　(邮政编码 200041)
经　　销 / 全国新华书店
排　　版 / 南京展望文化发展有限公司
印刷装订 / 上海市崇明县裕安印刷厂
版　　次 / 2015 年 8 月第 1 版
印　　次 / 2015 年 8 月第 1 次印刷
开　　本 / 787×1092　1/16
字　　数 / 267 千字
印　　张 / 16.5
印　　数 / 1-4000

ISBN 978-7-5496-1556-8
定　　价 / 50.00 元